Informationsbewertung und -effizienz

Physica-Schriften

zur Betriebswirtschaft 10

Springer-Verlag Berlin Heidelberg GmbH

Jack Wahl

Informationsbewertung und -effizienz auf dem Kapitalmarkt

Springer-Verlag Berlin Heidelberg GmbH

1983 ISBN 978-3-7908-0308-2

CIP-Kurztitelaufnahme der Deutschen Bibliothek

Wahl, Jack:
Informationsbewertung und -effizienz auf dem Kapitalmarkt / Jack Wahl. – Würzburg ; Wien : Physica-Verlag, 1983.
(Physica-Schriften zur Betriebswirtschaft ; 10)

NE: GT

Ursprünglich erschienen bei Physica-Verlag, Rudolf Liebing GmbH + Co., Würzburg 1983.

ISBN 978-3-7908-0308-2 ISBN 978-3-662-41540-5 (eBook)
DOI 10.1007/978-3-662-41540-5

VORWORT

Seit mehr als zehn Jahren befaßt sich die Kapitalmarktforschung intensiv mit der Frage, inwieweit der Kapitalmarkt informationseffizient ist. Der Kapitalmarkt gilt als informationseffizient, wenn kein Investor durch Auswertung neuer Informationen und Handel in Wertpapieren eine signifikant höhere Rendite erzielen kann als der Markt im Durchschnitt. Während von empirischer Seite zunehmend Befunde die Informationseffizienz in Frage stellen, wird von theoretischer Seite vorgebracht, Informationseffizienz sei bei positiven Informationskosten ausgeschlossen. Denn in einem informationseffizienten Markt lohne es sich nicht, für die Beschaffung und Auswertung von Informationen Geld auszugeben. Dann aber sei keine theoretische Basis für Informationseffizienz gegeben.

Die vorliegende theoretische Arbeit untersucht, ob und unter welchen Voraussetzungen es zur Informationseffizienz kommt. Entgegen dem üblichen Vorgehen prüft der Verfasser vorab, ob ein Investor durch Informationsbeschaffung seinen Nutzen erhöhen kann. Nur dann beschafft er die Information. Da der Informationswert auch bei kostenloser Information negativ sein kann, werden nicht alle verfügbaren Informationen beschafft. Daher können die Wertpapierpreise solche Informationen auch nicht widerspiegeln.

Ein besonderer Reiz dieser Arbeit geht von der Analyse heterogener Erwartungen aus. Weichen die Erwartungen eines Investors vom "Markt" ab, dann glaubt der Investor, aus den "falschen Markterwartungen" durch Wertpapierhandel Vorteile ziehen zu können. Die Ambivalenz dieser Einschätzung liegt auf der Hand. Beschreiben die Erwartungen des Investors oder die des "Marktes" das Marktgeschehen besser? Vielleicht deuten sich hier Grenzen der Verwendung subjektiver Wahrscheinlichkeiten an. Jedoch kann Informationseffizienz überzeugend nur untersucht werden, wenn die Informationsbeschaffung heterogene Erwartungen erzeugen kann. Die vorliegende Arbeit trägt erheblich zum Verständnis der Informationseffizienz bei, indem sie gleichzeitig grundsätzlichere Fragen aufwirft.

Günter Franke

INHALT

I Einleitung

1 Problemstellung

Der Informationsstand eines Investors bestimmt in besonderem Maße seine Investitions- und Konsumstrategie; denn aus diesem leitet er die Prognose der entscheidungsrelevanten Datenkonstellationen ab. Jedoch ist der individuelle Informationsstand im allgemeinen nicht fest vorgegeben, sondern kann mit Hilfe von Informationsbeschaffungsmaßnahmen erweitert werden. Vorteilhaft ist eine Informationsbeschaffung und -auswertung genau dann, wenn sie die Verwirklichung der Ziele, die sich der Investor gesetzt hat, fördert. Gleichbedeutend damit ist die Frage nach der ökonomischen Verwertbarkeit der zusätzlichen Informationen.

Mit dieser Arbeit soll untersucht werden, welche Anpassungen in der individuellen Investitions- und Konsumstrategie neue Informationen bewirken und unter welchen Voraussetzungen diese Anpassungen für einen Investor von Vorteil sind. Die grundsätzliche Vorgehensweise der Untersuchung richtet sich nach derjenigen der Kapitalmarkttheorie: Es erfolgt zunächst eine mikroökonomische und anschließend eine makroökonomische Analyse. Die Vorteilhaftigkeit einer Informationsbeschaffung und -auswertung wird jeweils anhand des traditionellen Informationsbewertungsmodells der Entscheidungstheorie überprüft.

Die mikroökonomische Analyse beginnt damit, daß ausgehend vom neuen Informationsstand die beste individuelle Investitions- und Konsumstrategie bei unterschiedlichen Informationsergebnissen bestimmt wird. Da die Informationsergebnisse stochastisch sind, folgt daraus die *vor* Informationsbeschaffung und -auswertung zu erwartende beste Strategie. Hierbei ist unter der "zu erwartenden besten Strategie" der Erwartungswert über die bedingten Investitions- und Konsumstrategien zu verstehen, wobei das eingetretene Informationsergebnis die Bedingung angibt. Verglichen mit der besten Strategie bei Verzicht auf zusätzliche Informationen leitet der Investor die ex ante beste Anpassung seiner Strategie an neue Informationen ab. Dieser Zusammenhang dient dazu, das Ergebnis der Informationsbewertung zu erklären.

Die Beurteilung der infolge neuer Informationen notwendigen Strategieänderung erfolgt wie ihre Bestimmung in mehreren Schritten: Am Anfang steht die Ableitung des individuellen Nutzens aus der optimalen Investitions- und Konsumstrategie bei altem Informationsstand. Sodann wird der bedingte individuelle Nutzen bei optimaler Strategie auf der Grundlage zusätzlicher Informationen bestimmt, wobei wiederum das eingetretene Informationsergebnis die Bedingung angibt. Der Erwartungswert über den bedingten individuellen Nutzen, d.h. der bei neuem Informationsstand zu erwartende individuelle Nutzen, ist dann mit dem bei altem Informationsstand sich ergebenden individuellen Nutzen zu vergleichen. Dieser Vergleich erlaubt eine Beurteilung der Strategieänderung, die dann auch gleichzeitig eine Beurteilung der Informationsbeschaffungsmaßnahme darstellt.

Die makroökonomische Analyse aggregiert die Investitions- und Konsumstrategien aller Investoren und folglich die individuellen Informationsstände und gibt im Marktgleichgewicht die Gleichgewichtskurse der Wertpapiere an. Unter Berücksichtigung des Einflusses neuer Informationen auf die Gleichgewichtskurse wird wiederum die informationsbedingte Strategieanpassung der Investoren untersucht. Der Vor- oder Nachteil der Anpassung bestimmt dann auch, ob eine zusätzliche Informationsmöglichkeit für den Investor interessant oder uninteressant ist.

Ausgehend von den individuellen Beurteilungen der neuen Informationen erfolgt abschließend die Untersuchung der Informations(in)effizienz des Kapitalmarktes. Herausgearbeitet wird der Zusammenhang zwischen Informationsbewertung und -effizienz.

Eine Informationsbewertung im Rahmen einer Gleichgewichtsanalyse nehmen auch *Hirshleifer (1971)*, *Marshall (1974)* und *Wilson (1975, 185f.)* vor. Erörtert wird dort insbesondere die Pareto(in)effizienz öffentlich verfügbarer Informationen.

Hirshleifer zeigt, daß - unter bestimmten Voraussetzungen über die individuelle Nutzenfunktion und das Marktregime - bei identischen Investoren eine Produktion öffentlicher Informationen paretoineffizient ist, wenn von einer reinen Tauschwirtschaft ausgegangen wird. Dabei heißen Informationen öffentlich, wenn sie alle Investoren gleichzeitig erhalten. Der Grund für die Paretoineffizienz liegt darin, daß die im allgemeinen nicht kostenlose Informationsproduktion eine Ressourcenverschwendung darstellt; denn kein Investor hat an den neuen, allen Investoren zufließenden Informationen ein Interesse.

Marshall verallgemeinert das Modell von *Hirshleifer*, indem er von Investor zu Investor unterschiedliche Anfangsausstattungen zuläßt. Die Prämisse homogener Erwartungen behält *Marshall* jedoch bei, und zwar wird sie bei altem wie bei neuem Informationsstand gesetzt. Die Produktion öffentlicher Informationen kann dann wiederum für keinen Investor vorteilhaft sein, und das selbst bei kostenloser Information; d.h., die Investoren sind bereit, einen nichtnegativen Preis dafür zu zahlen, daß die Informationsproduktion unterbleibt.

Wilson zeigt *Hirshleifers* Ergebnis in kompakter Form für den Fall einer logarithmischen Nutzenfunktion.

Die genannten Arbeiten gehen davon aus, daß vor und nach Informationszugang alle Investoren dieselben Zukunftserwartungen hegen. Diese Annahme wird in der vorliegenden Untersuchung aufgegeben, d.h., es werden heterogene Erwartungen bei altem und/oder neuem Informationsstand zugelassen. Zusätzlich werden die Ergebnisse - auch für den Fall homogener Erwartungen - anders interpretiert. Betrachtet wird der einzelne Investor, der darüber entscheiden muß, ob er die Informationsbeschaffungsmaßnahme durchführt oder nicht. Bei öffentlichen Informationen kann dann von kollektiver Informationsbeschaffung und -auswertung gesprochen werden. Hat nun der einzelne Investor einen Anreiz zur Informationsbeschaffung und -auswertung, wenn auch alle anderen Investoren die Informationsbeschaffungsmaßnahme durchzuführen gedenken? Weiterhin wird auch eine (einfache) Produktionswirtschaft untersucht, um den produktiven Nutzen von Informationen zu beleuchten.

Eine Verknüpfung von Informationsbeschaffung und -effizienz unternehmen auch *Verrecchia (1980)* und *Hellwig (1982)*.

Verrecchia geht in Anlehnung an *Rubinstein (1975)* von einer Definition der Informationseffizienz aus, die auf "konsensuellen" Erwartungen aufbaut. Erwartungen sind ex definitione konsensuell, wenn die Gleichgewichtspreise unverändert blieben, würden die herrschenden heterogenen Erwartungen durch die konsensuellen Erwartungen - und damit durch ganz bestimmte homogene Erwartungen - ersetzt. *Verrecchia* verlangt nun für einen informationseffizienten Kapitalmarkt, daß die konsensuellen Erwartungen mindestens ebenso exakt sind wie alle individuellen Erwartungen. Im Rahmen eines μ,σ-Modells konkretisiert er diese Forderung für den Fall, daß der Erwartungswert der Rendite des riskanten Wertpapiers unbekannt und daher mittels einer Stichprobe aus ex post-Renditen zu schätzen ist: Die Varianz des Schätzfehlers im konsensuellen Erwartungswert soll höchstens gleich den Varianzen der Schätzfehler in den individuellen Erwartungswerten sein. Wie *Verrecchia* dann nachweist, wird diese Bedingung bei optimaler Informationsbeschaffung aller Investoren erfüllt, so daß der Kapitalmarkt informationseffizient ist. Hierbei bezeichnet eine optimale Informationsbeschaffung den Stichprobenumfang, der unter Berücksichtigung von Kosten den größten Nutzen stiftet.

Von einem dynamischen μ,σ-Modell geht *Hellwigs* Abhandlung aus, in der er einen Beitrag von *Grossman/Stiglitz (1980)* kritisiert, die mit einem statischen μ,σ-Modell arbeiten. Hier gilt der Kapitalmarkt als informationseffizient, wenn sich die Wertpapierpreise neuen Informationen unverzüglich anpassen, und dadurch kein Investor durch Auswertung dieser Informationen und Handel in Wertpapieren "überdurchschnittliche" Anlageerfolge erzielen kann. Nun zeigen *Grossman/Stiglitz*, daß bei positiven Informationskosten der Kapitalmarkt informationsineffizient sein muß; denn wäre er informationseffizient, würde sich eine Informationsbeschaffung und -auswertung nicht lohnen. Damit wäre jedoch die Informationseffizienz in Frage gestellt. Entscheidend für dieses Ergebnis ist der Ausgangspunkt der Untersuchung: Die Investoren stehen vor der Frage, ob sie die Informationen selbst beschaffen und auswerten oder aus dem laufenden Gleichgewichtspreis ableiten sollen. Der laufende Gleichgewichtspreis kann aber einen Informationsrückschluß nur dann ermöglichen, wenn zum Zeitpunkt der Preisfeststellung schon eine Ausstattung an Informationen bei einigen Investoren existiert. Diesen Ansatz wählt *Hellwig*, denn er geht davon aus, daß die Investoren ihre Erwartungen aus vergangenen statt aus laufenden Wertpapierpreisen bestimmen. Die bezüglich der *neuen* Informationen nichtinformierten Investoren können daher auf solche Informationen nur mit einer zeitlichen Verzögerung schließen. Damit ergibt sich eine Insiderposition der Investoren, die die neuen Informationen beschaffen gegenüber denjenigen, die sie aus dem Gleichgewichtspreis ableiten. *Hellwig* zeigt dann, daß die Informationsineffizienz des Kapitalmarktes abnimmt, je kleiner der Zeitraum der Handelsmöglichkeit bei ungleicher Informationsverteilung unter den Investoren ist; denn der relative Informationsvorsprung der Informierten wird immer kleiner. M.a.W.: Der Informationseffizienz kann man beliebig nahe kommen, ohne daß der Anreiz zur Informationsbeschaffung und -auswertung (vor Informationskosten) verloren ginge.

Der vorliegende Beitrag stellt hingegen die Informationsbeschaffung in den Vordergrund, in dem zunächst der Wert weiterer Informationen untersucht wird. Erst dann erfolgt die Frage nach der Informationseffizienz des Kapitalmarktes; denn die Informationsbewertung bestimmt, welcher Informationsstand der Investoren auf dem Kapitalmarkt verarbeitet wird. Darüber hinaus ist die Definition der Informationseffizienz umfassender. Es wird nicht nur auf den Fall abgestellt, daß keine Investoren erwarten können, mittel Informationsbeschaffung und -auswertung den Markt mit einer gezielten Kauf- und Verkaufstrategie im Durchschnitt zu "schlagen", sondern generell auf die Unmöglichkeit, durch zusätzliche Informationen eine Vermögensumverteilung zwischen Investorengruppen zu bewirken. Denn selbst wenn kein Investor ex ante eine signifikant höhere Rendite erzielen kann als der Markt im Durchschnitt, so ist damit nicht ausgeschlossen, daß eine Investorengruppe systematisch besser abschneidet als eine andere.

2 Durchgehende Annahmen der Untersuchung

Die Ergebnisse der Arbeit sind auf theoretisch-deduktivem Wege gewonnen, es erfolgt keine empirische Überprüfung der Hypothesen; denn die Aussagen selbst erscheinen als schwer testbar. So liegt die Bedeutung der Ergebnisse in ihren weiteren Implikationen, die mit der Realität konfrontiert werden können, z.B. in bezug auf die Frage, unter welchen Bedingungen betriebliche Informationen für Aktionäre überhaupt von Interesse sind[1].

Im folgenden werden die Annahmen aufgeführt, die für die gesamte Untersuchung gelten sollen. Spezielle Voraussetzungen kommen dann je nach Modellformulierung später hinzu:

(A1) Der Planungshorizont umfaßt 2 Perioden: Investitions- und Konsumentscheidungen werden von den Investoren zu Beginn jeder Periode getroffen, d.h. in den Zeitpunkten 0 und 1. Der Zeit-

---

[1] Vgl. *Schmidt (1982)*.

punkt 2, das Ende der zweiten Periode, ist ein Abrechnungszeitpunkt.

(A2) Der Anfangszeitpunkt 0 ist mit dem Umweltzustand 0 identisch. Vom Zeitpunkt 0 aus gesehen sind im Zeitpunkt 1 (2) endlich viele sich ausschließende Umweltzustände (-entwicklungen) möglich. Jeder Investor legt seinen Entscheidungen denselben Zustandsbaum zugrunde, wobei die Zustandsdefinition für alle Investoren übereinstimmt.

(A3) Die Teilnahme am Wertpapierhandel verursacht für keinen Investor Transaktions- und Informationskosten. Steuern existieren nicht.

(A4) Alle Wertpapiere sind beliebig teilbar und die Wertpapierbestände eines jeden Investors können sowohl negativ als auch positiv sein. Treten Leerverkäufe auf, kann jeder Investor vollständig über die sich hieraus ergebenden Mittel verfügen.

(A5) Die Erwartungen des Investors i spiegeln sich wider in den subjektiven Eintrittswahrscheinlichkeiten, die er den Umweltzuständen im Zeitpunkt 1, $f_i(z)$ $(z=1,2,...,Z)$, und den Umweltentwicklungen bis zum Zeitpunkt 2, $f_i(z,s)$ $(s=1,2,...,S;$ $z=1,2,...,Z)$, beimißt. Alle $f_i(.)$ sind positiv $(i=1,2,...,I)$.

(A6) Die Nutzenfunktion des Investors i ist zeitadditiv logarithmisch und lautet:

$$(I\text{-}1) \quad U_i(C_{i0},C_{i1},C_{i2}) = \Sigma_t\, \rho_{it}\, \ln(\eta_{it}+C_{it}) \quad (i=1,2,...,I).$$

Dabei ist $\Sigma_t \equiv \Sigma_{t=0}^{2}$. $\rho_{it} > 0$ mit $\Sigma_t\, \rho_{it} = 1$ und η_{it} sind Parameter der i-ten Nutzenfunktion, gültig im Zeitpunkt t=0,1,2. Des weiteren ist

C_{it} ≡ der Konsum des Investors i im Zeitpunkt t $(i=1,2,...,I;\ t=0,1,2)$ und

$U_i(.)$ ≡ der Nutzen des Investors i, abhängig vom Konsum in den Zeitpunkten t $(i=1,2,...,I;\ t=0,1,2)$.

Jeder Investor i (i=1,2,...,I) verhält sich rational im Sinne des Bernoulliprinzips[1].

---

[1] Vgl. hierzu z.B. *Borch (1968, Kap. III, IV und VI)* und *Laux (1982, Band I, 167-197).*

Zu den Annahmen ist folgendes anzumerken[1]:

(A1) beschränkt informationsbedingte Strategierevisionen auf die Zeitpunkte 0 und 1. "Zwischenzeitliche" Anpassungen an neue Umweltsituationen werden ausgeklammert. Jedoch kann dem grundsätzlich durch eine Unterteilung der Perioden Rechnung getragen werden, solange nicht "unerwartete" Umweltsituationen eintreten. "Unerwartetes" kann aber schwerlich in eine Planung eingehen.

(A2) ist eine "informatorische Annahme": Jeder Investor kennt den dem Wertpapierhandel zugrundeliegenden Zustandsbaum[2]. Diesen Zustandsbaum verdeutlicht die folgende Abbildung:

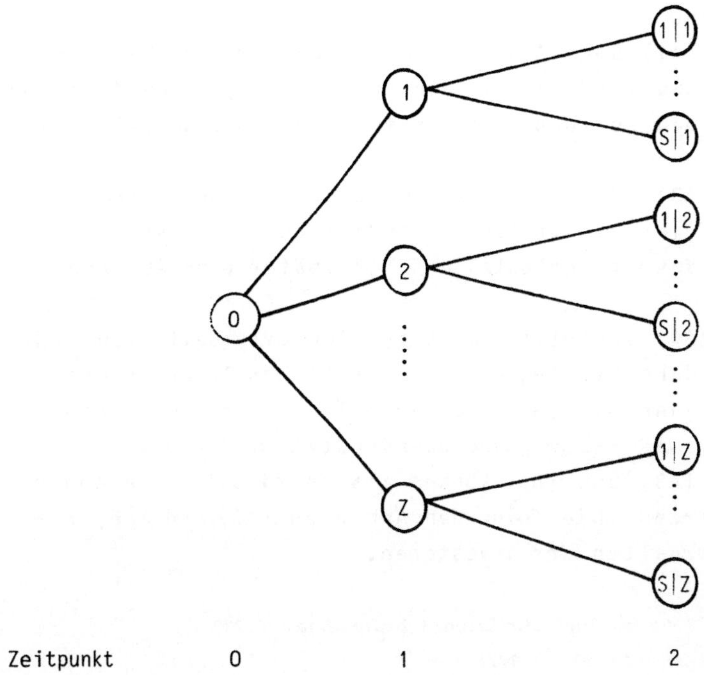

Abbildung 1: Der Zustandsbaum

---

[1] Vgl. auch *Franke (1971, 13ff.), (1982b).*

[2] Vgl. insbesondere *Hax (1976, 168f.)* und *Laux (1971, 19ff.).*

Ein Umweltzustand wird durch einen Knoten dargestellt. Im Zeitpunkt 1 werden Z Umweltzustände, im Zeitpunkt 2 S Umweltzustände unterschieden. Eine Kante verdeutlicht, in welcher zeitlichen Folge die Umweltzustände auftreten können. Aufeinanderfolgende Kanten geben eine Umweltentwicklung an. Die im Zeitpunkt 2 möglichen Umweltzustände sind in Abhängigkeit von dem im Zeitpunkt 1 eingetretenen Umweltzustand gekennzeichnet.

Über die Eintrittswahrscheinlichkeiten, die der einzelne Investor den Umweltzuständen und -entwicklungen beimißt, ist noch nichts ausgesagt. Eine Einschränkung der Allgemeinheit liegt dann vor, wenn diese Eintrittswahrscheinlichkeiten allesamt positiv sein sollen.

Die Annahmen (A1) und (A2) sind vor allem modelltechnische Voraussetzungen. So sind alle in der Untersuchung verwendeten Modelle sowohl in den Zeitpunkten[1] als auch in den Umweltsituationen diskret[2,3].

Die Annahme (A3) führt zu einer Überschätzung der Vorteile aus einer Strategierevision auf die individuelle Zielsetzung. In bezug auf die Informationskosten erfolgt später eine Abschwächung[4].

Ist Annahme (A4) verletzt, lohnt es sich eventuell nicht für die Investoren, ihre Strategie den zusätzlichen Informationen anzupassen. Daher kann mit (A4) die Vorteilhaftigkeit der Informationsbeschaffung und -auswertung überschätzt werden[5].

Die Annahmen (A3) und (A4) können als institutionelle Annahmen angesehen werden. Die folgenden Annahmen (A5) und (A6) beschreiben das Verhalten der Investoren.

---

[1] Vgl. z.B. *Franke (1982a)* und *Stapleton/Subrahmanyam (1978)*.

[2] Vgl. z.B. *Rubinstein (1975), (1977)*.

[3] In den Zeitpunkten kontinuierlich aufgebaute Modelle entwickeln *Breeden (1979)* und *Merton (1971), (1973)*.

[4] Zu Modellen mit Transaktionskosten siehe z.B. *Brennan (1975), Magill/Constantinides (1976)* und *Milne/Smith (1980)*. Steuern berücksichtigen z.B. *Brennan (1970), Franke (1971)* und *Schneider (1981)*.

[5] Modelle, die Leerverkäufe ausschließen, entwickeln *Franke (1971), Jarrow (1980)* und *Ross (1977)*.

Annahme (A5) konkretisiert den Zustandsbaum aus Annahme (A2). Eine Trennung zwischen Zustandsbaum und Eintrittswahrscheinlichkeiten der Zustände erfolgt deswegen, weil (A5) später abgeschwächt wird (vgl. Kapitel III).

(A6) gibt an, daß *jeder* Investor seinen "Konsum" anhand einer zeitadditiven logarithmischen Nutzenfunktion bewertet. Konsum ist in dieser Untersuchung ein Kürzel für "Konsumbetrag in DM" bzw. "Konsumauszahlung", d.h., er gibt den Teil des Vermögens an, der für Konsumzwecke verwendet wird[1,2]. Das Vermögen des Investors gibt die bewertete Konsumausstattung wieder. Unterschiede in den individuellen Nutzenfunktionen beruhen lediglich in verschieden ausgeprägten Parametern ρ_t und η_t.

Mit den Annahmen (A5) und (A6) folgt: Jeder Investor maximiert den Erwartungswert seines Konsumnutzens; dazu lautet die individuelle Präferenzfunktion:

$$\text{(I-2)}\quad \Psi_i \equiv E_i[U_i(C_{i0},\tilde{C}_{i1},\tilde{C}_{i2})] = \Sigma_t\, \rho_{it}\, E_i[\ln(\eta_{it}+\tilde{C}_{it})]$$

$$= \rho_{i0}\ln(\eta_{i0}+C_{i0}) + \rho_{i1}\Sigma_z\, f_i(z)\ln(\eta_{i1}+C_{iz})$$

$$+ \rho_{i2}\Sigma_z\Sigma_s\, f_i(z,s)\ln(\eta_{i2}+C_{is|z}).$$

Dabei ist $\Sigma_z \equiv \Sigma_{z=1}^{Z}$, $\Sigma_z\Sigma_s \equiv \Sigma_{z=1}^{Z}\,\Sigma_{s=1}^{S}$ und E_i der Erwartungswertoperator unter Verwendung der subjektiven Eintrittswahrscheinlichkeiten $f_i(.)$. Da der zukünftige Konsum stochastisch (= zustandsabhängig) ist, werden die Konsumbeträge mit den Zustandsindizes aus *Abbildung 1* versehen. Für die Schreibweise gilt generell, daß die Zufallsvariable in allgemeiner Notation den Zeitindex und eine Tilde erhält, und in spezieller Notation Zeitindex und Tilde wegfallen und der entsprechende Zustandsindex gesetzt wird; z.B.: $\tilde{C}_{i1}$ bzw. C_{iz} $(z=1,2,\ldots,Z)$..

---

[1] Im Unterschied z.B. zu *Arrow (1974, Essay 4)*, der die individuelle Nutzenfunktion über zustandsabhängige Güterbündel definiert.

[2] "Geld" spielt hier lediglich die Rolle einer "Recheneinheit" und dient nur der Erleichterung des Verständnisses. Die Eigentumsrechte folgen aus den - später so bezeichneten - zustandsabhängigen Vermögensansprüchen (vgl. Kapitel II).

Die Entscheidungsvariablen des Investors für die Maximierungsvorschrift $\Psi_i \rightarrow$ Max! sind modellabhängig und werden daher später festgelegt (vgl. Kapitel II).

Abschließend einige Bemerkungen zu der unterstellten Nutzen- bzw. Präferenzfunktion, die für die weitere Arbeit von Bedeutung sind[1]:

(a) Die Investoren sind risikoscheu. U_i ist zweimal stetig differenzierbar, streng konkav und hat streng positiven Grenzkonsumnutzen[2].

(b) Die Nutzenfunktion ist unabhängig von den Umweltzuständen[3].

(c) Bei zeitadditiver logarithmischer Nutzenfunktion plant der Investor myopisch (kurzsichtig)[4], d.h., gleichgültig wie die optimale (= die den Erwartungsnutzen maximierende) Konsumentscheidung im Zeitpunkt 1 aussehen mag, den optimalen Plan im Zeitpunkt 0 beeinflußt sie nicht. Damit plant der Investor nicht mehr flexibel, sondern verfolgt eine rollende starre Planung in bezug auf die Umweltzustände im Zeitpunkt 1[5]. Infolgedessen plant der Investor im Zeitpunkt 0 nur für die erste Periode, aber nicht gleichzeitig für die zweite, oder allgemeiner: Der Investor plant im Betrachtungszeitpunkt für die gegenwärtige, aber nicht für die zukünftigen Perioden. Deterministische Planungsdaten sind jedoch unabhängig von ihrem Bezugszeitpunkt für die Entscheidungsfindung im Zeitpunkt 0 relevant.

Wie sich zeigen wird, ist aber für die *Informationsbewertung* die optimale Konsum*strategie* entscheidend; denn auch bei "kurzsichtiger" Planung werden in Zukunft Entscheidungen getroffen.

---

[1] Eine ausführliche Diskussion findet sich in *Rubinstein (1977)*. Des weiteren arbeiten mit einer logarithmischen Nutzenfunktion z.B. *Kraus/Litzenberger (1975)*. Daneben sind die Arbeiten auf der Grundlage von HARA-Präferenzen zu nennen, da die zeitadditive logarithmische Nutzenfunktion zu dieser Präferenzklasse gehört, so z.B. *Hakansson (1970)*.

[2] Sinnvollerweise gilt $n_{it}+C_{it} > 0$ für alle i und t, da ansonsten der Konsumnutzen $-\infty$ wird.

[3] Zum Problem zustandsabhängiger Nutzenfunktionen vgl. *Laux (1982, Band II, Kap. XIV)*.

[4] Vgl. z.B. *Mossin (1968)*.

[5] Vgl. zu verschiedenen Planungskonzepten bei Ungewißheit *Inderfurth (1982)*.

(d) Die unter (I-1) genannte Funktion ist homothetisch im "Bruttokonsum" (η+C). Sei

$U_{it}(.) \equiv \partial U_i(.)/\partial C_{it}$ der partielle Grenzkonsumnutzen des Investors i in bezug auf Konsum im Zeitpunkt t (i=1,2,...,I; t=0,1,2).

Dann folgt aus (I-1)

$$(I-3) \quad U_{i0}:U_{i1}:U_{i2} = \frac{\rho_{i0}}{\eta_{i0}+C_{i0}} : \frac{\rho_{i1}}{\eta_{i1}+C_{i1}} : \frac{\rho_{i2}}{\eta_{i2}+C_{i2}} .$$

Gleichung (I-3) zeigt, daß die Struktur des Grenzkonsumnutzens, $U_{i0}:U_{i1}:U_{i2}$, unverändert bleibt, wenn sich der Bruttokonsum in allen Zeitpunkten um das α-fache verändert. Demnach ergibt sich ein linearer "Expansionspfad", der in einem Koordinatensystem, auf dessen Achsen der Bruttokonsum abgetragen ist, vom Ursprung ausgeht.

Die homothetische Eigenschaft der zeitadditiven logarithmischen Nutzenfunktion erleichtert die Bewertung der Informationsbeschaffung und -auswertung, da insbesondere Änderungen in der Struktur des Bruttokonsums wichtig werden.

(e) Da die individuelle Nutzenfunktion nur bis auf eine positiv lineare Transformation bestimmt ist, bedeutet ln(.) gegenüber $\log_a(.)$ solange k.E.d.A., wie die Basis a>1 ist. Sonst nähme der Nutzen mit steigendem Konsum ab. K.E.d.A. bedeutet die Standardisierung der positiven ρ_{it}-Parameter auf die Summe 1.

(f) Schließlich sei vorab erwähnt, daß die logarithmische Nutzenfunktion eine interpretationsfähige Aggregation der individuellen Eintrittswahrscheinlichkeiten ermöglicht. Darauf aufbauend kann dann die Vorteilhaftigkeit neuer Informationen im Marktgleichgewicht untersucht werden.

3 Gang der Untersuchung und wichtige Ergebnisse

In Kapitel II werden die kapitalmarkttheoretischen Modelle vorgestellt, die als Grundlage der untersuchten Informationsbewertung dienen. Dabei steht die Preisbildung im Vordergrund.

Zu Beginn erfolgt die Untersuchung der Investitions- und Konsumstrategie eines Investors und die Preisbildung auf einem Markt für zustandsabhängige Vermögensansprüche. Einen zustandsabhängigen Vermögensanspruch kann man sich als ("Elementar"-) Wertpapier vorstellen, das dem Eigentümer einen Anspruch auf Zahlung von 1 DM verbrieft, und zwar dann und nur dann, wenn die entsprechende Zustandsfolge eintritt. Das auf solchen Ansprüchen aufbauende Kapitalmarktmodell stellt ein theoretisches Konzept dar, das als Ausgangspunkt zur Erörterung komplizierterer Formen verbriefter Ansprüche und damit komplizierterer Kapitalmarktmodelle anzusehen ist. Dieser Ausgangspunkt bietet sich an, da das Konzept in bezug auf die Behandlung informatorischer Fragen erhebliche modelltechnische Vorteile bietet.

Das traditionelle Kapitalmarktmodell betrifft "komplexe" Wertpapiere, z.B. Aktien und Anleihen, die als Portefeuille zustandsabhängiger Vermögensansprüche interpretiert werden können. Daher besteht ein enger Zusammenhang zwischen kapitalmarkttheoretischen Untersuchungen im Rahmen eines Marktes für zustandsabhängige Vermögensansprüche und eines Wertpapiermarktes. Ist der Wertpapiermarkt - wie in dieser Arbeit angenommen - komplett, lassen sich die Ergebnisse beider Modelle in einen eindeutigen Zusammenhang bringen.

Sodann wird in Kapitel III das Informationsproblem eines Investors präzisiert und die Vorgehensweise bei der Informationsbewertung festgelegt. Ausgehend von seinem bisherigen Informationsstand und Prognosemodell steht jeder Investor vor der Frage, ob er seine Prognose mittels einer Informationsbeschaffungsmaßnahme überprüfen soll oder nicht. Die zusätzlichen Informationen wirken sich dann im allgemeinen auf die individuelle Einschätzung der Eintrittswahrscheinlichkeiten aller zukünftigen Umweltzustände und damit auf die individuelle Investitions- und Konsumstrategie aus.

Eine eventuelle Informationsbeschaffung und -auswertung ist annahmegemäß der Ordererteilung und dem Konsum des Investors zu Beginn des Planungszeitraumes unmittelbar vorgelagert. Die Durchführung der Informationsbeschaffungsmaßnahme kann im vorhinein zu verschiedenen Informationsergebnissen führen. Der Investor hegt über den Eintritt spezieller Informationsergebnisse bestimmte Erwartungen, d.h., er besitzt ein Wahrscheinlichkeitsurteil über die möglichen "Beobachtungen". Damit wird die Strategierevision aufgrund neuer Informationen stochastisch, da es auch das Informationsergebnis ist.

Der Informationswert gibt nun ein investorbezogenes Maß der Vorteilhaftigkeit dieser stochastischen Strategierevision an, und ist er nichtpositiv (positiv), erteilt der Investor seine Orders und bestimmt seinen Konsum auf der Grundlage der alten (neuen) Prognose.

Da mit der Informationsbeschaffung und -auswertung in der Regel Auszahlungen verbunden sind, die das für die Portefeuillebildung und zu Konsumzwecken verwendbare Vermögen des Investors vermindern, hat der Informationswert auch die entstehenden Informationskosten zu berücksichtigen.

Aufbauend auf dem Modell der zustandsabhängigen Vermögensansprüche aus Kapitel II und dem Beurteilungskriterium aus Kapitel III erfolgt in Kapitel IV die Beurteilung der Informationsbeschaffung und -auswertung. Dabei wird grundsätzlich unterschieden zwischen den Auswirkungen zusätzlicher Informationen auf die optimale individuelle Investitions- und Konsumstrategie bei unveränderlichen bzw. veränderlichen Marktpreisen (= individualanalytische bzw. marktanalytische Betrachtung).

Das Szenario der Individualanalyse geht davon aus, daß der betrachtete Investor alleine eine Informationsbeschaffungsmaßnahme ins Auge faßt. Jedoch haben die neuen Informationen keinen Einfluß auf die Marktpreise. Denn der Investor verfügt über ein derart geringes Vermögen gemessen am aggregierten Vermögen, daß seine Orders die Marktpreise nicht spürbar beeinflussen.

Anders hingegen das Szenario der Marktanalyse: Hier wird von einer potentiellen Informationsbeschaffung und -auswertung *aller* Investoren ausgegangen. Damit können sich die Marktpreise infolge neuer Informationen verändern, wenn sich auch nach wie vor der einzelne Investor annahmegemäß in einer kompetitiven Situation sieht.

(1) Im Rahmen der Individualanalyse erfolgt die bekannte entscheidungstheoretische Informationsbewertung.

Vernachlässigt man zunächst die Informationskosten, so zeigt sich, daß die zusätzliche Informationsmöglichkeit für einen Investor nicht von Nachteil sein kann: Der Informationswert ist nichtnegativ.

Der Grund für dieses Ergebnis liegt in den Voraussetzungen der individualanalytischen Betrachtung: Der Handlungsspielraum des Investors wird mit der Durchführung der Informationsbeschaffungsmaßnahme nicht verändert. D.h.: Die Anpassungsmöglichkeiten der individuellen Investitions- und Konsumstrategie sind bei neuem und altem Informationsstand identisch. Der Investor kann demnach seinen Informationsvorteil im Handel mit anderen Investoren uneingeschränkt nutzen.

Anders hingegen, wenn ein fixer Teil des Vermögens zur Informationsbeschaffung und -auswertung bereitgestellt werden muß. Die damit verbundene Einschränkung des individuellen Handlungsspielraumes erzeugt Informationskosten (= die durch die Informationsauszahlung zu erwartende Nutzeneinbuße). So kann sich der alte Informationsstand als optimal erweisen, selbst wenn der neue einen sicheren Schluß auf die eintretenden Umweltzustände der Zukunft zuläßt. Die mit der Durchführung der Informationsbeschaffungsmaßnahme verbundene Auszahlung übersteigt dann die sogenannte kritische Auszahlung.

(2) Im Rahmen der Marktanalyse ergibt sich für die Informationsbewertung ein anderes, unter bestimmten Umständen entgegengesetztes Bild. In der Literatur wird dieses Phänomen des öfteren mit der Frage nach dem "gesamtwirtschaftlichen" Wert von Informationen verknüpft (*Hirshleifer (1971)*).

Die marktanalytische Betrachtung erlaubt nun Annahmekonstellationen, die zu interessanten Ergebnissen in der Beurteilung der zusätzlichen Informationsmöglichkeit führen: Zunächst wird die Analyse bei fest vorgegebenem Investitionsprogramm der Volkswirtschaft und damit bei exogenem aggregierten Konsumgüterangebot durchgeführt. Später erfolgt dann die Untersuchung bei variablem Investitionsprogramm der Volkswirtschaft. Hier werden exogene Sicherheitszinssätze angenommen. Da eine Gleichgewichtsbetrachtung Annahmen über das Informationsverhalten aller Investoren erfordert, wird die Untersuchung - wie bereits angedeutet - auf eine ggf. unterschiedliche Informationsauswertung durch die Investoren beschränkt. Die Informationssituation homogener (heterogener) Erwartungen bedeutet dann identische (unterschiedliche) individuelle Informationsauswertungen.

(21) *Exogenes aggregiertes Konsumgüterangebot*. Angenommen, die Durchführung der Informationsbeschaffungsmaßnahme verursacht kei-

ne Auszahlung. Das Modell der zustandsbedingten Ansprüche führt dann infolge des fest vorgegebenen aggregierten Konsumgüterangebots zu dem Ergebnis, daß bei homogenen Erwartungen die zusätzliche Informationsmöglichkeit für einen Investor nicht von Vorteil sein kann: Der Informationswert ist nichtpositiv.

Die Erklärung erfolgt in zwei Schritten: Erstens erzwingt die marktanalytische Betrachtung, daß die mit neuen Informationen verbundene Änderung in den Preisen beachtet wird. Aus dem exogenen aggregierten Konsumgüterangebot folgt aber im Marktgleichgewicht auch eine informationsunabhängige aggregierte Konsumgüternachfrage. Preisänderungen sind demnach auf Prognoseänderungen zurückzuführen, nur sind bei homogenen Erwartungen die Prognoseänderungen von Investor zu Investor gleich. Daraus folgt: Kein Investor kann seinen Informationsvorteil im Handel mit anderen nutzen. Es existieren realiter gar keine Anpassungsmöglichkeiten der individuellen Investitions- und Konsumstrategie an zusätzliche Informationen. Die Preisänderung führt zu einer Vermögensänderung und damit zu einer Veränderung des Handlungsspielraumes, deren Nachteile exakt die Informationsvorteile ausgleichen.

Zweitens verschwinden aber nicht nur die Informationsvorteile, sondern es entstehen zusätzliche Informationsnachteile. Denn die Annahmen lassen ausschließlich eine Umverteilung des aggregierten Konsumgüterangebots zu. Da jedoch die Informationsergebnisse stochastisch sind, produziert die Durchführung der Informationsbeschaffungsmaßnahme eine stochastische Umverteilung. Bei homogenen Erwartungen stimmt aber die bei neuem Informationsstand zu *erwartende* Verteilung mit derjenigen bei altem Informationsstand überein. Eine stochastische Verteilungsänderung mit einem Erwartungswert von 0 - ein sogenanntes faires Spiel - führt jedoch zu einer Verschlechterung der Nutzenposition risikoscheuer Investoren. Es existiert ein nichtpositiver Umverteilungseffekt.

Anders hingegen in der Informationssituation heterogener Erwartungen. Hier kann die zusätzliche Informationsmöglichkeit für einen Investor von Vorteil sein: Der Informationswert ist im Vorzeichen unbestimmt.

Das Ergebnis begründet sich darauf, daß der Investor mit seiner Prognose von den aggregierten Individualprognosen (= Marktprognose) abweichen kann. Dies eröffnet ihm die Möglichkeit, eine Strategieänderung durch Handel mit anderen Investoren durchzusetzen. Die damit verbundenen Wirkungen auf den individuellen Erwartungsnutzen werden als Prognoseeffekt bezeichnet. Aus der Umverteilung entstehende Nachteile können somit abgeschwächt werden. Notwendige Voraussetzung dafür ist jedoch ein Dissens zwischen individuellen Erwartungen und denjenigen des Marktes, und zwar unter neuem Informationsstand.

Wenn auch die Informationsauszahlung, mit der die Durchführung der Informationsbeschaffungsmaßnahme finanziert wird, fest vorgegeben ist, so sind doch die Informationskosten in der Marktanalyse informationsabhängig, und zwar so lange, wie dies für das Vermögen des Investors gilt. Eine positive Informationsauszahlung kann - welche Informationssituation auch herrschen mag - natürlich den Informationswert nicht erhöhen.

Zusammenfassend ist festzustellen: Ob die Informationsbeschaffung und -auswertung für einen Investor lohnend ist, hängt davon ab, ob der Prognoseeffekt den Umverteilungseffekt und die Informationskosten mehr als auszugleichen vermag. Daß ein Investor durch die Informationsbeschaffung und -auswertung zu besseren Prognosen gelangt, bedeutet noch nicht, daß es für ihn lohnend ist, sich zu informieren. Entscheidend ist nicht die prognostische, sondern die ökonomische Verwertbarkeit neuer Informationen.

(22) *Exogene Sicherheitszinssätze*. Das Modell der zustandsabhängigen Vermögensansprüche erzeugt bei endogenem aggregierten Konsumgüterangebot einen neuen Aspekt für die Informationsbewertung. Es entsteht bei homogenen Erwartungen ein produktiver Nutzen der neuen Informationen (= Investitionseffekt), so daß schon in dieser Informationssituation die nachteilige Umverteilung nicht voll zur Wirkung kommt. Der Informationswert kann positiv werden.

Nach wie vor vernichten homogene Erwartungen sämtliche Informationsvorteile eines jeden Investors und erzeugen zusätzlich einen Informationsnachteil durch eine stochastische Umverteilung. Aber das, was durch den Handel verteilt wird, ist jetzt selbst im Licht der neuen Informationen zu ermitteln: Die von der Gesamtheit der Investoren nachgefragten Konsumgüter (= Marktkonsum) bestimmen im Marktgleichgewicht das aggregierte Konsumgüterangebot und damit das Investitionsprogramm der Volkswirtschaft. Diese Optimierung des Marktkonsums wird möglich aufgrund fest vorgegebener Sicherheitszinssätze. Die Gesamtheit der Investoren wird daher zusätzliche Informationsmöglichkeiten nie als nachteilig ansehen, und bei homogenen Erwartungen gilt dies auch für jeden einzelnen Investor.

Heterogene Erwartungen verändern das Bild auf zweierlei Weise: Zunächst entsteht für einen Investor wiederum die Möglichkeit, seinen Informationsvorteil durch Strategieänderung zu nutzen, vorausgesetzt, seine individuelle Prognose weicht von derjenigen des Marktes bei neuem Informationsstand ab. Die individuelle Beurteilung der je nach Informationsergebnis eintretenden Marktkonsumänderung wird damit zwangsläufig unklar. Denn die Beurteilung bezieht sich ja auf die Gesamtheit der Investoren und ist daher verbunden mit informationsbedingten Änderungen in der Marktprognose. Stimmen Individual- und Marktprognose überein, kann die Investitionsanpassung ex ante für den betreffenden Investor nicht von Nachteil sein. Dann gibt es aber auch keinen Prognoseeffekt.

Eine positive Informationsauszahlung mindert wiederum den Informationswert, und die damit verbundenen Informationskosten sind wiederum informationsabhängig.

Ein abschließendes Kapitel V behandelt die Informations(in)effizienz des Kapitalmarktes. Grundlage sind die Ergebnisse zur Informationsbewertung im Rahmen der Marktanalyse des Kapitels IV. Definiert man einen informations(in)effizienten Kapitalmarkt als einen Markt, auf dem die Veränderung der Vermögensverteilung zugunsten einer Gruppe von Investoren mittels Informationsbeschaffung und -auswertung (nicht) ausgeschlossen ist, so läßt sich bezüglich der neuen Informationen das Folgende feststellen:

(a) Angenommen, alle Investoren haben homogene Erwartungen. Da niemand einen Anreiz hat, die zusätzliche Informationsmöglichkeit wahrzunehmen, ist auch keine Informationsineffizienz denkbar. Wie die "richtige" Prognose lautet, ist unerheblich; denn mit identischen Prognosen der Investoren stimmt auch die - entscheidende - relative "Güte" der individuellen Prognosen überein.

(b) Anders jedoch bei heterogenen Erwartungen. Hier können neue Informationen dazu führen, daß individuelle Prognosen relativ "besser" bzw. "schlechter" sind als andere. Daß der neue Informationsstand zur Wirkung kommt, setzt aber ein Interesse der Investoren an der Informationsbeschaffung und -auswertung voraus.

Unter der Prämisse vernachlässigbarer Auswirkungen der Umverteilung auf die individuellen Informationswerte seien folgende Fälle genannt:

(b1) Stimmen bei neuem Informationsstand alle Individualprognosen mit der Marktprognose überein, dann ergibt sich ein informationseffizienter Kapitalmarkt. Denn wiederum hat niemand einen Anreiz, sich zusätzlich zu informieren.

(b2) Erzeugt aber eine neue Information ein Abweichen der Individualprognosen von der Marktprognose, sieht jeder Investor die Informationsbeschaffung und -auswertung als vorteilhaft an. Folglich kann der Kapitalmarkt (auf lange Sicht) informationseffizient oder -ineffizient sein. Eine genaue Beurteilung setzt hier weitere Annahmen voraus.

Soweit bei kostenloser Information. Eine positive Informationsauszahlung vermindert den Anreiz zur Informationsbeschaffung und -auswertung und kann daher einen informationsineffizienten Kapitalmarkt verhindern.

(c) Die Definition von *Fama (1976)*, nach der ein informationseffizienter Preis eine vollständige Anpassung an alle beschaffbaren Informationen erfordert, erscheint unter dem Aspekt der Informationsbewertung als zu streng. Die Preisanpassung betrifft nur die ökonomisch verwertbaren Informationen. Da bei exogenem aggregierten Konsumgüterangebot im Marktgleichgewicht ein eindeutiger Zusammenhang zwischen Marktprognose und Preis besteht, gilt dann für die Beurteilung der Informations(in)effizienz der Marktpreise für zustandsabhängige Vermögensansprüche das bisher Gesagte.

Das Ergebnis der Untersuchung ist also, daß allgemeine Aussagen über die Vorteilhaftigkeit einer zusätzlichen Informationsmöglichkeit nicht zu treffen sind. Entscheidend ist die relative Größenordnung des Umverteilungs-, des Prognose- und des Investitionseffektes und natürlich der Informationskosten. Damit ist aber auch generell die Informations(in)effizienz des Kapitalmarktes unbestimmt.

Die meisten formalen Ableitungen sind in einem Anhang zusammengefaßt, um den Text zu "entlasten". Der Hinweis zum Anhang erfolgt jeweils vor Angabe des speziellen Ergebnisses.

II Portefeuilleauswahl und Preisbildung auf einem kompletten Kapitalmarkt

1 *Die Bewertung riskanter Konsumströme auf einem Markt für zustandsabhängige Vermögensansprüche*[1]

1.1 Problemstellung, Definitionen und Annahmen

Folgende Situation soll untersucht werden: Auf einem vollkommenen und kompetitiven Markt für zustandsabhängige Vermögensansprüche (≡ zVA) stehen die Investoren (= Konsumenten) vor dem Entscheidungsproblem, wieviel sie von ihrem Vermögen in zVA investieren und wieviel sie konsumieren sollen. Dabei stellt ein Vermögensanspruch bezüglich Zustand z im Zeitpunkt 1 bzw. Zustand s|z im Zeitpunkt 2 einen Anspruch auf eine DM dar, der genau dann erfüllt wird, wenn Zustand z bzw. s|z eintritt[2].

Obwohl - wie bereits erwähnt - bei zeitadditiver logarithmischer Nutzenfunktion eine myopische Investitions- und Konsumentscheidung in den Zeitpunkten 0 und 1 optimal ist, wird aufbauend auf der Präferenzfunktion (I-2) die Investitions- und Konsumstrategie im Zeitpunkt 0 bestimmt. Denn diese muß für die Informationsbewertung ohnehin abgeleitet werden.

Eine Investitions- und Konsumstrategie ist definiert als ein heute gültiger Investitions- und Konsumplan bezüglich des gesamten Planungszeitraumes, der folgende Angaben enthält:

-- Investition und Konsum im Zeitpunkt 0 ("heute"),

-- Investition und Konsum im Zeitpunkt 1 bei Eintreten des Zustands z (z=1,2,...,Z) und

-- Konsum im Zeitpunkt 2 bei Eintreten des Zustands s (s=1,2,...,S), wenn zuvor im Zeitpunkt 1 Zustand z (z=1,2,...,Z) eingetreten ist.

Dabei ist unter Investition einmal der zu investierende Betrag und zum anderen die Zusammensetzung des Portefeuilles aus zVA zu verstehen.

Annahmegemäß ist nach Ablauf der zweiten Periode - im Zeitpunkt 1 - keine Investitionsentscheidung mehr zu treffen. Jeder Investor mag das dann vorhandene (End)Vermögen konsumieren.

[1] Vgl. zu diesem Modell z.B. *Mossin (1977, Kap. 3)*.

[2] Vgl. den Zustandsbaum in *Abbildung 1*, S. 9.

Folgende zusätzliche Definitionen werden eingeführt:

W_{i0} ≡ Vermögen des Investors i (i=1,2,...,I) im Zeitpunkt 0,

W_{iz} ≡ zustandsabhängiges Vermögen des Investors i (i=1,2,...,I) im Zeitpunkt 1, Zustand z (z=1,2,...,Z),

$W_{is|z}$ ≡ zustandsabhängiges Vermögen des Investors i (i=1,2,...,I) im Zeitpunkt 2, Zustand s (s=1,2,...,S), wenn im Zeitpunkt 1 Zustand z eingetreten ist,

π_z ≡ im Zeitpunkt 0 gültiger Preis für 1 DM Vermögensanspruch im Zeitpunkt 1, Zustand z (z=1,2,...,Z),

$\pi^d_{iz} \equiv \frac{\pi_z}{f_i(z)}$ ≡ im Zeitpunkt 0 gültiger wahrscheinlichkeitsbereinigter Preis für 1 DM Vermögensanspruch im Zeitpunkt 1, Zustand z (z=1,2,...,Z),

$\pi_{s|z}$ ≡ im Zeitpunkt 1 gültiger Preis für 1 DM Vermögensanspruch im Zeitpunkt 2, Zustand s, wenn zuvor im Zeitpunkt 1 Zustand z eingetreten ist,

$\pi^d_{is|z} \equiv \frac{\pi_{s|z}}{f_i(s|z)}$ ≡ im Zeitpunkt 1 gültiger wahrscheinlichkeitsbereinigter Preis für 1 DM Vermögensanspruch im Zeitpunkt 2, Zustand s, wenn zuvor im Zeitpunkt 1 Zustand z eingetreten ist;

daneben gilt $\pi_0 \equiv 1$, d.h., der Preis für einen "Momentananspruch" von 1 DM im Zeitpunkt 0 wird als numéraire gleich 1 gesetzt.

Neben den Annahmen (A1) bis (A6) wird noch die folgende gesetzt:

(A7) Jeder Investor verhält sich kompetitiv, d.h., daß er davon ausgeht, mit seinen Dispositionen die Preise der zVA nicht beeinflussen zu können.

Damit gehen die Preise $\pi_1, \pi_2, \ldots, \pi_Z$ und $\pi_{1|1}, \pi_{2|1}, \ldots, \pi_{S|Z}$ als Daten in das Entscheidungskalkül eines jeden Investors ein.

Der Handlungsspielraum des Investors wird durch sein ihm in jedem Zeitpunkt zur Verfügung stehendes Vermögen bestimmt, das er zwischen Konsum und dem Erwerb von zVA aufteilt. Es ergeben sich daher folgende Budgetrestriktionen[1,2]:

---

[1] Wo Mißverständnisse nicht zu erwarten sind, wird der Index "i" im folgenden unterdrückt.

[2] Eine "≦"-Formulierung der Budgetrestriktionen stellt keine Verallgemeinerung dar, da die Nutzenfunktion positiven Grenznutzen in allen Konsumargumenten ausweist, und jeder Investor annahmegemäß den Erwartungswert des Nutzens seines Konsums maximieren möchte.

$$\text{(II-1)} \quad t=0: \; C_0 + E(\tilde{\pi}_1^d \tilde{W}_1) = W_0,$$

$$\text{(II-2)} \quad t=1: \; C_z + E(\tilde{\pi}_2^d \tilde{W}_2 | z) = W_z \; (z=1,2,\ldots,Z),$$

$$\text{(II-3)} \quad t=2: \; C_{s|z} = W_{s|z} \; (s=1,2,\ldots,S;\; z=1,2,\ldots,Z).$$

So stellt $E(\tilde{\pi}_1^d \tilde{W}_1) = \Sigma_z \, \pi_z W_z$ den Betrag dar, den der Investor im Zeitpunkt 0 investieren muß, um W_z "Stück" zustandsabhängige Vermögensansprüche im Zustand z, Zeitpunkt 1 zu erwerben. Dabei gibt es Z verschiedene zVA. Entsprechendes gilt für $E(\tilde{\pi}_2^d \tilde{W}_2 | z) = \Sigma_s \, \pi_{s|z} W_{s|z}$: Es ist der im Zustand z, Zeitpunkt 1 notwendige Investitionsbetrag zum Erwerb von $W_{s|z}$ Stück (bedingte) zustandsabhängige Vermögensansprüche des Zustands s, Zeitpunkt 2. Im Zeitpunkt 2 werden keine zVA mehr erworben.

Aus den zeitpunktbezogenen Budgetrestriktionen (II-1) bis (II-3) kann folgende zusammenfassende Budgetgleichung abgeleitet werden:

$$\text{(II-4)} \quad C_0 + E(\tilde{\pi}_1^d \tilde{C}_1 + \tilde{\pi}_{12}^d \tilde{C}_2) = W_0,$$

d.h., das heute zur Verfügung stehende Vermögen gibt an, welche Konsumvektoren $(C_0, C_z, C_{s|z})$ finanzierbar sind. Hierbei ist

π_{zs} $\equiv$ der im Zeitpunkt 0 gültige Preis für 1 DM Vermögensanspruch im Zeitpunkt 2, wenn Zustandsfolge zs eintritt (z=1,2,...,Z; s=1,2,...,S),

$\pi_{izs}^d \equiv \frac{\pi_{zs}}{f_i(z,s)}$ $\equiv$ der im Zeitpunkt 0 gültige wahrscheinlichkeitsbereinigte Preis für 1 DM Vermögensanspruch im Zeitpunkt 2, wenn Zustandsfolge zs eintritt (z=1,2,...,Z; s=1,2,...,S) und

$\pi_{zs} \equiv \pi_z \pi_{s|z}$, woraus wegen $f_i(z,s) = f_i(z) f_i(s|z)$ die Beziehung $\pi_{izs}^d = \pi_{iz}^d \pi_{is|z}^d$ folgt (z=1,2,...,Z; s=1,2,...,S). Wie sich zeigen wird, gilt der Preiszusammenhang im Marktgleichgewicht notwendigerweise, da intertemporale Arbitragegewinne ausgeschlossen sind.

Bisher wurde noch nichts darüber gesagt, wie sich das heutige Vermögen eines Investors zusammensetzt. Kennzeichnet $(\bar{C}_0, \bar{C}_z, \bar{C}_{s|z})$ für alle z und s seine Ausstattung, so gilt

(II-5) $W_0 \equiv \tilde{C}_0 + E(\tilde{\pi}_1^d \tilde{\tilde{C}}_1 + \tilde{\pi}_{12}^d \tilde{\tilde{C}}_2)$.

Damit kann das Entscheidungsproblem des Investors zur Bestimmung der optimalen Investitions- und Konsumstrategie präzise formuliert werden. Die Entscheidungsvariablen des Investors sind die zustandsabhängigen Konsumbeträge $\tilde{C}_t$ (t=0,1,2). Der optimale Investitionsplan ergibt sich dann als Residuum.

1.2 Die optimale Investitions- und Konsumstrategie des Investors

(1) Jeder Investor steht vor dem folgenden Entscheidungsproblem:

(II-6) $$\max_{\{C_0, C_z, C_{s|z} \; (z=1,2,\dots,Z;\; s=1,2,\dots,S)\}} \Psi = \Sigma_t \rho_t E[\ln(\eta_t + \tilde{C}_t)]$$

unter der Nebenbedingung[1]

(II-7) $C_0 + E(\tilde{\pi}_1^d \tilde{C}_1 + \tilde{\pi}_{12}^d \tilde{C}_2) = W_0$.

Da die Nutzenfunktion stetig differenzierbar, monoton steigend in den Konsumargumenten und konkav in allen zulässigen Konsumvektoren ist, gilt dies auch für den Erwartungsnutzen Ψ. Mit Hilfe der Lagrange-Methode ergibt sich dann aus den notwendigen und hinreichenden Bedingungen für eine optimale Investitions- und Konsumstrategie der nachstehende optimale Plan im Zeitpunkt 0 (vgl. AA 1):

(II-8) Konsum: $$\eta_0 + C_0^* = \rho_0(\theta_0 + W_0),$$

$$\eta_1 + C_z^* = \rho_1(\theta_0 + W_0)/\pi_z^d,$$

$$\eta_2 + C_{s|z}^* = \rho_2(\theta_0 + W_0)/\pi_{zs}^d;$$

---

[1] Nichtnegativitätsbedingungen bleiben aus Vereinfachungsgründen unberücksichtigt.

Investition: $\theta_z + W_z^* = (\rho_1+\rho_2)(\theta_0+W_0)/\pi_z^d$,

$$\theta_{s|z} + W_{s|z}^* = \rho_2(\theta_0+W_0)/\pi_{zs}^d \quad (s=1,2,\ldots,S;\; z=1,2,\ldots,Z).$$

Hierbei ist

$\theta_0 \equiv \eta_0+\eta_1(1+k_1)^{-1}+\eta_2(1+k_{12})^{-2}$, der Barwert der η_t-Parameter für $t\geq 0$, wobei $(1+k_1)^{-1} \equiv \Sigma_z\, \pi_z$ bzw. $(1+k_{12})^{-2} \equiv \Sigma_z\Sigma_s\, \pi_{zs}$,

$\theta_z \equiv \eta_1+\eta_2(1+k_{2|z})^{-1}$, der stochastische Barwert der η_t-Parameter für $t\geq 1$, wobei $(1+k_{2|z})^{-1} \equiv \Sigma_s\, \pi_{s|z}$.

Da ein 3-Zeitpunkt-Modell vorliegt, ist $\theta_{s|z} = \eta_2$ für alle s und z.

Die in den Barwerten θ_t genannten Größen $k_{(.)}$ lassen sich wie folgt interpretieren:

k_1 ist der im Zeitpunkt 0 für die erste Periode gültige "kurzfristige" Sicherheitszinssatz; denn $\Sigma_z\, \pi_z$ ist der Preis für eine sichere DM im Zeitpunkt 1;

k_{12} ist der im Zeitpunkt 0 durchschnittlich pro Periode gültige "langfristige" Sicherheitszinssatz; denn $\Sigma_z\Sigma_s\, \pi_{zs}$ ist der Preis für eine sichere DM im Zeitpunkt 2;

$k_{2|z}$ ist der im Zustand z für die zweite Periode gültige "kurzfristige" Sicherheitszinssatz; denn $\Sigma_s\, \pi_{s|z}$ gibt den im Zustand z zu zahlenden Preis für eine sichere DM im Zeitpunkt 2 an (z=1,2,...,Z).

Die Summe (.) + y wird im folgenden als Bruttogröße von y bezeichnet, z.B.: $\eta_0+C_0^*$ ist der optimale Bruttokonsum im Zeitpunkt 0. $\tilde{V}_t^*$ stellt dann die optimale stochastische Bruttoinvestition im Zeitpunkt t (t=0,1) dar; denn es gilt wegen (II-8)

(II-9) $V_0^* \equiv \Sigma_z\, \pi_z(\theta_z+W_z^*) = (\theta_0+W_0)-(\eta_0+C_0^*)$,

$$V_z^* \equiv \Sigma_s\, \pi_{s|z}(\theta_{s|z}+W_{s|z}^*) = (\theta_z+W_z^*)-(\eta_1+C_z^*) \quad (z=1,2,\ldots,Z).$$

Der optimale Investitionsplan ergibt sich hier als Residuum aus dem optimalen Konsumplan. Gemäß (II-8) und (II-9) wünscht der Investor im Betrachtungszeitpunkt 0 folgende Strategie zu realisieren: Im Zeitpunkt 0 Konsumauszahlungen in Höhe von C_0^* und folglich Investitionsauszahlungen in Höhe von $(W_0^*-C_0^*)$. Mit diesem Investitionsbetrag ist ein Portefeuille an zVA zusammenzustellen, und zwar W_z^* [Stück] für den entsprechenden Zustand z (z=1,2,...,Z). Tritt im Zeitpunkt 1 Zustand z ein, so sind Konsumauszahlungen in Höhe von C_z^* vorgesehen und als Investition entsprechend $(W_z^*-C_z^*)$. Denn W_z^* stellt neben der Anzahl an zVA des Zustands z ex definitione das Vermögen des Investors dar, wenn Zustand z eintritt. Mit dem Investitionsbetrag $(W_z^*-C_z^*)$ ist wiederum ein Portefeuille an zVA zusammenzustellen, d.h., der Investor hat hier die Möglichkeit, sein bisheriges Portefeuille umzustrukturieren. Im Zustand z ist die Zahl von $W_{s|z}^*$ zVA zu erwerben. Tritt im Zeitpunkt 2 Zustand s ein, nachdem im vorhergehenden Zeitpunkt Zustand z eingetreten ist, beläuft sich das (End)Vermögen des Investors auf $W_{s|z}^*$ [1].

Die Interpretation von W_z^* als Vermögen des Investors im Zeitpunkt 1, Zustand z - also zu Beginn der 2. Periode -, ermöglicht die Ableitung einer Bestimmungsgleichung für C_z^* bzw. $W_{s|z}^*$, ohne auf das Anfangsvermögen W_0 zurückzugreifen. Mit Hilfe der zweiten und vierten Gleichung aus (II-8) errechnet man sofort

$$\text{(II-10)} \quad \eta_1+C_z^* = [\rho_1/(\rho_1+\rho_2)](\theta_z+W_z^*) \quad (z=1,2,...,Z),$$

und mittels der dritten und vierten Gleichung aus (II-8) folgt unter Berücksichtigung von $\pi_{zs}^d = \pi_z^d\pi_{s|z}^d$ für alle z und s unmittelbar

$$\text{(II-11)} \quad \theta_{s|z}+W_{s|z}^* = [\rho_2/(\rho_1+\rho_2)](\theta_z+W_z^*)/\pi_{s|z}^d \quad (z=1,2,...,Z;\ s=1,2,...,S).$$

Beide Bestimmungsgleichungen bauen jetzt auf dem Vermögen des Investors im Zustand z auf.

Betrachtet man die erste Gleichung in (II-8) und (II-9), sodann (II-10) und die zweite Gleichung in (II-9), dann zeigen sich für

---

[1] Da für jeden zukünftigen Umweltzustand zustandsbedingte Ansprüche existieren, läßt sich das Ergebnis auch so interpretieren, daß im Zeitpunkt 0 alle Orders auf der Basis des Konsums $\tilde{C}_t^*$ (t=0,1,2) abgewickelt werden. Vgl. die Anmerkung in *Rubinstein (1975, 813, Fußnote 3)*.

die zeitpunktbezogene optimale Investitions- und Konsumentscheidung des Investors, $(\tilde{C}_t^*, \tilde{V}_t^*)$, zwei grundsätzliche Eigenschaften, die aus dem Ansatz der zeitadditiven logarithmischen Nutzenfunktion folgen:

(a) Eine rollende starre Planung ist optimal.

(b) Der optimale Bruttokonsum ergibt sich in jedem Zeitpunkt als deterministischer Anteil des Bruttovermögens.

Aus (a) folgt, daß sich der Investor damit begnügen kann, im Betrachtungszeitpunkt für die gegenwärtige Periode zu planen. Sonst müßte z.B. C_0^* abhängig von der optimalen Konsumentscheidung im Zeitpunkt 1 sein.

Aus (b) folgt, daß auch die optimale Bruttoinvestition in jedem Zeitpunkt als deterministischer Anteil am Bruttovermögen bestimmt wird. Mit $\rho_0 \equiv w_0$ und $\rho_1/(\rho_1+\rho_2) \equiv w_1$ läßt sich w_t und $(1-w_t)$ als die (marginale) Konsum- bzw. Investitionsquote im Zeitpunkt t (t=0,1) interpretieren. Die ρ_t-Parameter der Nutzenfunktion bestimmen daher diese Quoten.

Unter Berücksichtigung der optimalen Investitions- und Konsumstrategie aus (II-8) ergibt sich für den Investor ein maximaler Erwartungsnutzen von

$$\text{(II-12)} \quad \Psi^* \equiv \text{Max } \Psi = \Sigma_t \, \rho_t \, \{\ln[\rho_t(\theta_0+W_0)] - E(\ln\Pi_{\tau=0}^{t}\tilde{\pi}_\tau^d)\}$$

mit $\pi_0^d \equiv 1$ oder auch

$$\text{(II-13)} \quad \Psi^* = \rho + \rho_0 \ln(\theta_0+W_0) + \rho_1 \, E[\ln(\tilde{\theta}_1+\tilde{W}_1^*)] + \rho_2 \, E[\ln(\tilde{\theta}_2+\tilde{W}_2^*)],$$

wenn man entsprechend (II-10) heranzieht $(\rho \equiv \Sigma_t \, \rho_t \, \ln\{\rho_t/(\Sigma_{\tau=t}^{2}\rho_\tau)\} < 0)$.

(II-12) zeigt, wie die individuellen Daten und die Preise für zVA den maximalen Erwartungsnutzen bestimmen. Der erste Summand in der geschweiften Klammer zeigt den Einfluß der Präferenzen und des Anfangsvermögens - wobei allerdings zu berücksichtigen ist, daß in θ_0 der kurz- und langfristige Sicherheitszinssatz eingehen -, der zweite den Einfluß der Präferenzen, Preise und Eintrittswahrscheinlichkeiten. Je höher das Anfangsvermögen ist, desto höher ist der maximale Erwartungsnutzen, wobei die marginale Änderung im Optimum mit dem Wert des (nichtnegativen)

Lagrange-Multiplikators übereinstimmt [vgl. AA 1, (13*)].

Die logarithmierten wahrscheinlichkeitsbereinigten Preise für zVA beeinflussen den maximalen Erwartungsnutzen nur insoweit, als ihr Erwartungswert bei Preis- und/oder Wahrscheinlichkeitsänderungen verändert wird. Da ein 3-Zeitpunkt-Modell vorliegt, sind die Summanden der einzelnen Zeitpunkte noch mit ρ_t zu gewichten.

In der alternativen Bestimmungsgleichung für Ψ^*, (II-13), zeigt sich die Bedeutung der zeitlichen Vermögens*entwicklung* für den maximalen Erwartungsnutzen. Darauf wird an späterer Stelle noch eingegangen, wenn aus bestimmten Gründen Vermögensverschiebungen im Zeitablauf auftreten. Ein weiterer Aspekt ist die Preisentwicklung: Lediglich die Summe der Preise für zVA ist ausschlaggebend (bei optimaler Vermögensentwicklung).

Im folgenden werden aus der optimalen Investitions- und Konsumstrategie Implikationen abgeleitet, die (a) hilfreich für das Verständnis und (b) Grundlage der weiteren Ausführungen sind ("*" wird unterdrückt).

(2) Zunächst zum Einfluß des Anfangsvermögens W_0 auf den optimalen Plan.

(21) So zeigt sich unmittelbar in (II-8) das bekannte Ergebnis, daß sowohl der optimale Konsum in jedem Zustand als auch die optimale Stückzahl an zVA für jeden Zustand eine positiv lineare, inhomogene Funktion des Anfangsvermögens ist[1]. Damit ergibt sich, daß der Barwert zukünftiger optimaler Konsumauszahlungen, $E(\tilde{\pi}_t^d \tilde{C}_t)$, und der optimale Investitionsbetrag $E(\tilde{\pi}_t^d \tilde{W}_t)$ ebenfalls den genannten funktionalen Zusammenhang aufweisen (t=1,2).

(22) Die optimale Struktur des Bruttokonsums ist unabhängig vom Bruttovermögen im Zeitpunkt 0. Sie entspricht der Struktur der (reziproken) wahrscheinlichkeitsbereinigten Preise, multipliziert mit dem für den entsprechenden Zeitpunkt gültigen ρ_t, also[2]

---

[1] So z.B. *Kraus/Litzenberger (1975, 1216f.)*. *Kraus/Litzenberger* leiten allerdings eine homogene Funktion ab, da sie konstante relative Risikoaversion unterstellen (η_t=0 für alle t). Vgl. zum Begriff der relativen Risikoaversion *Pratt (1964)* und *Arrow (1974, Essay 3)* und im Zusammenhang mit der zeitadditiven logarithmischen Nutzenfunktion *Rubinstein (1977, 24f.)*.

[2] Sei $:(\eta_t+\tilde{C}_t) \equiv (\eta_0+C_0):(\eta_1+C_1):\ldots:(\eta_2+C_{S|Z})$

und $:\rho_t/\tilde{\pi}_t^d \equiv \rho_0/\pi_0^d:\rho_1/\pi_1^d:\ldots:\rho_2/\pi_{ZS}^d$.

(II-14) $:(\eta_t+\tilde{C}_t) = :\rho_t/\tilde{\pi}_t^d.$

Damit ergibt sich auch ein linearer "Expansionspfad" im Bruttokonsum, z.B. $\eta_1+C_z=(\pi_{z'}^d/\pi_z^d)(\eta_1+C_{z'})(z\neq z')$.

Zeigt die Nutzenfunktion des Investors in allen Zeitpunkten konstante relative Risikoaversion ($\eta_t=0$ für alle t), dann gilt die Strukturaussage für den "Nettokonsum" $\tilde{C}_t$. Es ist dann $:\tilde{C}_t$ unabhängig vom Anfangsvermögen W_0.

Ähnliches gilt für die Struktur der optimalen Bruttonachfrage nach zVA. Allerdings spielen hierbei noch zukünftige Konsummöglichkeiten eine Rolle, so daß sich ergibt:

(II-15) $:(\eta_t+\tilde{C}_t) = :(\tilde{\theta}_t+\tilde{W}_t) \quad (t=1,2).$

Darüber hinaus folgt, daß sowohl der optimale Bruttokonsum als auch die optimale Bruttonachfrage nach zVA bei marginalen Änderungen des Bruttovermögens eine Wachstums*rate* von $1/(\theta_0+W_0)$ aufweisen; denn es gilt [vgl. (II-8)]

(II-16) $$\frac{\partial[\ln(\eta_t+\tilde{C}_t)]}{\partial(\theta_0+W_0)} = \frac{\partial[\ln(\tilde{\theta}_t+\tilde{W}_t)]}{\partial(\theta_0+W_0)} = \frac{1}{\theta_0+W_0} \quad (t=0,1,2).$$

Dies entspricht dem Grenzerwartungsnutzen des Bruttovermögens, λ. Soweit die "Bruttobetrachtung".

In der "Nettobetrachtung" gilt wegen konstanter Preise für zVA (vgl. AA 2)

(II-17) $$\frac{\partial\ln\tilde{C}_t}{\partial W_0} = \frac{\eta_t+\tilde{C}_t}{\tilde{C}_t}\;\frac{\partial[\ln(\eta_t+\tilde{C}_t)]}{\partial(\theta_0+W_0)} \quad (t=0,1,2),$$

so daß die Wachstumsrate des Bruttokonsums diejenige des Nettokonsums im Zeitpunkt t über(unter)schätzt, wenn im betreffenden Zeitpunkt ab(zu)nehmende relative Risikoaversion vorliegt [$\eta_t<(>)0$], vorausgesetzt $\tilde{C}_t>0$.

Analoges gilt für die Nachfrage nach zVA. Allerdings ist für die Abweichung in den Wachstumsraten sign $\tilde{\theta}_t$ (t=1,2) entscheidend, d.h. der mit den Sicherheitszinssätzen gebildete zustandsabhängige Barwert der η_t-Parameter der Zeitpunkte $t' \geq t$.

Brutto- und Nettobetrachtung stimmen bei allzeit konstanter relativer Risikoaversion überein.

(23) In welchem Verhältnis stehen nun Konsum und Investition zueinander, und wie wird der Investitionsbetrag auf die einzelnen zVA aufgeteilt? Die Analyse hierzu wird auf den Zeitpunkt 0 beschränkt. Analoges gilt zustandsabhängig im Zeitpunkt 1.

Für das genannte Verhältnis ergibt sich

$$\text{(II-18)} \quad \frac{\eta_0+C_0}{V_0} = \frac{\rho_0}{1-\rho_0} \quad \text{(brutto) und}$$

$$\frac{C_0}{W_0-C_0} = \frac{-\eta_0 + \rho_0(\theta_0+W_0)}{-(\theta_0-\eta_0)+(1-\rho_0)(\theta_0+W_0)} \quad \text{(netto),}$$

also eine Unabhängigkeit von der Wahrscheinlichkeitsverteilung der Zustände. $\rho_0[1-\rho_0]$, die (marginale) Konsum[Investitions]quote im Zeitpunkt 0, bestimmt das Verhältnis von Bruttokonsum und -investition. Netto gesehen liegt hierbei eine Über(Unter)schätzung vor, wenn der Quotient $\eta_0/(\theta_0-\eta_0)$ größer (kleiner) als derjenige aus Konsum- und Investitionsquote ist ($\theta_0-\eta_0>0$).

Da die Konsum- und Investitionsquoten ausschließlich vom ρ_t-Parameter abhängig sind, bleibt das Verhältnis aus Bruttokonsum und -investition von Änderungen des Anfangsvermögens unberührt. Netto gilt hingegen ($\theta_0-\eta_0>0$)

$$\text{(II-19)} \quad \text{sign} \frac{\partial}{\partial W_0} \left(\frac{C_0}{W_0-C_0}\right) = \text{sign}\left\{\frac{\eta_0}{\theta_0-\eta_0} - \frac{\rho_0}{1-\rho_0}\right\};$$

die obengenannte Überschätzung nimmt also mit steigendem W_0 ab, weil θ_0 immer weniger zu Buche schlägt. Weist die Nutzenfunktion im Zeitpunkt 0 konstante relative Risikoaversion aus ($\eta_0=0$), dann nimmt der Konsum bei steigendem Vermögen relativ zur Investition ab. Denn $\theta_0-\eta_0 = \eta_1(1+k_1)^{-1}+\eta_2(1+k_{12})^{-2}$ wurde als positiv angenommen, was z.B. bei in zukünftigen Zeitpunkten zunehmender relativer Risikoaversion gegeben ist. Die Größenordnung der ρ_t-Parameter ist mit $\eta_0=0$ hier unerheblich.

Die Eintrittswahrscheinlichkeiten spielen eine Rolle bei der Aufteilung des Investitionsbetrages zum Erwerb verschiedener zVA, und so gilt für alle z (Beachte: $W_0-C_0 = \Sigma_z \pi_z W_z$)

$$\text{(II-20)} \quad \frac{\pi_z(\theta_z+W_z)}{V_0} = f(z) \quad \text{(brutto) und}$$

$$\frac{\pi_z W_z}{W_0-C_0} = \frac{-\theta_z\pi_z + (\rho_1+\rho_2)(\theta_0+W_0)f(z)}{-(\theta_0-\eta_0)+(\rho_1+\rho_2)(\theta_0+W_0)} \quad \text{(netto).}$$

Brutto wird das Portefeuille aus zVA von f(z) (z=1,2,...,Z) bestimmt. Netto ergibt sich wiederum eine Über(Unter)schätzung des relativen DM-Anteils zustandsbedingter Ansprüche für den Umweltzustand z am Investitionsbetrag, wenn der Quotient $\pi_z\theta_z/(\theta_0-\eta_0)$ größer (kleiner) als f(z) ausfällt ($\theta_0-\eta_0>0$). Zur Erklärung dieses Zusammenhangs sei vereinfachend $f(z)=\pi_z$ gesetzt. Dann tritt z.B. die genannte Überschätzung auf, wenn $\theta_z>\theta_0-\eta_0>0$, d.h. wenn der Barwert der zukünftigen η_t-Parameter bezogen auf den Zustand z im Zeitpunkt 1 größer ist als der Barwert der zukünftigen η_t-Parameter bezogen auf den Zeitpunkt 0 (= Zustand 0).

Sich veränderndes Vermögen bleibt ohne Einfluß auf die Portefeuilleauswahl in Bruttogrößen. Netto gilt für marginale Vermögensänderungen ($\theta_0-\eta_0>0$)

$$\text{(II-21)} \quad \text{sign}\,\frac{\partial}{\partial W_0}\left(\frac{\pi_z W_z}{W_0-C_0}\right) = \text{sign}\left\{\frac{\pi_z\theta_z}{\theta_0-\eta_0} - f(z)\right\}$$

für alle z. Wiederum nimmt die genannte Überschätzung mit steigendem W_0 ab. Gilt $\theta_z=0$, nimmt der betragsmäßige Investitionsanteil des z-ten Anspruchs ab, und zwar unabhängig von der Größenordnung der Eintrittswahrscheinlichkeit f(z) und des Preises π_z. Dies kann nicht für alle zVA gelten, und so ist auch $\Sigma_z \pi_z\theta_z = \theta_0-\eta_0$.

Ferner ist allzeit konstante relative Risikoaversion zwar hinreichend, aber nicht notwendig für vermögensunabhängige Portefeuilleanteile der zVA. Gilt nämlich $\pi_z\theta_z = f(z)(\theta_0-\eta_0)$ für alle z, dann ergibt sich ebenfalls $:\pi_z W_z = :f(z)$, d.h., $\pi_1 W_1:\pi_2 W_2:\ldots:\pi_Z W_Z = f(1):f(2):\ldots:f(Z)$.

(3) Bevor das Marktgleichgewicht auf einem Markt für zustandsabhängige Vermögensansprüche untersucht wird, sollen im folgenden "Bewertungsgleichungen" aus der optimalen Investitions- und Konsumstrategie eines Investors abgeleitet werden, die später als Ausgangspunkt zur Ableitung der Marktgleichgewichtsbedingungen dienen.

(31) Der einfacheren Handhabung wegen wird folgende Definition eingeführt[1]:

$$\text{(II-22)}\quad \Pi_{\tau=t+1}^{t'}\tilde{\gamma}_\tau^{-1} \equiv \frac{\rho_{t'}}{\rho_t}\left(\frac{\eta_{t'}+\tilde{C}_{t'}}{\eta_t+\tilde{C}_t}\right)^{-1} \quad (t,t'=0,1,2;\ t'>t) \text{ und}$$

$$\tilde{\gamma}_{12}^{-1} \equiv \tilde{\gamma}_1^{-1}\tilde{\gamma}_2^{-1}.$$

Beachte in Definition (II-22) das Produktzeichen im Fall t=0 und t'=2. $\tilde{\gamma}_{(.)}^{-1}$ beinhaltet sowohl eine Änderung des stochastischen Bruttokonsums als auch eine Änderung des deterministischen

ρ-Parameters im Zeitablauf. So ist z.B. $\gamma_z^{-1} \equiv \frac{\rho_1}{\rho_0}\left(\frac{\eta_1+C_z}{\eta_0+C_0}\right)^{-1}$ c.p.

umso größer, je größer ρ_1 relativ zu ρ_0 ausfällt bzw. je weniger der Bruttokonsum vom Zeitpunkt 0 zum Zeitpunkt 1, Zustand z wächst.

Wie ist nun die Größe $\tilde{\gamma}_{(.)}^{-1}$ zu interpretieren? $\tilde{\gamma}_{(.)}^{-1}$ ist die *wahrscheinlichkeitsbereinigte* Grenzrate der Substitution zwischen stochastischem Konsum der einbezogenen Zeitpunkte; z.B. gilt: $f(z)\tilde{\gamma}_z^{-1} = (\partial\Psi/\partial C_z)/(\partial\Psi/\partial C_0) \equiv |dC_0/dC_z|$ für alle z, d.h., $\tilde{\gamma}_z^{-1}$ ist die wahrscheinlichkeitsbereinigte Grenzrate der Substitution des heutigen Konsums durch Konsum im Zustand z bzw. des Konsums im Zustand z durch heutigen Konsum[2].

---

[1] Die reziproke Definition soll spätere komparativ-statische Überlegungen erleichtern.

[2] Die Grenzrate der Substitution wird auf der Grundlage von $d\Psi=0$ definiert [vgl. z.B. *Hirshleifer (1970, 233)*].

Im folgenden wird $\tilde{\gamma}_i^{-1}$ vereinfachend als individueller "Präferenzfaktor" bezeichnet. Er ist zeitpunkt-, zustand- und investorabhängig und eine endogene Größe, da er vom optimalen Konsum bestimmt wird.

Eine auf die Risikohaltung des Investors bezogene Interpretation des Präferenzfaktors folgt, wenn man die absolute Risikoaversion[1] ($\equiv R$) betrachtet. Auf der Basis der Konsumauszahlungen ergibt sich für die zeitadditive logarithmische Nutzenfunktion $R_t(\tilde{C}_t) = (\eta_t+\tilde{C}_t)^{-1}$ $(t=0,1,2)$, und $R_t(\tilde{C}_t)$ nimmt mit steigendem Konsum ab[2]. Damit ergibt sich als Verhältnis zwischen der absoluten Risikoaversion zu verschiedenen Zeitpunkten

$$(II\text{-}23)\quad \frac{R_{t'}(\tilde{C}_{t'})}{R_t(\tilde{C}_t)} = \left(\frac{\eta_{t'}+\tilde{C}_{t'}}{\eta_t+\tilde{C}_t}\right)^{-1} \quad (t' \neq t),$$

was auch als 1 plus die stochastische Wachstumsrate von R_t im Zeitablauf interpretiert werden kann. Der Präferenzfaktor wird damit c.p. umso größer sein, je mehr die absolute Risikoaversion in den betrachteten Umweltzuständen im Zeitablauf zunimmt.

Verbindet man (II-22) mit dem optimalen Plan gemäß (II-8) bis (II-11), dann zeigt sich ferner, daß

$$(II\text{-}24)\quad \tilde{\gamma}_t^{-1} = \left(\frac{\tilde{\theta}_t+\tilde{W}_t}{\tilde{V}_{t-1}}\right)^{-1} = \tilde{\pi}_t^d \quad (t=1,2)$$

gilt. Im Individualoptimum gibt demnach der Präferenzfaktor in Periode t die Rendite der Bruttoinvestition des Zeitpunktes t-1 an. Der Investor optimiert daher in jeder Periode das Wachstum

---

[1] Vgl. zu diesem Begriff *Pratt (1964)* und *Arrow (1974, Essay 3)*.

[2] Bei zeitadditiver logarithmischer Nutzenfunktion besteht ein deterministischer Zusammenhang zwischen $R_t(\tilde{C}_t)$ und $R_t(\tilde{W}_t)$, der auf Vermögensbasis bestimmten absoluten Risikoaversion. Es gilt $R_t(\tilde{C}_t) = (\partial C_t/\partial W_t)^{-1} R_t(\tilde{W}_t)$ für alle t. Vgl. *Rubinstein (1977, 48)*.

seines um den Bruttokonsum verminderten Bruttovermögens[1]. Das Optimum ist nur dann erreicht, wenn die (reziproke) zustandsabhängige Rendite der Bruttoinvestition mit dem wahrscheinlichkeitsbereinigten Preis für Ansprüche im betreffenden Zustand übereinstimmt [vgl. (II-24)]. Bezogen auf die Portefeuilleauswahl zustandsbedingter Ansprüche heißt das: Die mit wahrscheinlichkeitsbereinigten Preisen bewertete Bruttonachfrage nach zVA muß gleich der Bruttoinvestition sein und damit für alle Umweltzustände übereinstimmen:

(II-25) $\tilde{V}_{t-1} = \tilde{\pi}_t^d(\tilde{\theta}_t + \tilde{W}_t)$ (t=1,2).

(II-25) folgt aus (II-24) [vgl. für t=1 auch (II-20), brutto]. Der Grund liegt darin, daß - wie aus der Haushaltstheorie bekannt - im Individualoptimum die Preisstruktur mit der Struktur des erwarteten Grenzkonsumnutzens identisch ist, oder, gleichbedeutend, daß bei optimalem Portefeuille zustandsabhängiger Vermögensansprüche die zustandsabhängigen Preisverhältnisse der dazugehörigen Austauschrate des Konsums entsprechen. Dies zeigen die folgenden Bewertungsgleichungen (beachte: $\pi_0 \equiv 1$).

(32) Aus dem optimalen Plan gemäß (II-8), (II-10) und (II-11) ergeben sich i.V. mit (II-22) die Bewertungsgleichungen

(II-26) $\pi_z = f(z)\gamma_z^{-1}$, $\pi_{zs} = f(z,s)\gamma_{zs}^{-1}$ und

$\pi_{s|z} = f(s|z)\gamma_{s|z}^{-1}$ (s=1,2,...,S; z=1,2,...,Z).

Die Gleichungen (II-26) bilden die Grundlage der gesamten Untersuchung und werden im folgenden als (individuelle) "Präferenzbedingungen" bezeichnet.

(33) Bildet man jeweils den Erwartungswert der Bedingungen in (II-26), so ergeben sich unter Verwendung der Definitionen in (II-8) die folgenden Gleichungen:

(II-27) $E(\Pi_{\tau=1}^{t}\,\tilde{\gamma}_\tau^{-1}) = \Pi_{\tau=1}^{t}\,(1+k_\tau)^{-1}$ (t=1,2) und

$E(\tilde{\gamma}_2^{-1}|z) = (1+k_{2|z})^{-1}$ (z=1,2,...,Z).

[1] Vgl. zur Optimierung des Vermögenszuwachses bei logarithmischer Nutzenfunktion *Hakansson (1970), (1971)* und *Arrow (1974, Essay 12)*.

$(1+k_1)^{-1}$ bzw. $(1+k_1)^{-1}(1+k_2)^{-2}$ stellt - wie bereits erwähnt - den Preis für ein Portefeuille aus jeweils einem zVA für jeden Zustand im Zeitpunkt 1 bzw. für jeden Zustand im Zeitpunkt 2 dar. Ein solches Portefeuille wirft im Zeitpunkt 1 bzw. 2 in jedem möglichen Zustand 1 DM ab und ist somit risikofrei.

$(1+k_2)^{-1} \equiv (1+k_{12})^{-2}/(1+k_1)^{-1}$ stellt den im Zeitpunkt 0 gültigen, auf den Zeitpunkt 1 bezogenen Terminpreis einer im Zeitpunkt 2 sicheren DM dar. Damit ist k_2 der heute gültige "kurzfristige" Sicherheitszinssatz der 2. Periode. Im Vergleich hierzu ist $k_{2|z}$ im Zeitpunkt 0 riskant.

Die vorhergehende Interpretation macht deutlich, daß die Bewertungsgleichungen in (II-27) - im folgenden als (individuelle) "Zeitpräferenzbedingungen" bezeichnet - die sogenannte Fisher-Regel intertemporaler Allokation darstellen, hier allerdings für ein 3-Zeitpunkt-Modell[1]. So kommt neben einer langfristigen Bedingung intertemporaler Allokation noch ein bedingter Zusammenhang für die zweite Periode hinzu. Das Sicherheitsäquivalent der Zeitpräferenzrate zwischen Konsum im Zeitpunkt 0 und Konsum im Zeitpunkt 1 [Konsum im Zeitpunkt 2] muß mit der kurzfristigen [langfristigen] sicheren Bruttorendite $(1+k_1)[(1+k_{12})^2]$ übereinstimmen *und* das bedingte Sicherheitsäquivalent der Zeitpräferenzrate zwischen Konsum im Zeitpunkt 1 und Konsum im Zeitpunkt 2 - wenn zuvor Zustand z eingetreten ist - muß der bedingten sicheren Bruttorendite der zweiten Periode $(1+k_{2|z})$ entsprechen. Es gilt also z.B. $E(\tilde{\gamma}_1^{-1})^{-1} = 1+k_1$. Damit ist aus einer intertemporalen "Umverteilung" des Konsums keine Erwartungsnutzenverbesserung mehr möglich.

(34) Eine Verknüpfung der Beziehungen (II-26) und (II-27) liefert die Bewertungsgleichungen

$$\text{(II-28)}\quad \pi_z=f(z)\,\frac{(\eta_1+C_z)^{-1}}{E[(\eta_1+\tilde{C}_1)^{-1}]}(1+k_1)^{-1},\quad \pi_{zs}=f(z,s)\frac{(\eta_2+C_{s|z})^{-1}}{E[(\eta_2+\tilde{C}_2)^{-1}]}(1+k_{12})^{-2} \text{ und}$$

$$\pi_{s|z}=f(s|z)\,\frac{(\eta_2+C_{s|z})^{-1}}{E[(\eta_2+\tilde{C}_2)^{-1}|z]}\,(1+k_{2|z})^{-1}\quad (s=1,2,\ldots,S;\ z=1,2,\ldots,Z).$$

[1] Vgl. z.B. *Mossin (1977, 12)* für ein 2-Zeitpunkt-Modell.

Die Gleichungen (II-28) drücken denselben Sachverhalt wie die Gleichungen (II-26) aus: In (II-26) wird die Grenzrate der Substitution zwischen dem Konsum verschiedener Zeitpunkte benutzt, in (II-28) enthalten die Bedingungen des optimalen individuellen Portefeuilles als Einflußfaktoren den erwarteten *relativen* Grenznutzen des Konsums im betrachteten Zeitpunkt und die diesbezügliche sichere Bruttorendite. So gilt z.B., daß der Preis für zVA im Zustand z übereinstimmen muß mit dem relativen Grenznutzen des Konsums im Zeitpunkt 1, multipliziert mit der Eintrittswahrscheinlichkeit des Zustands z und diskontiert mit dem Sicherheitszinssatz der ersten Periode.

Da Bedingung (II-28) die optimale Zusammensetzung des zVA-Portefeuilles - bei optimalem Konsum - angibt, werden diese Bewertungsgleichungen im weiteren als (individuelle) "Risikopräferenzbedingungen" bezeichnet.

1.3 Die Preisbestimmung im Marktgleichgewicht

Welche Preise für zustandsabhängige Vermögensansprüche stellen sich im Marktgleichgewicht ein, wenn alle Investoren eine optimale Investitions- und Konsumstrategie verfolgen? Zur Beantwortung dieser Frage muß der aggregierten Nachfrage nach Konsum(gütern) das aggregierte Angebot an Konsum(gütern) gegenübergestellt werden. Hierzu wird zunächst von einem exogenen, später von einem endogenen aggregierten Konsumgüterangebot ausgegangen. Wie sich zeigen wird, hat eine derartige Annahmenänderung interessante Auswirkungen auf den Informationswert.

1.3.1 Exogenes aggregiertes Konsumgüterangebot[1]

(1) Das Vermögen eines jeden Investors ist auch abhängig von seiner Anfangsausstattung an zVA. Über die Gesamtheit der Ausstattungen wird folgendes angenommen:

(A8) Das Realinvestitionsprogramm der Volkswirtschaft ist für beide Perioden fest vorgegeben. Es ergibt sich daraus ein für *jeden* Umweltzustand des Planungszeitraumes gesondert vorgegebenes

---

[1] Vgl. hierzu *Hirshleifer (1970, 244ff.)*, *Mossin (1977, 23f.)* und *Rubinstein (1977, 28)*.

Konsumgüterangebot, das von der Gesamtheit der Investoren in Form von zustandsabhängigen Vermögensansprüchen im Bestand gehalten wird.

Die Annahme (A8) stellt sicher, daß zu jedem Zeitpunkt und in jedem Zustand die Gesamtheit der Investoren die Eigentumsrechte an den insgesamt zur Verfügung stehenden Konsumgütern haben. Weiterhin liegt damit a priori fest, was insgesamt in jedem Umweltzustand konsumiert werden kann. Es bleibt nur die Frage, wer wieviel konsumiert. Daher muß die Gesamtheit der Investoren mit ihren optimalen Portefeuilles im Marktgleichgewicht die Markträumungsbedingungen erfüllen.

Die Markträumungsbedingungen lauten ($\tilde{C}_{Mt}$ ≡ exogenes stochastisches Konsumgüterangebot im Zeitpunkt t):

$$\text{(II-29)} \quad \Sigma_i(\tilde{C}^+_{it}-\tilde{\bar{C}}_{it}) = 0 \text{ mit } \Sigma_i\tilde{\bar{C}}_{it} \equiv \tilde{C}_{Mt} \quad (t=0,1,2).$$

Das Zeichen "+" dient der Kennzeichnung des gleichgewichtigen Konsums, da die Preise für zVA jetzt als Variablen betrachtet werden.

Die Bedingungen in (II-29) besagen, daß die Investitions- und Konsumstrategien der Investoren nur insofern revidiert werden können, als sich die Gesamtheit der Strategierevisionen gegenseitig aufhebt. Demnach kann lediglich eine Umverteilung des Konsums stattfinden. Wird die Umverteilung realisiert, d.h. werden die Kauf- und Verkaufsorders für zVA ausgeführt, dann ist das Marktgleichgewicht erreicht. Modellexogene Größen sind die Ausstattungen $\tilde{\bar{C}}_{it}$, die Zukunftserwartungen $f_i(.)$ und die Nutzenfunktionen U_i. Endogen aus dem Marktgleichgewicht ergeben sich der Konsum $\tilde{C}^+_{it}$ und die Preise $\tilde{\pi}^+_t$. Dies gilt für i=1,2,...,I und t=0,1,2.

Zu Gleichgewichtspreisen hat kein Investor mehr ein Interesse, sein Portefeuille aus zVA zu revidieren; d.h., die individuellen Optimalbedingungen müssen erfüllt sein. Da jeder Investor seinen optimalen Investitions- und Konsumplan realisiert, gilt gemäß den Bedingungen (II-26)

$$\text{(II-30)} \quad \pi^+_{(.)} = f_i(.)/\gamma^+_{i(.)} = f_{i'}(.)/\gamma^+_{i'(.)} \quad (i,i'=1,2,...,I;\ i\neq i').$$

(II-30) zeigt, daß die individuellen Grenzraten der Substitution zwischen stochastischem Konsum der einbezogenen Zeitpunkte für alle Investoren identisch sind. Damit liegt eine paretoeffiziente Risikoallokation vor[1].

(2) Aus den individuellen Bewertungsgleichungen lassen sich unter Berücksichtigung der Markträumung die Bestimmungsgleichungen der Gleichgewichtspreise ableiten. Zu diesem Zweck wird zunächst festgestellt, welchen Anteil am Marktkonsum (≡ die Summe der optimalen individuellen Konsumwünsche) jeder Investor realisiert. Des weiteren werden die Bestimmungsgrößen des "Konsumanteils" diskutiert.

(21) Wie sich zeigen wird, ist der individuelle Konsumanteil bei gegebenem Marktkonsum davon abhängig, wie sich der Investor bezüglich seines Vermögens, seiner Zeit- und Risikopräferenz und den subjektiven Eintrittswahrscheinlichkeiten von den entsprechenden "Marktgrößen" unterscheidet. Diese Marktgrößen erhält man durch Aggregation der individuellen Konsumwünsche, die durch die Bestimmungsgleichungen in (II-8) erfaßt werden. Zwischen dem Bruttokonsum des Investors i und dem Marktbruttokonsum lassen sich für die einzelnen Zeitpunkte und Zustände folgende Beziehungen ableiten (vgl. AA 3):

(II-31) $\eta_{i0}+C^{+}_{i0} = q^{+}_{i0}(\eta_{M0}+C_{M0})$,

(II-32) $\eta_{i1}+C^{+}_{iz} = \dfrac{f_i(z)}{f^{+}_{M}(z)}\, q^{+}_{i1}(\eta_{M1}+C_{Mz})$,

(II-33) $\eta_{i2}+C^{+}_{is|z} = \dfrac{f_i(z,s)}{f^{+}_{M}(z,s)}\, q^{+}_{i2}(\eta_{M2}+C_{Ms|z})$

insgesamt für alle i, z und s. Hierbei ist

$\eta_{Mt} \equiv \Sigma_i\, \eta_{it}$ eine Aggregation der individuellen η_t-Parameter (t=0,1,2),

[1] Vgl. z.B. *Mossin (1973, Kap. 6).*

q^+_{it} ≡ der "Vermögensanteil" des Investors i (i=1,2,...,I) im Zeitpunkt t (t=0,1,2) und

$f^+_M(.)$ ≡ die Eintrittswahrscheinlichkeit, die der "Markt" der betreffenden Umweltentwicklung beimißt.

Auf die Größen q^+_{it} und $f^+_M(.)$ wird im folgenden näher eingegangen.

Der individuelle Konsum eines Investors ist gemäß den Gleichungen (II-31) bis (II-33) in jedem Umweltzustand (α) abhängig vom Marktkonsum desselben Zustands und unabhängig vom aggregierten Konsum anderer, wie auch immer zeitlich gelagerter Zustände und (β) eine lineare Funktion des Marktkonsums, da die Gleichungen bei entsprechender Definition der Funktionsparameter als

$$\tilde{C}^+_{it} = \tilde{a}^+_{it} + \tilde{b}^+_{it} \tilde{C}_{Mt} \qquad (t=0,1,2)$$

geschrieben werden können. Allerdings sind die Funktionsparameter für zukünftige Zeitpunkte zustandsabhängig, was auf die unterschiedlichen subjektiven Eintrittswahrscheinlichkeiten der Investoren (≡ heterogene Erwartungen) zurückzuführen ist[1]. Darauf wird später noch einmal kurz eingegangen.

Zunächst soll der Funktionsparameter $\tilde{b}^+_{it}$ näher betrachtet werden. Dieser ist abhängig vom Vermögensanteil q^+_{it}. Es gilt gemäß Definition (vgl. AA 3)

$$\text{(II-34)} \quad q^+_{it} \equiv \frac{\rho_{it}(\theta^+_{i0} + W^+_{i0})}{\Sigma_i \, \rho_{it}(\theta^+_{i0} + W^+_{i0})} \quad (i=1,2,\ldots,I;\ t=0,1,2).$$

In den Vermögensanteil fließen neben dem Anfangsvermögen auch die ρ_{it}- und η_{it}- Parameter *aller* Investoren *und* die Gleichgewichtspreise ein; denn letztere bestimmen das gleichgewichtige Anfangsvermögen und die Sicherheitszinssätze, mit denen der Barwert der η_{it}-Parameter ermittelt wird. Wichtig erscheint vor allem, daß der Vermögensanteil *deterministisch* ist und sich von

[1] Dieselbe Fragestellung findet sich für ein 2-Zeitpunkt-Modell z.B. bei *Mossin (1977, Kap. 6)* behandelt. Grundlegend ist in diesem Zusammenhang *Wilson (1968)*.

Zeitpunkt zu Zeitpunkt nur aufgrund unterschiedlicher ρ_{it}-Parameter verändert.

Die Zustandsabhängigkeit des Funktionsparameters $\tilde{b}^{+}_{it}$ für zukünftige Zeitpunkte kommt zustande durch

-- $f_i(z)/f^{+}_{M}(z)$ für den Zeitpunkt 1, Zustand z und
-- $f_i(z,s)/f^{+}_{M}(z,s)$ für den Zeitpunkt 2, Zustandsfolge zs,

also durch eine relativierte subjektive Eintrittswahrscheinlichkeit der Zustände: Entscheidend ist die subjektive Eintrittswahrscheinlichkeit des Investors i relativ zu einer - in bestimmter Weise - aggregierten Eintrittswahrscheinlichkeit. Dieser Quotient wird im folgenden als Wahrscheinlichkeitsverhältnis bezeichnet. Es ist gleichgewichtsabhängig, da es definitonsgemäß vom Vermögensanteil abhängt. Für die aggregierte Eintrittswahrscheinlichkeit gilt gemäß Definition (vgl. AA 3)

(II-35) $f^{+}_{M}(z) \equiv \Sigma_i\ f_i(z)q^{+}_{i1},\ f^{+}_{M}(z,s) \equiv \Sigma_i\ f_i(z,s)q^{+}_{i2}\ (z=1,2,...,Z;\ s=1,2,...,S).$

Die Eintrittswahrscheinlichkeit, die der Markt einer Umweltentwicklung zuordnet, ergibt sich aus der Summe der individuellen Eintrtrittswahrscheinlichkeiten multipliziert mit dem individuellen Vermögensanteil des betreffenden Zeitpunktes. Zu beachten ist, daß eine Zirkeldefinition vorliegt, d.h., $f^{+}_{M}(.)$ ist von allen q^{+}_{it} abhängig, und die q^{+}_{it} sind von der "Markterwartung" abhängig. So kann z.B. $f^{+}_{M}(z)$ nicht aus $\Sigma_i\ f_i(z)q^{+}_{i1}$ *abgeleitet* werden. Wie noch zu zeigen ist, läßt sich $f^{+}_{M}(.)$ aber in Abhängigkeit von modellexogenen Größen darstellen. Daher ist die Zirkel-Eigenschaft von (II-35) für die abgeleiteten Ergebnisse unproblematisch. Die Definition vereinfacht lediglich die Analyse.

Insbesondere wird durch $f^{+}_{M}(.)$ deutlich, wie der Konsumanteil eines Investors am Marktkonsum auch von den subjektiven Erwartungen der *anderen* Investoren abhängt. Wie sich herausstellen wird, ist $f^{+}_{M}(.)$ auch eine für die Bestimmung von Gleichgewichtspreisen entscheidende Größe und zeigt damit, wie neben den individuellen Vermögensanteilen auch die subjektiven Eintrittswahrscheinlichkeiten der Investoren auf den Preis wirken.

Wie bestimmt sich der individuelle Konsum eines Investors als Funktion des Marktkonsums, wenn nun von dem Spezialfall homogener Erwartungen ausgegangen wird, also $f_i(z) = f(z)$ und

$f_i(z,s) = f(z,s)$ für alle z,s und i gilt? Dies soll an Gleichung (II-32) erläutert werden: Bei homogenen Erwartungen gilt $f_M^+(z) = f(z)\Sigma_i\ q_{i1}^+ = f(z)$ wegen $\Sigma_i\ q_{i1}^+ = 1$ und es folgt

$$\text{(II-36)} \quad C_{iz}^+ = (q_{i1}^+ - \frac{\eta_{i1}}{\eta_{M1}})\eta_{M1} + q_{i1}^+\ C_{Mz} \quad (z=1,2,\ldots,Z).$$

Beachte, daß der Vermögensanteil q_{i1}^+ zustandsunabhängig ist. Die Funktionsparameter der linearen Funktion, a_{it}^+ und b_{it}^+, sind genau dann deterministisch, wenn homogene Erwartungen gegeben sind. Daneben zeigt sich, daß hier die aggregierte Größe η_{M1} nur dann einen Einfluß auf den Konsumanteil eines Investors hat, wenn sein individueller Vermögensanteil q_{i1}^+ nicht mit η_{i1}/η_{M1} übereinstimmt. Um den Einfluß von η_{M1} auszuschließen, ist es also nicht notwendig, daß alle Investoren eine Nutzenfunktion konstanter relativer Risikoaversion im Zeitpunkt 1 besitzen.

Interessant ist auch das Ergebnis für (II-32) in einer Situation heterogener Erwartungen, wenn ansonsten alle Investoren denselben Vermögensanteil im Gleichgewicht, $q_{i1}^+=q_1^+$ für alle i, ausweisen:

$$\text{(II-37)} \quad C_{iz}^+ = (\frac{f_i(z)}{\Sigma_i\ f_i(z)} - \frac{\eta_{i1}}{\eta_{M1}})\eta_{M1} + \frac{f_i(z)}{\Sigma_i\ f_i(z)}\ C_{Mz} \quad (z=1,2,\ldots,Z),$$

wobei die Funktionsparameter $\tilde{a}_{it}$ und $\tilde{b}_{it}$ zustandsabhängig sind, aber gleichgewichtsunabhängig, und zwar wegen des für alle Investoren als identisch angenommenen Vermögensanteils. Damit wird die rechte Seite von (II-37) nur noch von exogenen Größen bestimmt.

(22) Als funktionaler Zusammenhang zwischen der individuellen Nachfrage nach zVA und dem Marktkonsum ergibt sich aus (II-32) i.V. mit (II-10)

$$\text{(II-38)} \quad \theta_{iz}^+ + W_{iz}^+ = \frac{f_i(z)}{f_M^+(z)}\ q_{i1}^+(1+\frac{\rho_{i2}}{\rho_{i1}})(\eta_{M1}+C_{Mz}) \quad (i=1,2,\ldots,I;\ z=1,2,\ldots,Z).$$

Die im Zeitpunkt 0 geltende individuelle Nachfrage nach zVA des Zustands z ist eine linear inhomogene Funktion des Marktkonsums im Zustand z. Wie in (II-32) sind die Funktionsparameter stochastisch, so daß der funktionale Zusammenhang von Zustand zu Zustand in seiner Größenordnung unterschiedlich ist. Wird jedoch von homogenen Erwartungen ausgegangen, dann ist lediglich das absolute Glied wegen θ^+_{iz} zustandsabhängig und überlagert den sonst deterministischen Zusammenhang zwischen W^+_{iz} und C_{Mz} additiv. Neben C_{Mz} "erklärt" eine weitere zustandsabhängige Variable, nämlich $k^+_{2|z}$, die individuelle Nachfrage eines Investors nach zVA.

Interpretiert man $\Sigma_i W^+_{iz} \equiv W^+_{Mz}$ als das aggregierte Vermögen im Zustand z, dann muß W^+_{Mz} eine linear inhomogene Funktion von C_{Mz} sein, da es W^+_{iz} für alle Investoren i ist. Dies folgt unmittelbar aus der Aggregation der Gleichung (II-38)[1].

(3) Welche Preise für zVA gelten nun im Marktgleichgewicht?

(31) Die Analyse wird mit den Risikopräferenzbedingungen begonnen, da diese unabhängig von dem ρ_{it}-Parameter sind. So fallen damit verbundene Aggregationsprobleme weg bzw. werden beim Übergang zu den Präferenz- und Zeitpräferenzbedingungen deutlicher.

Nach wie vor gilt π_0 als numéraire, und es ist $\pi_0 \equiv 1 = \pi^+_0$. Zur Ableitung der "übrigen" Preisbestimmungsgleichungen wird von (II-28) ausgegangen. Diese müssen im Marktgleichgewicht für jeden Investor gelten, da jeder seinen optimalen Plan verwirklicht. Nur dann ist die Allokation paretoeffizient. Der Markt wird geräumt. Dies bedeutet für den Konsumplan, daß sich der individuelle Konsum eines Investors als Anteil am Marktkonsum nach den Be-

---

[1] Hier läßt sich unmittelbar eine Brücke zur Frage über die Form der makroökonomischen Konsumfunktion schlagen. Sieht man C_{Mz} als von W^+_{Mz} abhängig an, so gilt entsprechend, daß der Marktkonsum eine linear inhomogene Funktion des aggregierten Vermögens ist. Es ergibt sich die aus der Makroökonomie bekannte Konsumfunktion (1) in linearer Form, (2) mit stochastischem autonomen Konsum und marginaler Konsumquote < 1, wenn $\theta^+_{i0}+W^+_{i0}>0$ für alle i und (3) mit der Verzinsung eines risikofreien Portefeuilles aus bedingten zVA als zusätzliche Erklärungsvariable. Damit folgt

$$\tilde{C}^+_{M1} = \tilde{a}^+_{M1} + \tilde{b}^+_{M1} \; (1+\tilde{k}^+_2)^{-1} + \tilde{c}^+_{M1}\tilde{W}^+_{M1}$$

mit den entsprechend aus der aggregierten Gleichung (II-38) abzuleitenden Definitionen der Funktionsparameter. Vgl. zur Diskussion verschiedener Konsumfunktionen z.B. *Monissen (1968)*.

dingungen (II-31) bis (II-33) ergibt. Setzt man (II-32) bzw. (II-33) in (II-28) ein, ergeben sich die folgenden Preisbestimmungsgleichungen im Marktgleichgewicht für den *Zeitpunkt 0*:

$$\text{(II-39)} \quad \pi_z^+ = f_M^+(z) \frac{(\eta_{M1}+C_{Mz})^{-1}}{E_M^+[(\eta_{M1}+\tilde{C}_{M1})^{-1}]} (1+k_1^+)^{-1} \text{ und}$$

$$\pi_{zs}^+ = f_M^+(z,s) \frac{(\eta_{M2}+C_{Ms|z})^{-1}}{E_M^+[(\eta_{M2}+\tilde{C}_{M2})^{-1}]} (1+k_{12}^+)^{-2} \quad (z=1,2,\ldots,Z;\ s=1,2,\ldots,S),$$

wobei $E_M^+[.]$ den entsprechenden Erwartungswert auf der Basis von $f_M^+(.)$ angibt. In ihrem Aufbau sind die Preisbestimmungsgleichungen identisch mit den entsprechenden Risikopräferenzbedingungen. Allerdings sind jetzt aggregierte Größen entscheidend, so z.B. $f_M^+(z)$, η_{M1} und C_{Mz} (z=1,2,...,Z). Der Gleichgewichtspreis eines zVA ergibt sich, indem das im Marktgleichgewicht erwartete zustandsabhängige "Sicherheitsäquivalent" des betreffenden Anspruchs abgezinst wird mit dem Sicherheitszinssatz des betrachteten Zeitpunktes. Dieses Sicherheitsäquivalent wird bestimmt von dem exogen vorgegebenen Marktbruttokonsum (also einschließlich des η_{Mt}-Parameters) und von der endogenen (gleichgewichtsabhängigen) Wahrscheinlichkeitsverteilung über die Zustände.

Eine andere Interpretation von (II-39) wäre: Die im Zeitpunkt 0 gültigen Gleichgewichtspreise für zustandsbedingte Ansprüche in den Zeitpunkten 1 und 2 sind eine positiv lineare Funktion des relativen sozialen Grenzkonsumnutzens bezüglich der Umweltzustände im Zeitpunkt 1 bzw. der Umweltentwicklungen bis zum Zeitpunkt 2.

Es bleibt noch der Gleichgewichtspreis für bedingte zVA im Zeitpunkt 1, $\pi_{s|z}^+$, zu bestimmen. Bei "rationalen Erwartungen" muß $\pi_{s|z}^+ = \pi_{zs}^+/\pi_z^+$ für alle z und s gelten. Dies zeigt sich, wenn eine Gleichgewichtsbedingung "ähnlich" der Risikopräferenzbedingung (II-28) abgeleitet wird. Diese bringt den bedingten Gleichgewichtspreis $\pi_{s|z}^+$ mit aggregierten Größen in Beziehung, die für den Zustand z und darauf folgende Zustände s|z gelten.

Dazu wird zunächst der folgende zustandsabhängige Vermögensanteil des Investors i (i=1,2,...,I) definiert:

$$\text{(II-40)} \quad q^+_{iz} \equiv \frac{[\rho_{i2}/(\rho_{i1}+\rho_{i2})](\theta^+_{iz}+W^+_{iz})}{\Sigma_i [\rho_{i2}/(\rho_{i1}+\rho_{i2})](\theta^+_{iz}+W^+_{iz})} \quad (z=1,2,...,Z)$$

und auf dessen Grundlage die dem bedingten Zustand s|z vom Markt zugeordnete Eintrittswahrscheinlichkeit

$$\text{(II-41)} \quad f^+_M(s|z) \equiv \Sigma_i \; f_i(s|z)q^+_{iz} \quad (s=1,2,...,S;\; z=1,2,...,Z).$$

Ausgehend von (II-11) kann jetzt die Gleichung (II-33) mit Hilfe der getroffenen Definition und analog der Vorgehensweise in AA 3 durch folgenden Zusammenhang ergänzt werden: Für alle Investoren i (i=1,2,...,I) gilt

$$\text{(II-42)} \quad \eta_{i2}+C^+_{is|z} = \frac{f_i(s|z)}{f^+_M(s|z)} \, q^+_{iz}(\eta_{M2}+C_{Ms|z}) \quad (z=1,2,...,Z;\; s=1,2,...,S).$$

Gegenüber (II-33) haben sich in (II-42) lediglich das Wahrscheinlichkeitsverhältnis und der Vermögensanteil geändert: Beide gelten jetzt im Zeitpunkt 1, Zustand z; die Interpretation der Gleichung entspricht der von (II-33).

Bevor die Bestimmungsgleichung für den bedingten Gleichgewichtspreis $\pi^+_{s|z}$ abgeleitet wird, sollen (II-33) und (II-42) miteinander verknüpft werden, um das Zusammenspiel der aggregierten Eintrittswahrscheinlichkeiten zu erkennen; denn diese Größen sind für die gesamte Untersuchung von zentraler Bedeutung. Wie zu vermuten war, ist die Aggregation nicht "spurlos" am Multiplikationssatz der Wahrscheinlichkeitsrechnung vorübergegangen. Es ergibt sich:

$$\text{(II-43)} \quad f^+_M(z,s) = f^+_M(z)\; f^+_M(s|z)\; \left(\frac{\Sigma_i \; f_i(z)q^+_{i2}}{\Sigma_i \; f_i(z)q^+_{i1}}\right) \quad (z=1,2,...,Z;\; s=1,2,...,S).$$

Bei Umrechnungen der aggregierten Eintrittswahrscheinlichkeiten gilt es, die auf der äußersten rechten Seite von (II-43) stehende Korrekturgröße zu berücksichtigen; denn sie entfällt nur unter speziellen Voraussetzungen, so z.B. bei investorenunabhängiger Struktur zukünftiger ρ_t: $\rho_{i1}:\rho_{i2} = \rho_1:\rho_2$ für alle i.

Gleichung (II-42) eingesetzt in (II-28) ergibt die gesuchte Preisbestimmungsgleichung im Marktgleichgewicht für bedingte zVA im Zeitpunkt 1:

$$\text{(II-44)} \quad \pi^{+}_{s|z} = f^{+}_{M}(s|z)\,\frac{(\eta_{M2}+C_{Ms|z})^{-1}}{E^{+}_{M}[(\eta_{M2}+\tilde{C}_{M2})^{-1}|z]}\,(1+k^{+}_{2|z})^{-1} \quad (z=1,2,\ldots,Z;\ s=1,2,\ldots,S).$$

Hierbei gibt $E^{+}_{M}(.|z)$ den entsprechenden bedingten Erwartungswert auf der Basis von $f^{+}_{M}(.|z)$ an. Die Interpretation der Gleichgewichtsbedingung (II-44) ist analog derjenigen von (II-39), nur daß jetzt anstelle des Zustands 0 Zustand z gilt.

Aus den individuellen Risikopräferenzbedingungen (II-28) läßt sich $\pi_{s|z} = \pi_{zs}/\pi_z$ für alle s und z ableiten. Im Marktgleichgewicht müssen diese Bedingungen auf der Grundlage der Gleichgewichtspreise für jeden einzelnen Investor gelten und damit auch für die Gesamtheit der Investoren, so daß $\pi^{+}_{s|z} = \pi^{+}_{zs}/\pi^{+}_{z}$. Damit erübrigen sich Terminkontrakte; denn kein Investor hat einen Anreiz, solche Verträge einzugehen.

Wie wirken sich nun homogene Erwartungen auf die Preisbestimmungsgleichungen (II-39) und (II-44) aus?

Die Definition der aggregierten Wahrscheinlichkeiten zeigt bei homogenen Erwartungen die Irrelevanz des individuellen Vermögensanteils für die Bestimmung von $f_M(.)$ und folglich der zustandsabhängigen Sicherheitsäquivalente (≡ SÄ) im Marktgleichgewicht [z.B. $SÄ^{+}_{z} = \pi^{+}_{z}(1+k^{+}_{1})$ in (II-39)]: Die Investoren sind also indifferent zwischen dem riskanten Vermögensanspruch W^{+}_{z} und einem sicheren Portefeuille aus zVA, das in jedem Zustand $\pi^{+}_{z}(1+k^{+}_{1})$ abwirft. Die zustandsabhängigen SÄ sind unabhängig

-- von der Vermögensverteilung im Zeitpunkt 0 (Allokation des Anfangsvermögens)[1]

[1] Vgl. hierzu *Brennan/Kraus (1978)*.

-- von den individuellen Charakteristika der Nutzenfunktionen in bezug auf die Parameter ρ_{it} und η_{it} (i=1,2,...,I; t=0,1,2), wobei allerdings die aggregierte Größe η_{Mt} in die Preisbestimmungsgleichungen eingeht und

-- von der Verzinsung risikofreier Portefeuilles aus zVA zukünftiger Perioden.

Die Bestimmungsgleichungen der zustandsabhängigen SA im Marktgleichgewicht ergeben sich bei homogenen Erwartungen in reduzierter Form auf der Grundlage aggregierter Größen, d.h., alle erklärenden Variablen sind exogen vorgegeben[1]. Homogene Erwartungen sind jedoch nicht notwendig für eine reduzierte Form. Auch mit Annahmen über die individuelle Ausstattung lassen sich die gemäß (II-35) definierten aggregierten Wahrscheinlichkeiten als endogener Bestandteil des Gleichgewichtsmodells eliminieren. Da generell die Budgetrestriktion (II-7) gelten muß, folgt i.V. mit (II-5), daß für alle Investoren i (i=1,2,...,I) gilt:

$$\text{(II-45)} \quad \theta_{i0}^{+}+W_{i0}^{+} = \eta_{i0}+\bar{C}_{i0}+\Sigma_z\, \pi_z^{+}(\eta_{i1}+\bar{C}_{iz})+\Sigma_z\Sigma_s\, \pi_{zs}^{+}(\eta_{i2}+\bar{C}_{is|z}).$$

Definiert man einen individuellen zustands- und zeitpunktabhängigen "Ausstattungsanteil"

$$\text{(II-46)} \quad \tilde{\bar{q}}_{it} \equiv \frac{\rho_{it}(\eta_{it}+\tilde{\bar{C}}_{it})}{\Sigma_i\, \rho_{it}(\eta_{it}+\tilde{\bar{C}}_{it})} \quad (i=1,2,\dots,I;\ t=0,1,2),$$

dann folgt aus (II-45) i.V. mit (II-34) für im Zeitablauf konstante ρ_{it}-Parameter und deterministische, im Zeitablauf konstante Ausstattungsanteile, also $\rho_{it} = \rho_i$ und $\tilde{\bar{q}}_{it} = \bar{q}_i$ für alle t und i, daß der gleichgewichtige Vermögensanteil eines Investors mit $\bar{q}_i$ übereinstimmt: $q_{it}^{+} = \bar{q}_i$ für alle t und i. Daraus ergibt sich für die Markterwartung: $f_M^{+}(.) = \Sigma_i\ f_i(.)q_{i(.)}^{+} = \Sigma_i\ f_i(.)\bar{q}_i = f_M(.)$ und damit eine reduzierte Form der Bestimmungsgleichungen für zustandsabhängige SA im Marktgleichgewicht bei heterogenen Erwartungen.

---

[1] Der Begriff "reduzierte Form" ist der Ökonometrie entliehen. Vgl. z.B. *Schneeweiß (1974)*.

Die Ausführungen zur Ableitung einer reduzierten Form zeigen, daß zwischen Prämissen bezüglich der Erwartungen oder bezüglich des Vermögens (einschließlich der Parameter der Nutzenfunktion) gewählt werden muß. Um nicht von vornherein ein breites Spektrum von Informationsproblemen auszuschalten, erscheint es notwendig, von heterogenen Erwartungen auszugehen, und zur Vereinfachung der Untersuchung eine endogene aggregierte Eintrittswahrscheinlichkeit der Zustände zuzulassen.

Im folgenden wird auf der Grundlage der individuellen Präferenzfaktoren $\tilde{\gamma}_i^{-1}$ (i=1,2,...,I) eine "teilreduzierte" Form der Preisbestimmungsgleichungen abgeleitet, in denen die *wahrscheinlichkeitsbereinigten* Preise für zVA im Marktgleichgewicht ausschließlich von exogenen aggregierten Größen bestimmt werden. Durch die Berücksichtigung des intertemporalen Konsums kann das zustandsabhängige SÄ in die Faktoren $\pi^+_{(.)}$ und $(1+k^+_{(.)})^t$ aufgelöst werden. Denn die Präferenzbedingungen umfassen sowohl die Zeit- als auch die Risikoallokation des Anfangsvermögens.

(32) Im Marktgleichgewicht sind für alle Investoren die Präferenzbedingungen erfüllt und die Anteile der individuellen Konsumauszahlungen am Marktkonsum festgelegt (Paretoeffizienz). Die dann herrschenden Preise für zVA sind Gleichgewichtspreise. Somit lassen sich auch auf der Grundlage der Präferenzbedingungen (II-26) Preisbestimmungsgleichungen ableiten. Um die oben beschriebene teilreduzierte Form zu erhalten, wird von folgender Annahme ausgegangen:

(A9) Die Investoren unterscheiden sich nicht in ihrer ρ_t-Struktur, also $:\rho_{it} = :\rho_t$ (i=1,2,...,I).

Annahme (A9) impliziert jeweils in den Zeitpunkten t=0,1,2 identische (marginale) Konsumquoten und damit auch investorunabhängige (marginale) Investitionsquoten. Der autonome Konsum[1] kann weiterhin von Investor zu Investor unterschiedlich sein. Im Gegensatz zur Konsumquote ist er wegen stochastischem Sicherheitszinssatz $\tilde{k}_2$ im Zeitpunkt 1 auch zustandsabhängig. Weiterhin sind mit (A9) die individuellen Vermögensanteile im Marktgleichgewicht für alle Zeitpunkte dieselben [vgl. (II-34)].

---

[1] Vgl. zur Definition z.B. *Monissen (1982)*: Der autonome Konsum ist - im vorliegenden Modell - der von der Höhe des Vermögens unabhängige Konsum.

Aus (II-26) ergeben sich i.V. mit (II-31, 32), mit (II-32, 33, 43) und mit (II-31, 33) die folgenden Bestimmungsgleichungen für Anspruchspreise im Marktgleichgewicht:

$$\text{(II-47)} \quad \pi_z^+ = f_M^+(z)\gamma_{Mz}^{-1},\ \pi_{zs}^+ = f_M^+(z,s)\gamma_{Mzs}^{-1} \text{ und}$$

$$\pi_{s|z}^+ = f_M^+(s|z)\gamma_{Ms|z}^{-1} \quad (s=1,2,\ldots,S;\ z=1,2,\ldots,Z).$$

Hierbei sind die Marktpräferenzfaktoren $\gamma_{M(.)}^{-1}$ anolog den individuellen definiert und es gilt[1] [vgl. (II-22)]

$$\text{(II-48)} \quad \Pi_{\tau=t+1}^{t'} \tilde{\gamma}_{M\tau}^{-1} \equiv \frac{\rho_{t'}}{\rho_t}\left(\frac{\eta_{Mt'}+\tilde{C}_{Mt'}}{\eta_{Mt}+\tilde{C}_{Mt}}\right)^{-1} \quad (t',t=0,1,2;\ t'>t) \text{ und}$$

$$\tilde{\gamma}_{M12}^{-1} \equiv \tilde{\gamma}_{M1}^{-1}\tilde{\gamma}_{M2}^{-1}.$$

Im Gegensatz zu den aus den Risikopräferenzbedingungen abgeleiteten Preisbestimmungsgleichungen für zVA sind die wahrscheinlichkeitsbereinigten Preise im Marktgleichgewicht ausschließlich durch exogene Größen bestimmt, und zwar durch den entsprechenden Marktpräferenzfaktor. Denn die Annahme (A9) erzwingt z.B. in (II-39) für die erste Periode, daß $E_M^+[(\eta_{M1}+\tilde{C}_{M1})^{-1}](1+k_1^+) = (\rho_0/\rho_1)(\eta_{M0}+C_{M0})^{-1}$ [vgl. die 1. Gleichung von (II-39) mit der 1. Gleichung von (II-47) unter Berücksichtigung von (II-48)]. Da (A9) auch den Korrekturfaktor in (II-43) überflüssig macht, zeigt sich sofort, daß $\pi_z^+\pi_{s|z}^+ = \pi_{zs}^+$ für alle z und s.

(33) Im folgenden werden noch kurz die Zeitpräferenzbedingungen untersucht. Es ergeben sich analog zu (II-27) unter Berücksichtigung von (II-47) unmittelbar die Zusammenhänge

$$\text{(II-49)} \quad E_M^+(\Pi_{\tau=1}^{t} \tilde{\gamma}_{M\tau}^{-1}) = \Pi_{\tau=1}^{t}(1+k_\tau^+)^{-1} \quad (t=1,2) \text{ und}$$

$$E_M^+(\tilde{\gamma}_{M2}^{-1}|z) = (1+k_{2|z}^+)^{-1} \quad (z=1,2,\ldots,Z).$$

---

[1] Im Gegensatz zu *Rubinstein (1977, 46)* wird mit Hilfe der Annahme (A9) vermieden, mit einem endogenen aggregierten Nutzenparameter zu arbeiten. Da der aggregierte Zeitpräferenzparameter von Rubinstein darüber hinaus als im Zeitablauf konstant angesetzt wird, ist das hier angegebene Modell "etwas" allgemeiner.

Die Gleichungen in (II-49) geben die Verzinsung im Marktgleichgewicht an, die ein entsprechendes sicheres Portefeuille aus zVA erwirtschaftet. Dies bedeutet, daß ein sicheres Vermögen im Zeitpunkt 1 [2] von W_1 [W_2] DM im Zeitpunkt 0 einen Marktpreis von $W_1(1+k_1^+)^{-1}$ [$W_2(1+k_{12}^+)^{-2}$] hat. Ist im Zeitpunkt 1 Umweltzustand $\bar{z}$ eingetreten, dann verändert sich der Marktpreis für das risikofreie Vermögen W_2; denn die Risikosituation ist nicht mehr dieselbe: Die Umweltzustände $s|z$ $(z \neq \bar{z};\ s=1,2,\ldots,S)$ können nicht mehr eintreten. Demzufolge stellt sich ein Marktpreis von $W_2(1+k_{2|\bar{z}}^+)^{-1}$ ein. Im Zeitpunkt 0 gilt - da der Markt im Gleichgewicht arbitragefrei sein muß - jedoch $W_2 \Sigma_z\ \pi_z^+ \times (1+k_{2|z}^+)^{-1} = W_2(1+k_{12}^+)^{-2}$.

(4) Unter Verwendung der Preisbestimmungsgleichungen in (II-47) läßt sich das gleichgewichtige Bruttovermögen und damit der Vermögensanteil eines Investors als Funktion seiner (vorgegebenen) Ausstattungsanteile ableiten. Es ergibt sich aus (II-45) i.V. mit (II-46)-(II-48) [beachte Annahme (A9)]:

(II-50) $\theta_{i0}^+ + W_{i0}^+ = \rho_0^{-1}(\eta_{M0}+C_{M0})\Sigma_t\ \rho_t\ E_M^+(\tilde{\bar{q}}_{it})$ $(i=1,2,\ldots,I)$,

woraus wegen (II-34), $\Sigma_i\ \tilde{\bar{q}}_{it} = 1$ und $\Sigma_t\ \rho_t = 1$

(II-51) $q_i^+ = \Sigma_t\ \rho_t\ E_M^+(\tilde{\bar{q}}_{it})$ $(i=1,2,\ldots,I)$

folgt. Damit wird auch die Abhängigkeit des Bruttovermögens von den aggregierten Wahrscheinlichkeiten deutlich. Doch sind die Markterwartungen ex definitione wieder von den individuellen gleichgewichtigen Vermögensanteilen abhängig: Es folgt der schon erwähnte Zirkel [vgl. (II-35)]. Jedoch ist der Zirkel grundsätzlich - wenn auch unter erheblichem Aufwand - auflösbar. Eine solche Lösung ist unabdingbar, will man die Höhe des Bruttovermögens im Marktgleichgewicht angeben, um z.B. die Vermögensverteilung festzustellen. Darüber hinaus zeigt sich später, daß bei der Einführung von Informationskosten eine reduzierte Form für $\pi_{(.)}^+$ benötigt wird.

Zur Ableitung der Gleichung, die - abweichend von (II-35) - $f_M^+(.)$ als Funktion von exogenen Größen darstellt, wird auf den Anhang (vgl. AA 4) verwiesen. Hier seien nur kurz die exogenen

Bestimmungsgrößen von $f_M^+(.)$ genannt: (1) Die individuellen Eintrittswahrscheinlichkeiten der Umweltzustände im Zeitpunkt 1 und der Umweltentwicklungen bis zum Zeitpunkt 2, (2) die Struktur der ρ_t-Parameter und (3) die individuellen stochastischen Ausstattungsanteile. Da die Ausstattungsanteile eine Rolle spielen, sind die Gleichgewichtspreise $\pi^+_{(.)}$ abhängig von der Verteilung des Anfangsvermögens (brutto) unter den Investoren. Allerdings ist lediglich die *relative* Ausstattung in den stochastischen *Konsum*auszahlungen (brutto) eines jeden Investors maßgebend.

1.3.2 Endogenes aggregiertes Konsumgüterangebot

(1) Bisher erlaubte das Modell die Ableitung der im Marktgleichgewicht geltenden Sicherheitszinssätze. Im folgenden soll von exogenen Sicherheitszinssätzen ausgegangen werden. Die Annahme des fest vorgegebenen Investitionsprogramms der Volkswirtschaft wird abgeschwächt, so daß das Konsumgüterangebot vom Marktgleichgewicht abhängt.

Als Aggregationsannahme soll gelten:

(A10) Das riskante Realinvestitionsprogramm der Volkswirtschaft, also sämtliche Investitionen mit stochastischen Erträgen, im Zeitpunkt ihrer Realisierung beurteilt, ist für beide Perioden fest vorgegeben. Der sich daraus ergebende Teil des Konsumgüterangebots wird von der Gesamtheit der Investoren in Form von zustandsabhängigen Vermögensansprüchen im Bestand gehalten.

In bezug auf die volkswirtschaftliche Produktionsplanung wird folgendes vorausgesetzt:

(A11) Das volkswirtschaftliche Realinvestitionsprogramm wird in einen riskanten und einen risikofreien Teil aufgespalten[1]. Im Zeitpunkt 0 (1, Zustand z) besteht die Möglichkeit einer kurz- und langfristigen (kurzfristigen) risikofreien Produktionsanpassung mit den technisch vorgegebenen Grenzproduktivitäten k_1 und k_{12} ($k_{2|z}$ für $z=1,2,...,Z$).

Annahme (A11) setzt die Existenz risikoloser, skalenunabhängiger Technologien voraus, m.a.W. eine Produktionsmöglichkeit mit risikofreien, konstanten Skalenerträgen. Die angenommenen Grenz-

---

[1] Die Anregungen dazu entstammen einer früheren Fassung von *Franke (1982a)*.

produktivitäten definieren die Sicherheitszinssätze.

Die Annahmen (A10) und (A11) erlauben, neben dem individuellen Konsum auch den Marktkonsum intertemporal zu optimieren, und zwar in der folgenden Weise: Das "vorläufige" Konsumgüterangebot $\Sigma_i \tilde{C}_{it} \equiv \tilde{C}_{Mt}$ (t=0,1,2) wird im Markgleichgewicht über die Revision risikofreier Realinvestitionen dem optimalen Marktkonsum $\Sigma_i \tilde{C}^+_{it} \equiv \tilde{C}^+_{Mt}$ (t=0,1,2) angepaßt. Die "Unternehmen" emittieren dazu weitere Vermögensansprüche, jedoch in bezug auf alle Umweltzustände in gleich hoher Anzahl und in Abhängigkeit von der "Fristigkeit" der vorgenommenen Produktionsanpassung. Die Produktionsanpassung endet, wenn alle individuellen Grenzraten der Substitution zwischen stochastischem Konsum verschiedener Zeitpunkte in ihrer Summe mit dem exogenen (reziproken) Bruttosicherheitszinssatz ($\equiv$ 1 + Sicherheitszinssatz) der entsprechenden Periode übereinstimmen, z.B. für die 1. Periode: $\Sigma_z\ f_i(z)/\gamma^+_{iz} = (1+k_1)^{-1}$ für alle Investoren i (i=1,2,...,I). Alle individuellen Zeitpräferenzbedingungen bauen im Marktgleichgewicht auf exogenen Sicherheitszinssätzen auf. Dies muß dann auch für die aggregierten Zeitpräferenzbedingungen der Fall sein. Daher gilt:

(II-52) $E^+_M(1/\Pi^t_{\tau=1}\ \gamma^+_{M\tau}) = \Pi^t_{\tau=1}(1+k_\tau)^{-1}$ (t=1,2) und

$E^+_M(1/\gamma^+_{M2}|z) = (1+k_{2|z})^{-1}$ (z=1,2,...,Z).

Im Unterschied zu den Bedingungen (II-49) sind jetzt die Marktpräferenzfaktoren endogene Größen. Denn der sie bestimmende Marktkonsum ist ebenfalls endogen.

Im Marktgleichgewicht muß die aggregierte Konsumgüternachfrage mit dem aggregierten Konsumgüterangebot übereinstimmen. Es ergibt sich folgende, auf Bruttogrößen aufbauende Markträumungsbedingung:

(II-53) $\eta_{Mt}+\tilde{C}^+_{Mt} = (1-\tilde{d}^+_t)(\eta_{Mt}+\tilde{C}_{Mt})$ (t=0,1,2).

Hierbei ist $\eta_{Mt}+C^+_{Mt}$ der optimale Bruttomarktkonsum ($\equiv$ aggregierte Bruttokonsumgüternachfrage), $(1-\tilde{d}^+_t)(\eta_{Mt}+\tilde{C}_{Mt})$ das optimale aggregierte Bruttokonsumgüterangebot und $(\eta_{Mt}+\tilde{C}_{Mt})$ das Bruttokonsumgüterangebot vor Produktionsanpassung. $\tilde{d}_t$ kann als stochastischer Parameter der Produktionsanpassung interpretiert werden.

Seine relativ komplexen Bestimmungsgleichungen, die auf den Zeitpräferenzbedingungen (II-52) aufbauen, sind in AA 5 zusammengestellt.

Da annahmegemäß im Zeitpunkt 0 beliebig kombinierbare risikofreie Investitonsobjekte mit einer kurzfristigen Rendite von k_1, einer langfristigen von k_{12} und im Zeitpunkt 1, Zustand z mit einer Rendite von $k_{2|z}$ zur Verfügung stehen, verbirgt sich hinter $\tilde{d}_t^+$ im allgemeinen ein Projektpaket. Ein positiver (negativer) Produktionsparameter führt zu einer (Des)Investition und damit zu einer Verringerung (Erhöhung) des vorläufigen Konsumgüterangebotes im betrachteten Zeitpunkt und folglich zu einer mit der entsprechenden risikofreien Rendite auf- bzw. abgezinsten Zunahme (Abnahme) des aggregierten Konsums in mindestens einem der restlichen Zeitpunkte. Denn $\tilde{d}_t^+$ kann nicht für alle Zeitpunkte dasselbe Vorzeichen ausweisen (vgl. AA 5). Zur Erläuterung werden im folgenden zwei *Beispiele* betrachtet.

Beispiel 1: Gegeben sei ein 2-Zeitpunkt-Modell. Setzt man (II-53) mit t=0,1 in (II-52) mit t=1 ein, dann ergibt sich für d_0^+ die folgende Bestimmungsgleichung (beachte die vorausgesetzte gleiche ρ_t-Struktur für alle Investoren):

$$\rho_0(1-d_0^+)^{-1} = \rho_1\ E_M^+\left(\frac{\tilde{\beta}_1}{1+\tilde{\beta}_1 d_0^+}\right).$$

Es ist $\tilde{\beta}_1 \equiv (1+k_1)\left(\frac{\eta_{M1}+\tilde{C}_{M1}}{\eta_{M0}+C_{M0}}\right)^{-1}$ und es gilt daher $d_z^+ = -\beta_z d_0^+$ für alle z. Annahmegemäß kann lediglich eine risikofreie Produktionsanpassung im Zeitpunkt 0 und damit eine Optimierung des aggregierten Bruttokonsums in den Zuständen der ersten Periode erfolgen. Da alle $\beta_z>0$, erhöht (vermindert) sich gemäß (II-53) das vorläufige Konsumgüterangebot im Zeitpunkt 0 mit $d_0^+<(>)0$, und damit nimmt es im Zeitpunkt 1 ab (zu). Die Ab(Zu)nahme gilt in jedem Umweltzustand z in gleicher Höhe und entspricht der mit k_1 "verzinsten" Zu(Ab)nahme des Marktkonsums im Zeitpunkt 0; denn die intertemporale Konsumverteilung ist deterministisch:

$$C_{Mz}^+-C_{Mz} = -(C_{M0}^+-C_{M0})(1+k_1) \quad (z=1,2,\ldots,Z).$$

Eine Abweichung des Marktkonsums vom vorläufigen Konsumgüterangebot im Zeitpunkt 0 tritt nicht auf, wenn der exogene Sicherheitszinssatz mit dem Sicherheitszinssatz übereinstimmt, den das vorläufige Konsumgüterangebot impliziert ($\equiv k_1^+$). Denn die Gesamtheit der Investoren kann dann durch eine intertemporale Reallokation des Konsums ihren Nutzen nicht erhöhen. Und so folgt auch aus der obigen Bestimmungsgleichung für d_0^+, daß (vgl. AA 6)

$$d_0^+ \gtreqless 0 \text{ genau dann, wenn } k_1 \gtreqless k_1^+ .$$

Eine Produktionsanpassung zugunsten des Zeitpunktes 1 (0) erfolgt somit dann und nur dann, wenn der vorgegebene Sicherheitszinssatz - also die Investitionsrendite - den vorläufigen Sicherheitszinssatz über(unter)schreitet.

Beispiel 2: Gegeben sei ein 3-Zeitpunkt-Modell. Weiterhin gelte sign d_0^+ = -sign $\tilde{d}_2^+$, d.h., eine Produktionsanpassung im Zeitpunkt 0 führt zu einer entgegengesetzten Produktionsanpassung im Zeitpunkt 2. Z.B. wird ein Angebotsüberhang im Zeitpunkt 0 ($d_0^+>0$) abgebaut und mittels revolvierend kurzfristiger und/oder langfristiger risikofreier Investition in den Zeitpunkt 2 transferiert ($\tilde{d}_2^+<0$).

Wann aber ist $d_0^+>0$? Ähnlich wie im ersten Beispiel ergibt sich (vgl. AA 7)

$$d_0^+ \gtreqless 0 \text{ genau dann, wenn } k_{12} \gtreqless k_{12}^+ .$$

In Worten: Die gesamtwirtschaftliche Produktion im Zeitpunkt 0 steigt/bleibt konstant/fällt dann und nur dann, wenn die durchschnittliche Investitionsrendite pro Periode größer/gleich/kleiner als der vorläufige durchschnittliche Sicherheitszinssatz ist. Damit wird die jetzt auch für alle Investoren gemeinsam mögliche intertemporale Konsumallokation deutlich.

(2) Die bei exogenem aggregierten Konsumgüterangebot im vorhergehenden Unterabschnitt 1.3.1 abgeleiteten Zusammenhänge können unmittelbar mit Hilfe der Gleichgewichtsbedingung (II-53) an den Fall endogenen aggregierten Konsumgüterangebots angepaßt werden. Da im Rahmen der Informationsbewertung die individuellen Anteile am Marktkonsum, die Preisbestimmungsgleichungen für zVA, das individuelle Bruttovermögen und der Vermögensanteil benötigt

werden, sind im folgenden die angepaßten Gleichungen (II-31) bis (II-33), (II-47), (II-50) und (II-51) aufgeführt.

Für den zustandsabhängigen individuellen Bruttokonsum gilt [(II-31) bis (II-33) i.V. mit (II-53)]:

$$\text{(II-54)}\quad \eta_{it}+\tilde{C}^{+}_{it} = \frac{f_i(.)}{f^{+}_{M}(.)}\, q^{+}_{i}\,(1-d^{+}_{t})(\eta_{Mt}+\tilde{C}_{Mt}) \quad (t=0,1,2;\ i=1,2,\ldots,I).$$

Das Wahrscheinlichkeitsverhältnis ist für die bis zum Zeitpunkt t eingetretene Umweltentwicklung zu interpretieren. Wegen der investorunabhängigen ρ_t-Struktur [vgl. Annahme (A9)] erscheint der Vermögensanteil ohne Zeitindex. Die Gleichung (II-54) verdeutlicht, daß die Produktionsanpassung alle Investoren betrifft.

Die Bestimmungsgleichungen der wahrscheinlichkeitsbereinigten Preise für zVA lauten [(II-47) i.V. mit (II-53)]:

$$\text{(II-55)}\quad \Pi^{t'}_{\tau=t+1}\ \tilde{\pi}^{d+}_{M\tau} = \frac{1-\tilde{d}^{+}_{t}}{1-\tilde{d}^{+}_{t'}}\ \Pi^{t'}_{\tau=t+1}\ \tilde{\gamma}^{-1}_{M\tau} \quad (t,t'=0,1,2;\ t'>t).$$

Zur Erläuterung betrachte man $\tilde{\pi}^{d+}_{M1}$. Demnach fallen c.p. alle (relativen) Preise π^{+}_{z} umso niedriger aus, je größer d^{+}_{0} ist, d.h. je mehr aggregierter Konsum in den Zeitpunkt 1 transferiert wird ($\partial\pi^{+}_{z}/\partial d^{+}_{0}<0$ für alle z mit $\eta_{Mt}+\tilde{C}^{(.)}_{Mt}>0$ für alle t). Denn die Güterknappheit nimmt in allen Umweltzuständen z ab.

Für das Bruttovermögen und den Vermögensanteil eines Investors erhält man bei endogenem aggregierten Konsumgüterangebot im Marktgleichgewicht [(II-50) bzw. (II-51) i.V. mit (II-53)]

$$\text{(II-56)}\quad \theta_{i0}+W^{+}_{i0} = \rho^{-1}_{0}(\eta_{M0}+C^{+}_{M0})\Sigma_t\ \rho_t\ E^{+}_{M}[\tilde{\bar{q}}_{it}(1-\tilde{d}^{+}_{t})^{-1}] \quad (i=1,2,\ldots,I)$$

bzw. unter Berücksichtigung von $\Sigma_i(\eta_{i0}+C^{+}_{i0}) = (\eta_{M0}+C^{+}_{M0}) = \rho_0\ \Sigma_i(\theta_{i0}+W^{+}_{i0})$

$$\text{(II-57)}\quad q^{+}_{i} = \Sigma_t\ \rho_t\ E^{+}_{M}[\tilde{\bar{q}}_{it}(1-\tilde{d}^{+}_{t})^{-1}] \quad (i=1,2,\ldots,I)$$

wegen Annahme (A9) und Definition (II-34). (II-56) und (II-57) zeigen, daß die individuelle Anfangsausstattung relativ zum optimalen Marktkonsum zu interpretieren ist. Denn

$\tilde{\bar{q}}_{it}(1-\tilde{d}_t^+)^{-1} = \frac{\eta_{it}+\tilde{\bar{C}}_{it}}{\eta_{Mt}+C_{Mt}^+}$ für alle i und t. Wie hoch der individuelle Ausstattungsanteil in einem Umweltzustand ausfällt, hängt von dem in diesem Zustand insgesamt zur Verfügung stehenden Konsum ab. Jedoch darf der zeitliche Verbund der Produktionsanpassung nicht außer acht gelassen werden. Dies zeigt die folgende, alternative Formulierung für den gleichgewichtigen individuellen Vermögensanteil (vgl. AA 8)

$$\text{(II-58)} \quad q_i^+ = \rho_2 \; E_M^+[(\bar{q}_{i0}\tilde{\beta}_{12}+\tilde{\bar{q}}_{i1}\tilde{\beta}_2+\tilde{\bar{q}}_{12})(1-d_2^+)^{-1}] \quad (i=1,2,\ldots,I).$$

2 Die Bewertung riskanter Konsumströme auf einem kompletten Wertpapiermarkt[1]

Im folgenden wird von einem vollkommenen und kompetitiven Wertpapiermarkt im Sinne der traditionellen Kapitalmarkttheorie ausgegangen[2]. Anstelle von "Elementar"-Wertpapieren in Form von zVA stehen jetzt den Investoren zur Realisierung ihrer optimalen Investitions- und Konsumstrategie "komplexe" Wertpapiere, z.B. Aktien und Anleihen, in Form von zVA-Portefeuilles zur Verfügung. Es soll gezeigt werden, daß bei sogenanntem kompletten Wertpapiermarkt beide Entscheidungssituationen zu logisch äquivalenten Ergebnissen führen. Daher kann der weiteren Untersuchung bei komplettem Wertpapiermarkt o.E.d.A.das Modell der zustandsbedingten Ansprüche zugrundegelegt werden.

2.1 Definition des kompletten Wertpapiermarktes

Auf einem kompletten Wertpapiermarkt sind die Preise für zVA aus gegebenen Wertpapierrenditen eindeutig ableitbar[3]. Denn ein Wertpapiermarkt heißt komplett, wenn in jedem Entscheidungszeitpunkt t die Zahl der linear unabhängigen Wertpapiere mit der Zahl

[1] Auf eine "*"- bzw. "+"-Kennzeichnung wird in diesem Abschnitt verzichtet.

[2] Vgl. hierzu z.B. *Franke (1971), (1982b)* und *Mossin (1977, Kap. 5)* und die dort angegebene Literatur.

[3] Zur empirischen Bestimmung der Preise für zVA vgl. *Banz/Miller (1978)* und *Breeden/Litzenberger (1978)*. Theoretisch implizierte Schätzprobleme erarbeitet *Franke (1981)*.

der Umweltzustände des Zeitpunktes t+1 übereinstimmt[1]. Dieser Zusammenhang wird im folgenden aufgezeigt.

Sei $-1 < \tilde{r}_{jt} \equiv$ die stochastische Rendite des Wertpapiers j $(j=1,2,\ldots,J_t)$ in Periode t (t=1,2). Dann muß, da ein Marktgleichgewicht eine gewinnbringende Arbitrage ausschließt, gelten[2]:

$$\text{(II-59)} \quad 1 = \Sigma_z(1+r_{jz})\pi_z \quad (j=1,2,\ldots,J_0) \text{ und}$$

$$1 = \Sigma_s(1+r_{js|z})\pi_{s|z} \quad (z=1,2,\ldots,Z;\ j=1,2,\ldots,J_1).$$

In Worten: In den Umweltzuständen 0 und z (z=1,2,...,Z) muß die mit dem Preis für zVA bewertete zustandsabhängige Bruttorendite (≡ 1+Rendite) jedes im Zeitpunkt 0 bzw. 1 gehandelten Wertpapiers gleich 1 sein. Denn hätten Wertpapiere bzw. Wertpapierportefeuilles mit identischen stochastischen Einzahlungsüberschüssen unterschiedliche Preise (≠ 0), könnte jeder Investor durch Kauf des billigeren und Leerverkauf des teureren Portefeuilles seinen Konsum im Zeitpunkt 0 erhöhen, ohne seinen zukünftigen Konsum einschränken zu müssen. Damit wäre aber ein Marktgleichgewicht ausgeschlossen, da jeder Investor versuchen würde, diese Strategie zu realisieren.

Gibt J_t die Zahl der linear unabhängigen Wertpapiere im Zeitpunkt t (t=0,1) an, dann gilt bei komplettem Wertpapiermarkt $J_0 = Z$ und $J_1 = S$. Damit sind aber die linearen Gleichungssysteme in (II-59) eindeutig in bezug auf die Preise für zVA lösbar, da jede Matrix der Bruttorenditen regulär ist. (II-59) liefert daher bei gegebenen $\tilde{r}_{jt}$ eindeutige Preise $\tilde{\pi}_t$.

2.2 Der Zusammenhang zwischen linear unabhängigen Wertpapieren und zustandsabhängigen Vermögensansprüchen

(1) Im folgenden werden riskante und risikofreie Wertpapiere unterschieden. Jeder Investor[3] verteilt sein Anfangsvermögen auf

[1] Vgl. z.B. *Cass/Stiglitz (1970, 149ff.)* und *Mossin (1977, Kap. 4)*.

[2] Vgl. hierzu die mit dem Farkasschen Theorem verbundene Nichtarbitrage-Bedingung in *Franke (1981, 13ff.)*.

[3] Auf den Index i wird verzichtet.

Konsum, auf die Anlage in riskante Wertpapiere, x_{j0} (j=1,2,...,J), und auf die Anlage in kurzfristige (langfristige) risikofreie Wertpapiere, $x_{J+1,0}$ ($x_{J+2,0}$). Damit ist J_0 = J+2.

Unter Berücksichtigung der Wertpapierrenditen wird der Handlungsspielraum des Investors in der 1. Periode durch folgende Budget- und zustandsabhängige Ertragsrestriktionen bestimmt:

(II-60) $C_0 + \Sigma_{j=1}^{J+2} x_{j0} = W_0$ (Budget) und

$\Sigma_{j=1}^{J+2}(1+\tilde{r}_{j1})x_{j0} = \tilde{W}_1$ (Ertrag).

Hierbei gilt $\tilde{r}_{J+1,1} = k_1$ und $\tilde{r}_{J+2,1} = \tilde{k}_1 \equiv \frac{(1+k_{12})^2}{1+\tilde{k}_2} - 1$. $\tilde{k}_1$ ist der im Zustand z für die erste Periode gültige "kurzfristige" Sicherheitszinssatz. Als alternative Schreibweise wird in Analogie zu $k_{2|z}$ auch $k_{1|z}$ (z=1,2,...,Z) benutzt.

Im Zeitpunkt 1 verteilt jeder Investor sein je nach eingetretenem Zustand vorhandenes Vermögen auf Konsum, auf die Anlage in riskante Wertpapiere, x_{j1} (j=1,2,...,J), und auf die Anlage in ein kurzfristiges risikofreies Wertpapier, $x_{J+1,1}$. Damit ist J_1 = J+1.

Für die 2. Periode gelten die folgenden Budget- und Ertragsrestriktionen:

(II-61) $\tilde{C}_1 + \Sigma_{j=1}^{J+1} \tilde{x}_{j1} + (1+\tilde{k}_1)x_{J+2,0} = \tilde{W}_1$ (Budget) und

$\Sigma_{j=1}^{J+1}(1+\tilde{r}_{j2})\tilde{x}_{j1} + (1+k_{12})^2 x_{J+2,0} = \tilde{W}_2 \equiv \tilde{C}_2$ (Ertrag).

Es ist $\tilde{r}_{J+1,2} = \tilde{k}_2$. In (II-61) wird o.E.d.A. von einem konstanten Anlagebetrag in das langfristige risikofreie Wertpapier, $x_{J+2,0}$, ausgegangen; denn eine Änderungsmöglichkeit ist wegen der im Zeitpunkt 1 möglichen kurzfristigen risikofreien Anlage, $\tilde{x}_{J+1,1}$, redundant. Da nun in der 2. Periode der kurzfristige Sicherheitszinssatz $\tilde{k}_2$ gilt, ist wegen $(1+\tilde{k}_1)(1+\tilde{k}_2) = (1+k_{12})^2$ in der Ertragsrestriktion der 1. Periode und in der Budgetrestriktion der 2. Periode der "angelaufene" Betrag $(1+\tilde{k}_1)x_{J+2,0}$ angesetzt.

Mit J_0 = J+2 und J_1 = J+1 muß bei komplettem Wertpapiermarkt Z = S+1 gelten. Da die Wertpapierrenditen einen eindeutigen Schluß auf die Preise für zVA erlauben, muß eine auf Wertpapierrenditen aufbauende optimale Investitions- und Konsumstrategie einer auf zVA aufbauenden logisch äquivalent sein. Unter Verwendung von $\tilde{W}_t$ (t=1,2) aus dem optimalen Plan (II-8) folgt dann die optimale Wertpapieranlage:

(II-62) $x_{j0} = \Sigma_z (1+r)^{jz} W_z \quad (j=1,2,\ldots,J+2)$ und

$$x_{jz} = \Sigma_s (1+r)^{js|z} [W_{s|z} - (1+k_{12})^2 x_{J+2,0}] \quad (j=1,2,\ldots,J+1).$$

Hierbei sind $(1+r)^{(\cdot)}$ die Elemente der Inversen der Bruttorendite-Matrix. Die optimale Anlage in ein (komplexes) Wertpapier stellt sich nach (II-62) als Portefeuille aus zVA dar.

(2) Zur Erläuterung der aus (II-62) sich ergebenden optimalen Investitions- und Konsumstrategie soll kurz folgendes aufgezeigt werden: Angenommen, die Anzahl von umlaufenden Stücken jedes riskanten Wertpapiers j im Zeitpunkt t, y_{Mjt}, ist im Zeitablauf konstant, d.h.: $y_{Mjt} = y_{Mj}$ (j=1,2,...,J). Dann realisiert jeder Investor bei homogenen Erwartungen und identischer ρ_t-Struktur im Marktgleichgewicht eine Bestandshaltestrategie in bezug auf die riskanten Wertpapiere. Eine individuelle Bestandshaltestrategie bezeichnet eine individuelle Nachfrage in Stücken des Wertpapiers j im Zeitpunkt t, y_{ijt}, die im Zeitablauf unverändert ist, d.h. für t=0,1: $y_{ij0} = y_{ijz}$ (j=1,2,...,J; z=1,2,...,Z).

Die Kapitalmarkttheorie lehrt, daß unter den Voraussetzungen dieser Untersuchung bei homogenen Erwartungen jeder Investor im Marktgleichgewicht einen Bruchteil des Marktportefeuilles [$\equiv y_{Mj}$ (j=1,2,...,J)] erwirbt. Dies folgt auch aus (II-62). Bezeichnet $\tilde{p}_{jt}$ den stochastischen Kurs des riskanten Wertpapiers j im Zeitpunkt t, und zwar ex stochastische Einzahlungsüberschüsse aus Nebenrechten und -pflichten im Zeitpunkt t[1], dann gilt für die zustandsabhängige individuelle Nachfrage nach riskanten Wertpapierstücken: $\tilde{y}_{ijt} = \tilde{x}_{ijt}/\tilde{p}_{jt}$ (j=1,2,...,J; t=0,1). Unter Berücksichtigung der optimalen Nachfrage nach zVA folgt aus (II-62) i.V. mit (II-33) und (II-38) bei homogenen Erwartungen und iden-

[1] Z.B. Dividenden, Zuzahlungen usw.

tischer ρ_t-Struktur im Marktgleichgewicht (vgl. AA 9):

(II-63) $y_{ijt} = q_i \, y_{Mj}$ (t=0,1; j=1,2,...,J; i=1,2,...,I).

Den von Investor i erworbenen Bruchteil des Marktportefeuilles bestimmt gemäß (II-63) der Vermögensanteil des Investors i. Da die rechte Seite von (II-63) vom Zeitpunkt t unabhängig ist, folgt unmittelbar für alle Investoren eine Bestandshaltestrategie in bezug auf die riskanten Wertpapiere.

Die bisherigen Ausführungen bilden den Ausgangspunkt für die in der weiteren Untersuchung erörterten Informationsfragen. Als weitere institutionelle Prämisse sei eingeführt:

(A12) Der Wertpapiermarkt ist komplett.

Damit kann o.E.d.A. mit dem Modell der zustandsabhängigen Vermögensansprüche gearbeitet werden.

III Beschaffung, Aus- und Bewertung von Informationen

1 *Problemstellung und Annahmen*

Bisher wurde bei allen untersuchten Fragen davon ausgegangen, daß die einem Investor zur Verfügung stehenden Informationen vorgegeben sind. Dieses Wissen spiegelte sich wider in den unterstellten Eintrittswahrscheinlichkeiten der Umweltzustände. Ausgehend von einer "Anfangsausstattung an Informationen", im folgenden als "alter" Informationsstand[1] bezeichnet, hat nun jeder Investor *vor Handel* die Möglichkeit, durch Beschaffung und Auswertung *zusätzlicher* Informationen seinen Informationsstand zu erweitern (≡ "neuer" Informationsstand). Mit dem neuen Informationsstand kann jeder Investor eine "besser fundierte" Investitions- und Konsumentscheidung treffen.

Die Preise für zustandsabhängige Vermögensansprüche und folglich die individuellen Investitions- und Konsumstrategien mit dem sich ergebenden Erwartungsnutzen werden zusätzlich abhängig vom Informationsverhalten der Investoren. Das Erklärungsmodell des Preises für zVA, $\pi_{(.)}$ [vgl. (II-47)], zeigt, welche (fundamentalanalytischen) Daten zur Preisbestimmung benötigt werden. Aufgabe des Prognosemodells eines Investors ist es, jeder Datenkonstellation (≡ Umweltzustand) eine Eintrittswahrscheinlichkeit zuzuordnen.

Um die Prognose präzise definieren zu können, wird die informatorische Annahme (A2) (vgl. S. 8) um die folgenden Prämissen ergänzt:

(B1) Die im Planungszeitraum von der Gesamtheit der Investoren als möglich erachteten - endlich vielen - Zustände im Zeitpunkt t (t=0,1,2) sind vorgegeben. Hierbei ist ein Umweltzustand gekennzeichnet durch eine Realisation des stochastischen, von den Dispositionen der Investoren unabhängigen Konsumgüterangebots $C_{M(.)}$. Bei exogenen Sicherheitszinssätzen werden diese zur Umweltdefinition in den Zeitpunkten 0 und 1 mit herangezogen.

Im Fall endogener Produktion ist unabhängiges Konsumgüteran-

---

[1] Zu den Begriffen Informationsstand, und später Erklärungs- und Prognosemodell siehe *Franke (1980, 50ff.)*. Einen kritischen Überblick über Prognoseverfahren bietet *Brockhoff (1977)*. *Wild (1970)* befaßt sich mit erkenntnistheoretischen Fragen der Prognose.

gebot als vorläufiges Konsumgüterangebot zu interpretieren. I.V. mit Annahme (A2) und dem Zustandsbaum in *Abbildung 1*, S. 9, definiert C_{M0} bzw. (C_{M0},k_1,k_{12}) den Umweltzustand 0 (= Zeitpunkt 0), C_{Mz} bzw. $(C_{Mz},k_{2|z})$ $(z=1,2,\ldots,Z)$ die Umweltzustände z im Zeitpunkt 1 und $C_{Ms|z}$ im Zeitpunkt 2 [1]. Den bis auf die Eintrittswahrscheinlichkeiten bestimmten Zustandsbaum gewinnt man, wenn zu jedem Umweltzustand genau ein Weg führt. Damit tritt in jedem Zeitpunkt *genau ein* Umweltzustand ein und im Zeitablauf *genau eine* Umweltentwicklung (= Zustandsfolge) (vgl. *Abbildung 1*, S. 9).

Nach wie vor wird davon ausgegangen, daß jeder Investor jedem Umweltzustand eine positive Eintrittswahrscheinlichkeit zuordnet und zu jedem Zeitpunkt der eingetretene Umweltzustand kostenlos identifiziert wird.

(B2) Zur formalen Vereinfachung wird

-- lediglich die Möglichkeit der Beschaffung *zusätzlicher* Informationen unmittelbar vor dem Zeitpunkt 0 betrachtet unter Ausschluß zukünftiger Beschaffungsmaßnahmen und

-- nur eine Informationsbeschaffungsmaßnahme untersucht.

(B3) Die Informationsbeschaffung kann zu verschiedenen Informationsergebnissen e führen, über deren Eintritt jeder Investor Wahrscheinlichkeitsvorstellungen $f_i(e)>0$ $(e=1,2,\ldots,E)$ besitzt.

Ein bestimmtes Informationsergebnis kann z.B. die Nachricht eines Konjunkturforschungsinstituts über seine Prognosen des zukünftigen Konsumgüterangebots darstellen, eine Gewinnprognose im Geschäftsbericht eines Wertpapieremittenten oder das Ergebnis einer - vielleicht vom Investor selbst durchgeführten - Untersuchung der Entwicklung des Konsumgüterangebots in den letzten 3 Jahren und seiner Korrelation mit der Gewinnentwicklung des Wertpapieremittenten[2].

---

[1] Die hier betrachtete paretoeffiziente Risikoallokation liefert die *Zahl* der Umweltzustände aus derjenigen der unterschiedenen Realisationen des exogenen Konsumgüterangebots bzw. vorläufigen Konsumgüterangebots i.V. mit exogenen Sicherheitszinssätzen. Diese muß bei komplettem Wertpapiermarkt mit der Anzahl linear unabhängiger Wertpapiere übereinstimmen. Informatorische Überlegungen bezüglich der Umweltdefinition sind also abhängig vom zugrundeliegenden Gleichgewichtsmodell.

[2] Vgl. hierzu das Indikatorenkonzept bei *Hax (1965, 22f.)* und *Laux (1982, Bd.I, 282ff.)*.

2 *Definition der Prognose*

Für jeden als möglich erachteten Umweltzustand hat der Investor auf der Grundlage seines Informationsstands Φ_i eine Eintrittswahrscheinlichkeit festzulegen[1]. Da im Zeitpunkt 1 Z Zustände und im Zeitpunkt 2 S Zustände unterschieden werden, beinhaltet eine Prognose (ein Wahrscheinlichkeitsurteil) des Investors i die Angabe der *unbedingten* Wahrscheinlichkeiten im Zeitpunkt 0 für den Eintritt aller im Planungszeitraum unterschiedenen Datenkonstellationen:

$$\Phi_i\text{: } f_i(.) \equiv [f_i(1),\ldots,f_i(Z),f_i(1,1),\ldots,f_i(Z,S)]$$

im 3-Zeitpunkt-Modell; d.h., mit Φ_i ist die Wahrscheinlichkeitsverteilung $f_i(.)$ gegeben $(i=1,2,\ldots,I)$.

Die Prognose $f_i(.)$ gilt bei altem Informationsstand, also unter Verzicht auf die Beschaffung und Auswertung zusätzlicher Informationen. Wird jedoch die Alternative "Informationsbeschaffung" gewählt und stellt sich das Informationsergebnis e ein, dann revidiert der Investor im allgemeinen seine bisherigen Prognoseergebnisse:

$$\Phi_{ie}\text{: } f_i(.|e) \equiv [f_i(1|e),\ldots,f_i(Z|e),f_i(1,1|e),\ldots,f_i(Z,S|e)] \quad (e=1,2,\ldots,E).$$

Da die Informationsergebnisse und demnach der Ausgang der Informationsbeschaffungsmaßnahme ungewiß sind, gilt dies auch - ex ante - für den neuen Informationsstand Φ_{ie}, der sich gemäß Annahme (B3) mit Wahrscheinlichkeit $f_i(e)$ einstellt. Die individuellen Prognosen sind konsistent, wenn $f_i(.) = \Sigma_e f_i(.|e)f_i(e)$.

Folgendes sei zu der ganz spezifischen Art und Weise der Informationsbeschaffung und -auswertung angemerkt: (1) Für den Lernmechanismus ist die Gültigkeit des Bayes-Theorems von zen-

[1] Vgl. *Savage (1971), Hicks (1979, Kap.VIII)* und *Laux (1982, Bd.I, 131-138 und Kap.IX)* und die dort jeweils angegebene Literatur. Es sei betont, daß hier die Problematik der Entwicklung und Ableitung subjektiver Wahrscheinlichkeiten nicht zur Diskussion steht, sondern das Aufzeigen der informatorischen Grundlagen aller weiteren Ausführungen. Es wird freilich unterstellt, daß es grundsätzlich möglich ist, Informationsverhalten auf dem Kapitalmarkt mit dem wahrscheinlichkeitstheoretischen Konzept *zu erfassen.*

traler Bedeutung. Im Licht des Bayes-Theorems ist $f_i(.)$ die a priori- und $f_i(.|e)$ die a posteriori-Verteilung der Umweltzustände. Sind die bedingten Wahrscheinlichkeiten $f_i(e|.)$ $(e=1,2,\ldots,E)$ für das Auftreten des Informationsergebnisses e, wenn der Umweltzustand (.) tatsächlich eintreten sollte, gegeben bzw. aus dem *alten* Informationsstand ableitbar (vgl. z.B. die Ableitung von "Likelihoodfunktionen" $f_i(e|.)$ in der Bayesschen Ökonometrie), dann kann die revidierte Prognose $f_i(.|e)$ unmittelbar anhand des Bayes-Theorems bestimmt werden. Da die in Annahme (B1) genannten Zustände den gesamten Zustandsraum wiedergeben, muß $f_i(e) = \Sigma_{(.)} f_i(e|.)f_i(.)$ für alle e gelten und Annahme (B3) ist überflüssig. (2) Es müssen, um widerspruchsfrei damit arbeiten zu können, alle individuellen Prognosen der Wahrscheinlichkeitsaxiomatik genügen. Dann ist aber der Bayessche Satz eine Implikation. Das Problem beim unterstellten Auswertungsmodell liegt demnach im empirischen Gehalt der Wahrscheinlichkeitsaxiome.

3 Informationsbewertung

Das Kriterium für die Beurteilung der Informationsbeschaffung und die Auswertung der Informationsergebnisse ist der Erwartungsnutzen des Investors[1]. Da eine Informationsmöglichkeit *vor* Handel betrachtet wird, findet die Informationsbewertung durch den Investor statt, bevor dieser seine Kauf- und Verkaufsorders gibt. Folgende Abbildung soll die Informationsbeschaffungs- und Handelssituation verdeutlichen:

[1] Vgl. *Hirshleifer/Riley (1979, 1394ff.), Laux (1982, Bd.I, Kap.XII und Bd. II, Kap.XVII)* und die dort jeweils angegebene Literatur. Vgl. auch die Arrowsche Kritik an Marshak [*Arrow (1974, Essay 12)*].

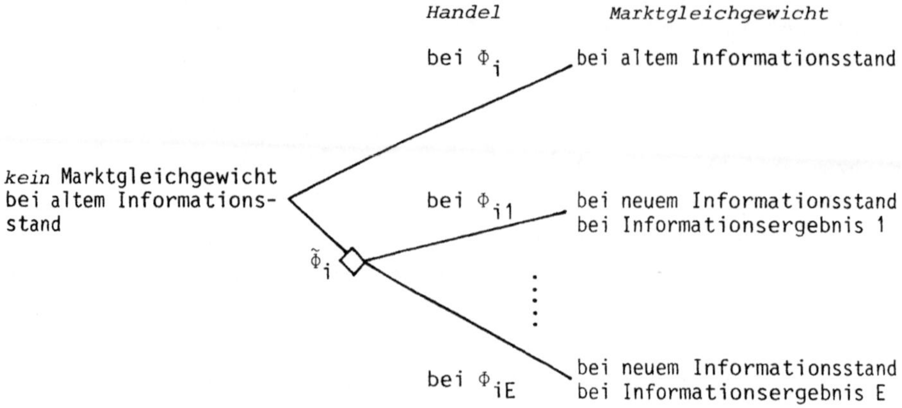

Abbildung 2: Die Informationsbeschaffungs- und Handelssituation jedes Investors i (i=1,2,...,I)

Den Ausgangspunkt bildet im allgemeinen ein Marktungleichgewicht bei altem Informationsstand, d.h., nicht alle Investoren sind mit ihrer Konsum*ausstattung* zufrieden. Bevor jedoch der Handel beginnt, entscheidet noch jeder Investor, mit welchem Informationsstand er am Handel teilnehmen will. Fällt seine Beurteilung der Informationsmöglichkeit "negativ" aus, dann nimmt er mit dem Informationsstand Φ_i am Handel teil. Bei "positiver" Beurteilung hingegen führt er die Informationsbeschaffungsmaßnahme durch, deren Ergebnis allerdings ungewiß ist (= $\tilde{\Phi}_i$). Tritt Informationsergebnis e ein, nimmt der Investor mit dem Informationsstand Φ_{ie} am Handel teil.

Ausgehend von der bei altem Informationsstand nutzenmaximierenden Investitions- und Konsumstrategie wird gefragt, wie sich der individuelle Erwartungsnutzen ändert, wenn anstelle des alten der ex ante zu erwartende neue Informationsstand bei Informationsbeschaffung tritt und damit sich im allgemeinen Prognose und nutzenmaximierende Strategie ändern. Die Erwartungsnutzenänderung ergibt den "Informationswert".

3.1 ohne Informationskosten

Gemäß der zeitadditiven logarithmischen Nutzenfunktion ergibt sich bei altem Informationsstand der maximale Erwartungsnutzen

(ohne Index "i")

$$\Psi^\circ = \Psi^\circ(\Phi) = \Sigma_t\ \rho_t E[\ln(\eta_t + \tilde{C}_t^\circ)].$$

"°" steht für die Situation individueller und kollektiver Informationsbeschaffung und -auswertung.

Führt die Informationsbeschaffung zur Information e, dann gilt $\Psi_e^\circ = \Psi^\circ(\Phi_e) = \Sigma_t\ \rho_t E[\ln(\eta_t + \tilde{C}_{t|e}^\circ)|e]$. Dies gilt für alle denkbaren Informationsergebnisse e=1,2,...,E. Der ex ante zu erwartende Erwartungsnutzen beträgt daher

$$\Sigma_e\ f(e)\Psi_e^\circ = \Sigma_t\ \rho_t\ \Sigma_e\ f(e)E[\ln(\eta_t + \tilde{C}_{t|e}^\circ)|e].$$

Infolge der Durchführung der Informationsbeschaffung wächst der erwartete Nutzen eines Investors genau dann, wenn

$$\text{(III-1)} \quad \Delta^\circ \equiv \Sigma_e\ f(e)\Psi_e^\circ - \Psi^\circ$$

$$= \Sigma_t\ \rho_t\ \Sigma_e\ f(e)E[\ln \frac{\eta_t + \tilde{C}_{t|e}^\circ}{\eta_t + \tilde{C}_t^\circ}|e]$$

$$\equiv \Sigma_t\ \rho_t\ \Delta_t^\circ > 0.$$

Die abschließende Definition in (III-1) verdeutlicht mit Δ_t° den zeitadditiven Charakter der unterstellten Nutzenfunktion. Δ_t°, die auf den Zeitpunkt 0 bezogene, im Zeitpunkt t zu erwartende Nutzenänderung bei Informationsbeschaffung, kann als erwartete (logarithmische) Wachstumsrate des Bruttokonsums im Zeitpunkt t interpretiert werden (t=0,1,2). Gewichtet man Δ_t° mit dem ρ_t-Parameter und summiert über alle t, dann erhält man den Informationswert.

3.2 mit Informationskosten

In der Realität ist eine Informationsbeschaffung und -auswertung mit Kosten verbunden. Dieser Aspekt soll hier in der Art erfaßt werden, daß der Investor ι DM seines Vermögens ($\equiv$ Informationsauszahlung) für die Erweiterung seines Informationsstandes mit Hilfe der Informationsbeschaffungsmaßnahme (vgl. Annahme (B2)) bereitstellen muß. Dabei sei die Informationsauszahlung für alle Investoren gleich. Verzichtet der Investor auf Informationsbeschaffung, dann ist $\iota \equiv 0$.

Analog zu (III-1) wird der Investor genau dann seinen Informationsstand erweitern, wenn

$$\text{(III-2)} \quad \Delta^\circ(\iota) \equiv \Sigma_e\, f(e)\Psi_e^\circ(\iota) - \Psi^\circ$$

$$= \Sigma_t\, \rho_t\, \Sigma_e\, f(e)E[\ln \frac{\eta_t+\tilde{C}_{t|e}^\circ(\iota)}{\eta_t+\tilde{C}_t^\circ}|e]$$

$$\equiv \Sigma_t\, \rho_t\, \Delta_t^\circ(\iota) > 0,$$

wobei $\Psi^\circ \equiv \Psi^\circ(\iota=0)$ und $\tilde{C}_t^\circ \equiv \tilde{C}_t^\circ(\iota=0)$ für alle t. Der Informationswert $\Delta^\circ(\iota)$ hängt von der Informationsauszahlung ab, weil sich die zu erwartende (logarithmische) Wachstumsrate des Bruttokonsums im Zeitpunkt t (t=0,1,2) infolge der Informationsauszahlung verändert. Letzteres beruht wiederum auf dem veränderten Handlungsspielraum des Investors, da ihm bei Informationsbeschaffung zur Realisierung seiner optimalen Investitions- und Konsumstrategie nur noch ein Vermögen von $W_0-\iota$ verbleibt.

Die Informationskosten ergeben sich aus (III-2) und (III-1) mit $\nabla^\circ(\iota) \equiv \Delta^\circ-\Delta^\circ(\iota)$ als

$$\text{(III-3)} \quad \nabla^\circ(\iota) = -\, \Sigma_t\, \rho_t\, \Sigma_e\, f(e)E[\ln \frac{\eta_t+\tilde{C}_{t|e}^\circ(\iota)}{\eta_t+\tilde{C}_{t|e}^\circ}|e].$$

Gleichung (III-3) zeigt, daß die Informationskosten die durch die Informationsauszahlung zu erwartende Nutzeneinbuße beinhalten.

IV DIE BEURTEILUNG DER INFORMATIONSBESCHAFFUNG UND -AUSWERTUNG

Im folgenden wird untersucht, inwieweit Informationsbeschaffung und Prognose für einen (die) Investor(en) von Vorteil sein kann. Die Beurteilung erfolgt anhand des in Kapitel III, Abschnitt 3 angegebenen Kriteriums. Grundlage der Analyse sind die Ergebnisse aus Kapitel II bezüglich der optimalen individuellen Investitions- und Konsumstrategie.

Die Informationsbewertung soll gesondert für zwei Szenarien durchgeführt werden: Erstens für eine als "Individualanalyse" und zweitens für eine als "Marktanalyse" bezeichnete Situation.

Im Rahmen der Individualanalyse wird eine Informationsbewertung bei unveränderlichen Preisen vorgenommen. Dahinter steckt die Vorstellung, daß der betrachtete Investor *allein* eine Informationsbeschaffung und -auswertung plant und sich bei seiner Ordererteilung wegen seines "kleinen" Vermögens kompetitiv verhält.

Im Rahmen der Marktanalyse wird eine Preisänderung bei der Informationsbewertung berücksichtigt. Zwar verhalten sich alle Investoren weiterhin kompetitiv, doch es wird davon ausgegangen, daß *alle* Investoren eine Informationsbeschaffung und -auswertung planen. Daher können sich die Preise infolge neuer Informationen verändern.

Zur Beurteilung der zusätzlichen Informationsmöglichkeiten werden die unmittelbar vor dem Zeitpunkt 0 sich ergebenden Planrevisionen eines Investors infolge der Beschaffung und Auswertung der zu erwartenden Ergebnisse der Informationsbeschaffungsmaßnahme betrachtet [vgl. die Annahmen (B2) und (B3)]. Vergleichsbasis ist die bei altem Informationsstand sich ergebende Investitions- und Konsumstrategie.

Wie bereits erwähnt, sind die genannten Strategierevisionen aufgrund der Informationsbeschaffung und -auswertung vor dem Zeitpunkt 0 zu trennen von den bedingten Investitions- und Konsumplänen der Strategie selbst, die abhängig sind vom Eintreten einer bestimmten Umweltentwicklung. Der Zustandsbaum stellt gewissermaßen einen "Informationsbaum" zukünftiger Informationen dar, z.B. $\tilde{k}_2=(3\%,5\%,\ldots)$. Diese werden durch die flexible bzw. bei zeitadditiver logarithmischer Nutzenfunktion durch die rollende starre Planung vollständig erfaßt, d.h. antizipiert. Für jedes Ergebnis der Informationsbeschaffungsmaßnahme ergibt sich eine neue subjektive Wahrscheinlichkeitsverteilung der vorgegebenen Umweltzustände. Der zukünftige Informationszugang ist also annahmegemäß unabhängig von der heutigen Informationsbeschaffung und Prognose und beschränkt sich auf die Information, welcher Umweltzustand eingetreten ist. Der bei (Nicht)Informationsbeschaffung geltende sogenannte (alte) neue Informationsstand bezieht sich auf den Betrachtungszeitpunkt 0 und beeinflußt das Wahrscheinlichkeitsurteil bzw. den Glaubwürdigkeitsgrad von Umweltentwicklungen.

1 Der Informationswert im Rahmen der Individualanalyse[1]

1.1 ohne Informationskosten

(1) Ausgangspunkt der Untersuchung ist die bei altem Informationsstand optimale Investitions- und Konsumentscheidung des Investors im Zeitpunkt 0, $\underline{\Gamma}_0^* \equiv (\eta_0+C_0^*,(\theta_z+W_z^*)_Z)'$[2]. $\underline{\Gamma}_0^*$ umfaßt den individuellen Konsum und die individuelle Nachfrage nach zVA im Zeitpunkt 0 und ergibt sich gemäß (II-8). Aus $(\theta_z+W_z^*)_Z$ lassen sich für den entsprechenden Umweltzustand nach (II-10) und (II-11) Konsum und Nachfrage nach zVA im Zeitpunkt 1 bestimmen: $\underline{\Gamma}_z^* \equiv (\eta_1+C_z^*,(\theta_{s|z}+W_{s|z}^*)_S)'$ (z=1,2,...,Z). Für den Zeitpunkt 2 ist keine Entscheidung mehr zu treffen, es gilt $W_{s|z}^* = C_{s|z}^*$.

Da die folgenden Ausführungen über die Wirkungen eines Informationsergebnisses e auf die optimale Entscheidung $\underline{\Gamma}_0^*$ analog auch für die bedingten Entscheidungen $\underline{\Gamma}_z^*$ (z=1,2,...,Z) gelten, *nachdem Zustand z eingetreten ist*, soll zugunsten einer knapperen Darstellung nur $\underline{\Gamma}_0^*$ explizit betrachtet werden. Davon zu unterscheiden sind die kurz- und langfristigen Informationsauswirkungen auf den Konsum in den Zeitpunkten 1 und 2 bezogen auf den Zeitpunkt 0. Diese sind für die spätere Informationsbewertung von Bedeutung.

(2) Bringt die Informationsbeschaffung das Informationsergebnis e hervor, so revidiert der Investor seine bisherige Progno-

[1] Der Index i wird unterdrückt.

[2] Zur Symbolik: $\underline{x}$ bezeichne den Spaltenvektor $(x_h)_H \equiv (x_1,x_2,...,x_H)'$.

se f(.) zu f(.|e). Die optimale Investitions- und Konsumentscheidung im Zeitpunkt 0 ändert sich von $\underline{\Gamma}^*$ zu $\underline{\Gamma}_e^{*}$[1]. Da $\underline{\Gamma}^*$ die Vergleichsbasis zur Messung der Informationsauswirkungen darstellt, folgt aus (II-8) bei konstanten Preisen für zVA und damit konstantem Vermögen

$$\text{(IV-1)}\quad \frac{\eta_0+C^*_{0|e}}{\eta_0+C^*_0} = 1 \text{ und } \frac{\theta_z+W^*_{z|e}}{\theta_z+W^*_z} = \frac{f(z|e)}{f(z)} \quad (z=1,2,\ldots,Z)$$

und daraus unter Verwendung der Differenzen $\Delta_e(.) \equiv (.)_e-(.)$, z.B. $\Delta_e\underline{\Gamma}^* = \underline{\Gamma}^*_e-\underline{\Gamma}^*$, $\Delta_e f(z) = f(z|e)-f(z)$ für alle z,

$$\text{(IV-2)}\quad \Delta_e\underline{\Gamma}^* = \begin{pmatrix} \Delta_e(\eta_1+C^*_0) \\ \Delta_e(\theta_z+W^*_z)_Z \end{pmatrix} = \begin{pmatrix} 0 \\ \left(\frac{\Delta_e f(z)}{f(z)}(\theta_z+W^*_z)\right)_Z \end{pmatrix} \quad (e=1,2,\ldots,E) \text{ und}$$

$$\Sigma_e f(e)\Delta_e\underline{\Gamma}^*=\underline{0},$$

da $\Sigma_e\, f(z,e) = f(z)$ für jedes z. Zu beachten ist, daß nicht die wahrscheinlichkeitsbereinigten Preise π^d_z konstant sind, sondern die Preise $\pi_z = f(z)\pi^d_z = f(z|e)\pi^d_{z|e}$ für alle z.

$\Sigma_e f(e)\Delta_e\underline{\Gamma}^*$ gibt die ex ante zu erwartende Planrevision an; $\underline{0}$ ist ein Nullvektor mit Z+1 Elementen. Auf die Ergebnisse (IV-1) und (IV-2) wird im folgenden noch näher eingegangen. Bevor jedoch verschiedene Eigenschaften der Planrevision im Rahmen der Individualanalyse aufgezeigt werden, sei wiederholt, daß erstens bei kompetitivem Verhalten des Investors von konstanten Preisen für zVA, $\pi_{(.)}$, ausgegangen wird, wodurch das Bruttovermögen θ_0+W_0 von der Informationsbeschaffung unabhängig ist; zweitens ist an den myopischen Charakter der optimalen Investitions- und Konsumstrategie bei zeitadditiver logarithmischer Nutzenfunktion zu erinnern. Er impliziert u.a., daß die Planrevision in Zeitpunkt t bei konstanten Preisen ausschließlich auf die Änderung der Prognose für die möglichen Umweltzustände im Zeitpunkt t+1 zurückzuführen ist. So genügt für die Planrevision im Zeitpunkt

[1] Der Zeitindex wird vernachlässigt.

0 zunächst die Informationsauswertung in bezug auf die Prognose f(z) (z=1,2,...,Z).

(21) Gleichung (IV-2) zeigt, daß zwischen der Planrevision aufgrund des Informationsergebnisses e (= bedingte Revision) und der *ex ante* aufgrund der Informationsbeschaffung und -auswertung zu erwartenden Revision zu unterscheiden ist. So ist der optimale Konsum im Zeitpunkt 0 unabhängig vom Ausgang der Informationsbeschaffungsmaßnahme; denn die bedingte Revision bezüglich des Konsums ist immer gleich null und damit auch die erwartete. Der Bruttokonsum in jedem Zustand ist nur abhängig vom dann vorliegenden Bruttovermögen und der deterministischen Konsumquote w_t.

Die Änderung der Nachfrage nach zVA ist gleich der relativen Änderung der entsprechenden Eintrittswahrscheinlichkeit, multipliziert mit der bei altem Informationsstand optimalen Bruttonachfrage nach zVA; es stimmen relative Nachfrageänderung und relative Wahrscheinlichkeitsänderung überein. Die zu erwartende Revision der Nachfrage hingegen ist gleich null; denn "im Durchschnitt" bleibt die Prognose unverändert: $\Sigma_e f(e)\Delta_e f(z) = \Sigma_e f(e,z)-f(z) = 0$ (z=1,2,...,Z). M.a.W.: Die Eintrittswahrscheinlichkeit für jeden Zustand z bei altem Informationsstand stimmt bei konsistenten Prognosen mit derjenigen bei neuem Informationsstand überein, solange das Informationsergebnis noch nicht bekannt ist.

(22) Aus Gleichung (IV-1) folgt: $\Delta_e(\eta_0+C_0^*) = \Delta_e C_0^*$ und $\Delta_e(\theta_z+W_z^*) = \Delta_e W_z^*$, also die Änderung von Brutto- und Nettogröße sind gleich; denn einmal sind die η_t-Parameter unabhängig von $\pi_{(.)}$ und vom Informationsstand, zum anderen verändert die Informationsbeschaffung auch nicht $k_{2|z}$ (z=1,2,...,Z) wegen konstanter Preise.

In welche Richtung sich die Nachfrage nach zVA bei Informationsergebnis e verändert, zeigt schon die Präferenzbedingung (II-26) mit $\pi_z = f(z)/\gamma_z^*$ (z=1,2,...,Z). Da $\Delta_e C_0^*=0$ ist, nimmt infolge der Erwartungsnutzenmaximierung bei zu(ab)nehmender Eintrittswahrscheinlichkeit die Nachfrage nach zVA zu (ab), weil bei alter Strategie der erwartete Grenznutzen eines zusätzlichen Anspruchs über (unter) seinen Preis steigt (fällt). So gilt denn allgemein - wie auch aus (IV-1) bzw. (IV-2) zu ersehen -, daß sign $\Delta_e W_z^* =$ sign $\Delta_e f(z)$ für alle z und e. Wegen $:\pi_z = :f(z)/\gamma_z^* = :f(z)(\theta_z+W_z^*)^{-1}$ und damit $:\pi_z(\theta_z+W_z^*) = :f(z)$ verändert sich die bewertete Nachfrage nach zVA vergleichsweise für die Zustände stärker, deren Eintrittswahrscheinlichkeit auch relativ stärker revidiert werden. Für die Zustände z und $\bar{z}$ gilt hierzu nach (IV-2) unter Berücksichtigung von $V_0^* = (\theta_z+W_z^*)\pi_z^d$ für beliebige z [vgl. (II-25)]

$$\text{(IV-3)} \quad \frac{\pi_z \Delta_e W_z^*}{\pi_{\bar{z}} \Delta_e W_{\bar{z}}^*} = \frac{\Delta_e f(z)}{\Delta_e f(\bar{z})} \quad (z,\bar{z}=1,2,\ldots,Z;\ z\neq\bar{z}).$$

Im Hinblick auf die "Zahl" der nachgefragten zVA liefert (IV-2)

$$\text{(IV-4)} \quad \frac{\Delta_e W_z^*}{\theta_z+W_z^*} \gtreqless \frac{\Delta_e W_{\bar{z}}^*}{\theta_{\bar{z}}+W_{\bar{z}}^*} \text{ genau dann, wenn } \frac{\Delta_e f(z)}{f(z)} \gtreqless \frac{\Delta_e f(\bar{z})}{f(\bar{z})} \quad (z,\bar{z}=1,2,\ldots,Z;\ z\neq\bar{z}),$$

so daß die relative Nachfrageänderung nach zVA des Umweltzustands mit dem höheren relativen Wahrscheinlichkeitszuwachs größer ist.

(23) Gleichgültig welches Informationsergebnis sich einstellt, der Konsum C_0^* bleibt unverändert. Dann müssen aber auch wegen konstanter Preise die Bruttoinvestition und der Investitionsbetrag vom Ausgang der Informationsbeschaffungsmaßnahme unabhängig sein: $\Delta_e V_0^* = \Delta_e(W_0-C_0^*) = \Sigma_z\ \pi_z \Delta_e W_z^* = 0$ für alle e. Da die bedingte Planänderung bezüglich der Investition gleich null ist, gilt dies auch für die zu erwartende.

Des weiteren folgt aus dem soeben Gesagten für das Verhältnis zwischen Konsum und Investition [vgl. auch (II-18)]

$$\text{(IV-5)} \quad \Delta_e\left(\frac{\eta_0+C_0^*}{V_0^*}\right) = \Delta_e\left(\frac{C_0^*}{W_0-C_0^*}\right) = 0 \quad (e=1,2,\ldots,E).$$

Läßt der Investor trotz der Zusatz-Information den bei altem Informationsstand optimalen Investitionsbetrag unverändert, dann führt die Informationsbeschaffung und -auswertung lediglich zu einer Umschichtung des zVA-Portefeuilles. Die Veränderung der Aufteilung der Bruttoinvestition bzw. des Investitionsbetrages auf die einzelnen zVA erfolgt dabei nach Maßgabe der Wahrscheinlichkeitsänderung [vgl. auch (II-20)]:

$$\text{(IV-6)} \quad \Delta_e\left(\frac{\pi_z(\theta_z+W_z^*)}{V_0^*}\right) = \Delta_e f(z)$$

$$\text{bzw.} \quad \Delta_e\left(\frac{\pi_z W_z^*}{W_0-C_0^*}\right) = \frac{V_0^*}{W_0-C_0^*}\,\Delta_e f(z) \quad (z=1,2,\ldots,Z;\ e=1,2,\ldots,E).$$

Letztere, in Nettogrößen formulierte Gleichung zeigt, daß die Wirkung der Wahrscheinlichkeitsänderung bei der Aufteilung des Investitionsbetrages verstärkt oder abgeschwächt werden kann. Dies je nachdem ob die Bruttoinvestition den Investitionsbetrag über- oder unterschreitet, was unter Berücksichtigung der Definition von V_0 äquivalent ist mit der Bedingung $\theta_0-\eta_0 = \eta_1(1+k_1)^{-1}+\eta_2(1+k_{12})^{-2}$ größer oder kleiner 0. Bei zu(ab)nehmender relativer Risikoaversion in den Zeitpunkten 1 und 2 nimmt die Umschichtungswirkung zu (ab).

Unterschiedliche Informationsergebnisse bewirken jetzt je nach Ausmaß der von ihnen verursachten Prognoseänderung eine stärkere oder schwächere Umschichtung, wobei das Größenverhältnis der Nachfrageänderung nach zVA eines bestimmten Umweltzustands gleich dem Verhältnis der Wahrscheinlichkeitsänderung für das Eintreten des betrachteten Zustands ist. Hierzu folgt aus (IV-6) für die Informationsergebnisse e und $\bar{e}$ und Umweltzustand z:

$$\text{(IV-7)} \quad \frac{\Delta_e W_z^*}{\Delta_{\bar{e}} W_z^*} = \frac{\Delta_e f(z)}{\Delta_{\bar{e}} f(z)} \quad (z=1,2,\ldots,Z;\ e,\bar{e}=1,2,\ldots,E;\ e\neq\bar{e}).$$

(24) Bisher wurde die Revision der optimalen Investitions- und Konsum*entscheidung* im Zeitpunkt 0 betrachtet. Wie beeinflußt nun die Änderung der Portefeuille-Auswahl die bisher optimale Konsum*strategie* im Zeitpunkt 0?

Die Revision der Konsumstrategie ist - wie bereits angedeutet - insbesondere wichtig für die Bestimmung des Informationswertes. Mit Hilfe von (II-8) ergeben sich die Beziehungen

$$\text{(IV-8)}\quad \frac{\theta_z+W^*_{z|e}}{\theta_z+W^*_z} = \frac{\eta_1+C^*_{z|e}}{\eta_1+C^*_z} = \frac{f(z|e)}{f(z)} \quad \text{und}$$

$$\frac{f(s|z,e)}{f(s|z)} \times \frac{\theta_z+W^*_{z|e}}{\theta_z+W^*_z} = \frac{\eta_2+C^*_{s|z,e}}{\eta_2+C^*_{s|z}} = \frac{f(z,s|e)}{f(z,s)} \quad (z=1,2,\dots,Z;\ s=1,2,\dots,S;\ e=1,2,\dots,E).$$

Die auf der Grundlage des Informationsergebnisses e im Zeitpunkt 0 bedingte Revision des stochastischen Bruttokonsums in den Zeitpunkten 1 und 2 wird durch die Prognoseänderung für das Eintreten der Umweltzustände im Zeitpunkt 1 bzw. der Umweltentwicklungen bis zum Zeitpunkt 2 bestimmt: Die relativen Änderungen des Bruttokonsums entsprechen den relativen Änderungen der (unbedingten) Eintrittswahrscheinlichkeiten für jeden Zustand. Wegen $\Sigma_e\, f(e)\Delta_e f(z,s) = \Sigma_e\, f(e,z,s)-f(z,s) = 0$ für alle z und s ist die im Zeitpunkt 0 vor Durchführung der Informationsbeschaffung zu erwartende Revision bezüglich des zukünftigen Konsums gleich null.

Des weiteren folgt aus (IV-8) für die Änderungsrichtung

-- $\text{sign}\ \Delta_e C^*_z = \text{sign}\ \Delta_e f(z)$ und $\text{sign}\ \Delta_e C^*_{s|z} = \text{sign}\ \Delta_e f(z,s)$,

-- $\text{sign}\ \Delta_e W^*_z = \text{sign}\ \Delta_e C^*_z = \text{sign}\ \Delta_e\left(\frac{\eta_2+C^*_{s|z}}{f(s|z)}\right)$ [1] ,

so daß das Vorzeichen der Wahrscheinlichkeitsänderung dasjenige der Konsumänderung bestimmt, die Änderungsrichtung von Vermögen und Konsum im selben Zustand übereinstimmen und die zukünftige stochastische Konsumstrategie dann gleichgerichtet revidiert wird, wenn das Informationsergebnis auf die *bedingte* Wahrscheinlichkeitsverteilung in Periode 2 keinen Einfluß hat. Vergleicht man direkt $\text{sign}\ \Delta_e C^*_z$ mit $\text{sign}\ \Delta_e C^*_{s|z}$, dann läßt sich eine strengere Aussage ableiten: Die zukünftige Konstumstrategie ist

---

[1] Beachte: Aus $\eta_2+C^*_{s|z} = \rho_2(\theta_0+W_0)/\pi^d_{zs}$ folgt $\text{sign}\ \Delta_e\left(\frac{\eta_2+C^*_{s|z}}{f(s|z)}\right) = \text{sign}\ \Delta_e f(z)$.

dann positiv bzw. negativ autokorreliert, wenn sign $\Delta_e f(z)$ = sign $\Delta_e f(z,s)$ bzw. sign $\Delta_e f(z)$ = -sign $\Delta_e f(z,s)$[1] für alle s.

(25) Im folgenden sei noch kurz die bedingte Planrevision für ein Modell mit *2 Zuständen* im Zeitpunkt 1 in Form einer grafischen Analyse aufgezeigt und vorbereitend für den folgenden Punkt (3) auch die bedingte Erwartungsnutzenänderung. Die Umschichtung der Nachfrage an zVA wird anhand der folgenden Abbildung verdeutlicht:

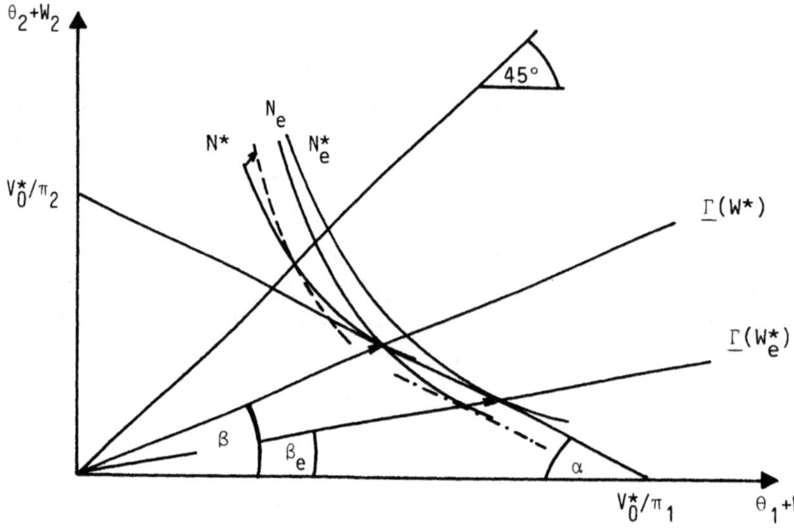

Abbildung 3: Das optimale zVA-Portefeuille bei altem Informationsstand und bei Informationsergebnis e

Die Vektoren $\underline{\Gamma}(W^*) \equiv (\eta_1+W_1^*, \eta_2+W_2^*)'$ und analog $\underline{\Gamma}(W_e^*)$ geben die Nachfrage nach zVA bei altem und neuem Informationsstand wieder. Für die eingezeichneten Winkel gilt

(a) $\tan\alpha = -\pi_1/\pi_2$, die Steigung der Budgetgeraden unter Berücksichtigung des optimalen Bruttokonsums im Zeitpunkt 0: $V_0^* = \Sigma_z\ \pi_z(\theta_z+W_z^*)$;

[1] sign x = -sign y heißt, daß die Größen x und y das umgekehrte Vorzeichen haben.

(b) $\tan \beta_{[e]} = \frac{\pi_1/f(1)}{\pi_2/f(2)} \; [\frac{\pi_1/f(1|e)}{\pi_2/f(2|e)}]$, die Steigung des Expansionspfades bei altem [neuem] Informationsstand.

Da die logarithmische Nutzenfunktion bei variabler relativer Risikoaversion homothetisch in den Bruttogrößen ist, zeigt sich der Expansionspfad als Ursprungsgerade, wenn die Achsen Bruttogrößen ausweisen: Die Struktur der Bruttonachfrage nach zVA ist unabhängig von der Bruttoinvestition (= Bruttovermögen ./. Bruttokonsum). Die Bruttoinvestition bestimmt lediglich die Länge des Lösungsvektors $\underline{\Gamma}$.

In *Abbildung 3* gilt $\tan \beta_e < \tan \beta$, was eine Zunahme der Wahrscheinlichkeit für das Eintreten des Umweltzustands 1 impliziert, da $\partial \tan \beta / \partial f(1) < 0$. Es ist also $\Delta_e f(1) > 0$. Im Portefeuille wird θ_2+W_2 zugunsten von θ_1+W_1 reduziert, und da $\tan \alpha$ unabhängig vom Informationsergebnis ist, stimmt die "Anpassungskurve" mit der Budgetgeraden V_0^* überein.

Die Umschichtungsrichtung kann mit Hilfe der Nutzenindifferenzkurven erklärt werden. Sei $N \equiv \Psi|_{C_0=C_0^*}$, so daß $N \sim \Psi - \rho_0 \ln(\eta_0 + C_0^*)$. Eine Zunahme von f(1) führt dann dazu, daß sich die zum Nutzenniveau N* gehörende Indifferenzkurve in ihrem Schnittpunkt mit der Winkelhalbierenden im Uhrzeigersinn dreht (und verformt). *Dabei bleibt das Nutzenniveau unverändert.* Der Grund liegt darin, daß auf der 45°-Linie $\theta_1+W_1 = \theta_2+W_2$ gilt und somit der Erwartungsnutzen unabhängig vom Informationsstand ist. Sich verändernde Eintrittswahrscheinlichkeiten berühren daher bei diesem Portefeuilleaufbau nicht den Nutzen (→ unverändertes Nutzenniveau)[1], trotzdem wird θ_1+W_1 *relativ zu* θ_2+W_2

---

[1] Portefeuilles auf der Winkelhalbierenden sind keine "sicheren" Portefeuilles im Sinne eines sicheren Anspruchs im Zeitpunkt 1. Letztere ergeben sich genau dann, wenn θ_z = konst. ist für alle z. Hinreichende Bedingungen dafür sind konstante relative Risikoaversion oder deterministische Sicherheitszinssätze in zukünftigen Zeitpunkten. Bei variabler relativer Risikoaversion sind deterministische Sicherheitszinssätze notwendig und hinreichend.

"wertvoller" (→ der trade-off nimmt zugunsten θ_1+W_1 zu)[1].

N_e gibt nun das Nutzenniveau des *alten* Portefeuilles bei *neuem* Informationsstand an. Dies ist der Ausgangspunkt der Planrevision. In diesem Punkt ist es von Vorteil für den Investor θ_2+W_2 (θ_1+W_1) zu verringern (erhöhen). Dadurch steigt sein Erwartungsnutzen und der Prozeß endet auf dem Niveau $N_e^* > N_e$.

Die folgende *Abbildung 4* baut auf denselben Annahmen auf wie *Abbildung 3*. Gezeigt wird der Einfluß des Informationsergebnisses e auf die bei altem Informationsstand optimale Investitions- und Konsumentscheidung im Zeitpunkt 0, $\underline{\Gamma}^*$:

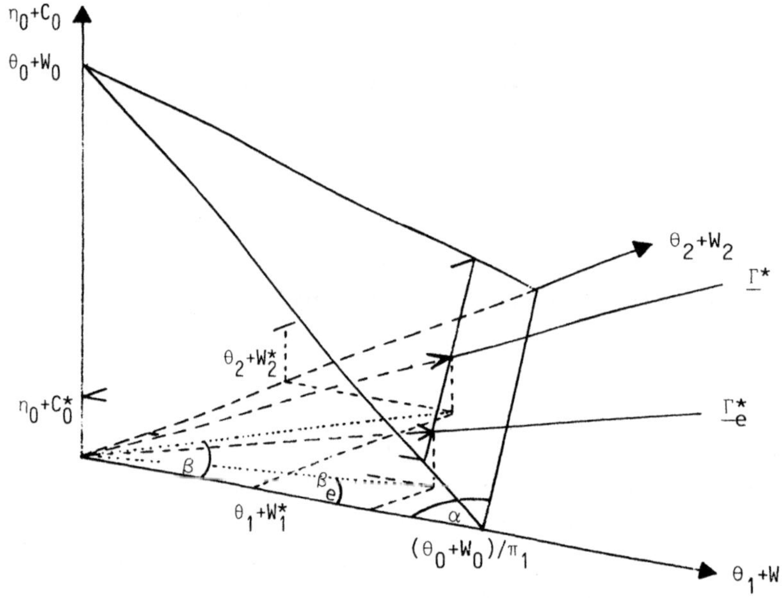

Abbildung 4: Die optimale Investitions- und Konsumentscheidung bei altem Informationsstand und bei Informationsergebnis e

---

[1] Formal gesprochen geht es um die Abhängigkeit der Steigung der zu N* gehörenden Nutzenindifferenzkurve von f(1) im Punkt $\theta_1+W_1 = \theta_2+W_2$. Aus $N^* \sim \Sigma_z f(z) \ln(\theta_z+W_z^*)$ folgt durch implizites Differenzieren

$$\frac{\partial(\theta_2+W_2^*)}{\partial(\theta_1+W_1^*)} = -\frac{f(1)}{f(2)}\,\frac{\theta_1+W_1^*}{\theta_2+W_2^*}.$$ Daraus ergibt sich

$$\left.\frac{\partial}{\partial f(1)}\,\frac{\partial(\theta_2+W_2^*)}{\partial(\theta_1+W_1^*)}\right|_{\text{an der Stelle } \eta_1+W_1 = \eta_2+W_2} < 0.$$ Beachte: f(1)+f(2) = 1.

Im Gegensatz zur *Abbildung 3* ist in *Abbildung 4* zusätzlich der Bruttokonsum erfaßt. Der Lösungsvektor $\underline{\Gamma}^*$ dreht sich aufgrund des Informationsergebnisses e nach $\underline{\Gamma}_e^*$, doch bleibt der optimale Bruttokonsum $\eta_0+C_0^*$ unverändert. Denn mit konstanten Preisen für zVA ist das Bruttovermögen θ_0+W_0 unabhängig von der Informationsbeschaffungsmaßnahme, und bei zeitadditiver logarithmischer Nutzenfunktion ergibt sich der optimale Bruttokonsum als deterministischer Anteil des Bruttovermögens. Hingegen nimmt $\theta_1+W_1^*$ $(\theta_2+W_2^*)$, die optimale Bruttonachfrage nach zVA im Umweltzustand 1 (2), zu (ab). Denn der Investor sieht durch die zusätzliche Information e den Umweltzustand 1 (2) als (un)wahrscheinlicher an. Für die Winkel α, β und β_e gilt das in *Abbildung 3* Gesagte.

Auf der Grundlage der Strategierevisionen bei Informationsbeschaffung und -auswertung wird im folgenden die Informationsbewertung durchgeführt.

(3) Hat der Investor überhaupt ein Interesse an der Informationsbeschaffungsmaßnahme? Gibt Δ^* den Informationswert der Individualanalyse an, so folgt die Antwort aus (III-1) i.V. mit (IV-1) und (IV-8) (vgl. AA 10):

(IV-9) $\Delta^* = \Sigma_t \, \rho_t \, \Delta_t^* \geq 0$

mit $\Delta_0^* = 0$,

$$\Delta_1^* = \Sigma_e \Sigma_z \, f(e,z) \ln \frac{f(z|e)}{f(z)},$$

$$\Delta_2^* = \Sigma_e \Sigma_z \Sigma_s \, f(e,z,s) \ln \frac{f(z,s|e)}{f(z,s)}, \text{ alle } \Delta_t^* \geq 0.$$

Die Informationsbeschaffung und -auswertung ist gemäß (IV-9) für den Investor nicht von Nachteil: Der Informationswert im Rahmen der Individualanalyse bei Fehlen von Informationskosten ergibt sich als mit den ρ_t-Parameter gewichtete Summe der nichtnegativen zu erwartenden "Revisionserträge" der einzelnen Zeitpunkte, Δ_t^*, und ist daher nichtnegativ[1]. Er ist genau dann

---

[1] Dieses bekannte Ergebnis findet sich in allgemeiner Form bei *Savage (1972, 125)*. Vgl. auch *Wenzel (1975, 149ff.)* und *Hirshleifer/Riley (1979, 1395f.)* und die jeweils dort angegebene Literatur.

gleich null, wenn die Datenkonstellationen von den Informationsergebnissen stochastisch unabhängig sind: $f(.|e) = f(.)$ unabhängig von e. Dann kann von den betrachteten "Indikatoren" bzw. "Signalen" nicht auf die Eintrittswahrscheinlichkeiten der Umweltzustände bzw. -entwicklungen geschlossen werden.

(31) Wie beeinflußt nun der stochastische Zusammenhang zwischen Informationsergebnis und zu prognostizierender Datenkonstellation den Informationswert?

Schreibt man für $\Delta_1^* = \Sigma_e \Sigma_z f(e,z) \ln \frac{f(e,z)}{f(e)f(z)}$ und Entsprechendes für Δ_2^*, dann ist der Informationswert c.p. umso größer (kleiner), je mehr (weniger) die tatsächliche gemeinsame Wahrscheinlichkeitsverteilung $f(e,z)$ bzw. $f(e,z,s)$ von der hypothetischen (= bei stochastischer Unabhängigkeit geltenden) Wahrscheinlichkeitsverteilung $f(e)f(z)$ bzw. $f(e)f(z,s)$ "abweicht". M.a.W.: Bei zu(ab)nehmender "Abweichung" der a posteriori-Prognose von der a priori-Prognose nimmt der Informationswert zu (ab) (vgl. AA 11)[1].

Der maximale Informationswert ergibt sich bei maximaler "Abweichung", d.h., daß mit Hilfe der Informationsergebnisse Punktprognosen ableitbar sind: Die Informationsbeschaffung und -auswertung ermöglicht es festzustellen, welcher Umweltzustand tatsächlich, d.h. mit "Sicherheit" eintreten wird; die Eintrittswahrscheinlichkeit des betreffenden Zustands ist somit gleich 1[2]. Jedoch tritt ein Gleichgewichtsproblem auf, wenn der (Brutto)-Konsum nicht vorzeichenbeschränkt ist. Denn mit einer Punktprognose wünscht der Investor unbeschränkte Leerverkäufe in den zVA

---

[1] Ein einfacher Fall liegt vor, wenn $f(e,z)$ und $f(e,z,s)$ eine 2- bzw. 3-dimensionale Normalverteilung mit $\mu_e = \mu_z = \mu_{zs} = 0$ darstellen (z.B. gemeinsam normalverteilte ex post- und ex ante-Renditen). Dann gilt [*Kullback (1961, 8)*]:

$$-2\Delta^* = \rho_1 \ln(1-\kappa_1^2) + \rho_2 \ln(1-\kappa_{12}^2),$$

so daß die Erwartungsnutzenänderung bei gegebener Nutzenfunktion nur von den Korrelationskoeffizienten $\kappa(.)$ abhängt. Es folgt $0 \leqq \Delta^* < \infty$ für $0 \leqq |\kappa_{(.)}| < 1$ und eine klare Interpretationsmöglichkeit: Der Informationswert der Individualanalyse ist c.p. umso größer, je höher die Korrelation zwischen den beobachteten und den zukünftigen Daten ist. Dabei ist das Vorzeichen des Korrelationskoeffizienten unerheblich.

[2] In der Literatur wird diese Situation als *vollkommene* Information bezeichnet. Vgl. z.B. *Hax (1965, 23)*. Die Betrachtung dieser Situation ist hier rein rechnerisch möglich, da Ψ^* stetig ist, also bei kleinen Änderungen der Wahrscheinlichkeiten sich auch der Erwartungsnutzen nur wenig ändert. Vgl. auch die folgende Fußnote.

der nicht eintretenden Umweltzustände, um damit über sein Vermögen hinaus weiteren Konsum im sicheren Umweltzustand zu finanzieren. Daher kann bei einer Punktprognose ein Marktgleichgewicht nur dann existieren, wenn die Bedingung $\eta_t+\tilde{C}_t \geq 0$ gilt.

Das im folgenden abgeleitete relative und absolute Maximum des Informationswertes, $\Delta^{(r)}$ bzw. $\Delta^{(a)}$, stellt einen formalen Grenzübergang dar. Gemäß Annahme (A5) sind nämlich die Eintrittswahrscheinlichkeiten immer positiv, wenn sie auch beliebig klein werden können. Daher kann der Investor den Informationswertmaxima beliebig nahe kommen, wenn seine Prognose nur beliebig nahe an eine Punktprognose kommt.

Der Grenzfall der *vollkommenen* Information, also die Existenz von Punktprognosen, liefert folgendes relative Informationswertmaximum[1]:

(IV-10) $$\Delta_1^{(r)} = - \Sigma_z\ f(z)\ln f(z) \quad \text{bzw.}$$

$$\Delta_2^{(r)} = - \Sigma_z \Sigma_s\ f(z,s)\ln f(z,s), \text{ so daß}$$

$$\Delta^{(r)} = \Sigma_{t=1}^{2}\ \rho_t\ \Delta_t^{(r)}.$$

Leitet der Investor bei altem Informationsstand eine Gleichverteilung ab, d.h. $f(z) = 1/Z$ für alle z und $f(z,s) = 1/(ZS)$ für alle z und s, dann folgt i.V. mit einer Punktprognose bei neuem Informationsstand der maximal mögliche Informationswert[2]:

(IV-11) $$\Delta^{(a)} = \rho_1 \ln Z + \rho_2 \ln(ZS).$$

Im Zeitpunkt 1 bzw. 2 von Zustand zu Zustand unterschiedlicher Bruttokonsum ist jetzt bei alter Prognose nur auf Preisun-

---

[1] Schreibe z.B. für $\Delta_1^* = \Sigma_e\ f(e)\Sigma_z\ f(z|e)\ln f(z|e) - \Sigma_z\ f(z)\ln f(z)$ und beachte, daß $\lim_{f\to 0} [-\ f\ln f] = \lim_{f\to\infty} [-\ f^{-1}\ln f] = \lim_{f\to\infty} [-\ fe^{-f}] = 0$
[vgl. z.B. *Korn/Korn (1968, Abschnitt 4.7-2.)*].

[2] Aus [AA 10, (33*)] folgt mit $x_z = f(z)$, $y_z = 1/Z$ $(z=1,2,\dots,Z)$ bzw. $x_{z*} = f(z,s)$, $y_{z*} = 1/(ZS)$ $(z*=1,2,\dots,ZS)$, daß $\Delta_1^{(r)} \leq \ln Z$ bzw. $\Delta_2^{(r)} \leq \ln(ZS)$.

terschiede zurückzuführen. Die Informationsbeschaffungsmaßnahme führt dann bei "fast" vollkommener Information dazu, daß Preisunterschiede für die Optimierung des Bruttokonsums eine vernachlässigbare Rolle spielen.

Im allgemeinen können aus den Informationsergebnissen jedoch keine Punktprognosen abgeleitet werden (≡ *unvollkommene* Information); vielmehr liefert, wie in Kapitel III, Abschnitt 2, ausgeführt, die Informationsauswertung lediglich eine neue Wahrscheinlichkeitsverteilung über Umweltzustände und -entwicklungen. Der entsprechende Informationswert dazu ist aber gerade Δ^*. Daß es in unterschiedlichen Zuständen eines Zeitpunktes zu unterschiedlich hohem Bruttokonsum kommt, liegt hier in Preis und/oder Prognoseunterschieden begründet. (IV-9) i.V. mit (IV-10) und (IV-11) ergibt dann

$$\text{(IV-12)} \qquad 0 \leq \Delta^* < \Delta^{(r)} \leq \Delta^{(a)} \, ,$$

den Größenzusammenhang zwischen dem Informationswert bei unvollkommener (Δ^*) und vollkommener Information.

(32) Wie ist das Ergebnis in (IV-9) zu erklären? Allgemein gesprochen spiegelt der Informationswert die ökonomische Konsequenz des zu *erwartenden* neuen Informationsstandes im Hinblick auf den alten wider. Denn für den Investor ist die Erwartungsnutzenänderung infolge der *potentiellen* Strategierevisionen von Interesse: Die Vorteilhaftigkeit der Informationsbeschaffung und -auswertung ist ja vor Kenntnis des Informationsergebnisses zu beurteilen. Der sich kompetitiv verhaltende Investor sieht dabei seinen Handlungsspielraum durch das Beschaffen neuer Informationen nicht verändert; m.a.W.: Die Menge der zulässigen Strategien ist vor und nach Information dieselbe. Dies gilt auch für die Nutzenfunktion. Demzufolge beinhaltet die Durchführung der Informationsbeschaffungsmaßnahme keinerlei Nachteile. Hinreichend dafür ist eine zu erwartende Planrevision von null[1]

[1] Die - annahmegemäß existierenden - Lösungen (alle $\eta_t + C_t^* > 0$) stellen Tangentiallösungen dar, was zu (IV-2) führt. Z.B. treten bei Risikoneutralität und vorzeichenbeschränktem Konsum im allgemeinen unterschiedliche, vom Informationsergebnis abhängige Ecklösungen auf, so daß die zu erwartende Planrevision von null verschieden ist. Ergibt sich bei altem Informationsstand eine Ecklösung, wird andererseits der Investor bei "kleinen" Prognoseänderungen "bei seiner Ecklösung bleiben". Die zu erwartende Planrevision ist dann natürlich gleich null, aber auch der Informationswert Δ^*.

(vgl. IV-2). Damit muß der ex ante-Erwartungsnutzen bei optimaler Strategie auf der Grundlage des neuen Informationsstands mindestens so hoch sein wie der bei Verzicht auf neue Informationen erreichbare Nutzen, d.h., der Informationswert ist nichtnegativ. Denn sollte die Informationsbeschaffung durchgeführt werden, so bliebe dem Investor nach wie vor die Möglichkeit - trotz Informationsbeschaffung - die alte Strategie *nicht* zu revidieren, was unter der Hypothese der Nutzenmaximierung logisch äquivalent mit dem Ignorieren des Informationsergebnisses ist.

(33) Der bislang betrachtete Informationswert Δ^* ist das Ergebnis einer ex ante-Beurteilung der Informationsbeschaffungsmaßnahme. Im folgenden soll kurz auf ihre ex post-"Beurteilung" - also nach der Durchführung der Maßnahme - eingegangen werden. Dazu wird vereinfachend von folgenden Prämissen ausgegangen:

-- Für die bedingten Prognosen der Umweltzustände im Zeitpunkt 2 sind die Informationsergebnisse irrelevant, d.h., $f(s|z,e) = f(s|z)$ für alle e.

-- Die bedingten Preise für zVA, $\pi_{s|z}$, stimmen bei altem Informationsstand mit den bedingten Prognosen, $f(s|z)$, überein.

Unter diesen Voraussetzungen kann die ex post-"Beurteilung" auf die Auswirkungen der Zusatz-Information auf die kurzfristige Prognose, $f(z)$, und die damit verbundene Planrevision beschränkt werden. Beachte, daß die langfristige Prognose, $f(z,s)$, ebenfalls von den Ergebnissen der Informationsbeschaffungsmaßnahme abhängt. Mit $\pi_{s|z} = f(s|z)$ für alle z und s wird erreicht, daß die Revision der Konsumauszahlungen im Zeitpunkt 2 mit der Konsumrevision im Zeitpunkt 1 in deterministischer Weise verknüpft ist, denn der Präferenzfaktor $\gamma^+_{is|z}$ wird 1 und folglich unabhängig von der Zusatz-Information.

Zwei Fälle sind zu unterscheiden: Die (a) im Zeitpunkt 0, nach Kenntnis des Informationsergebnisses und (b) im Zeitpunkt 1, nach Kenntnis des Informationsergebnisses und des eingetretenen Zustandes sich ergebende ex post-Änderung des Erwartungsnutzens.

Ist gemäß Fall (a) das Informationsergebnis $\bar{e}$ eingetreten, dann gilt nach (II-6) bzw. (III-1) unter der genannten Voraussetzung (vgl. AA 12)

$$(IV\text{-}13) \quad \Psi^*_{\bar{e}} - \Psi^* = (1-\rho_0)[\Sigma_z f(z|\bar{e})\ln \frac{f(z|\bar{e})}{f(z)} + \Sigma_z \Delta_{\bar{e}} f(z)\ln \frac{f(z)}{\pi_z}].$$

Der erste Summand in der eckigen Klammer ist der Revisionsertrag des Informationsergebnisses $\bar{e}$[1], der stets nichtnegativ ist, was aus [AA 10, (33*)] folgt. Er entspricht in *Abbildung 3* dem Nutzenzuwachs aus der bedingten Revision. Der zweite Summand zeigt die durch das Informationsergebnis notwendig gewordene Nutzenkorrektur bei unveränderter Strategie an, entsprechend in *Abbildung 3* dem Nutzenzuwachs infolge der "Drehung" der Indifferenzkurve N*. Diese Nutzenkorrektur ist allerdings für eine Beurteilung von $\bar{e}$ unbrauchbar; denn durch das Informationsergebnis ist das "alte" Nutzenniveau aus der Sicht des Investors unrealistisch geworden. Damit ist aber auch die Differenz $\Psi^*_{\bar{e}} - \Psi^*$ im allgemeinen ohne Aussagekraft. Sind aber die wahrscheinlichkeitsangepaßten Preise für alle Zustände gleich, $\pi^d_z = \pi^d_1$ (z=1,2,...,Z), d.h., ist bei altem Informationsstand die Nachfrage nach zVA für jeden Zustand gleich und damit der zweite Summand in (IV-13) gleich 0, dann ist $\Psi^*_{\bar{e}} - \Psi^*$ mit dem Revisionsertrag, multipliziert mit $(1-\rho_0)$, identisch. In *Abbildung 3* würde $\underline{\Gamma}(W^*)$ sich dann mit der 45°-Linie decken. Ex ante muß die Nutzenkorrektur bei konsistenten Prognosen notwendig verschwinden, da das tatsächliche Informationsergebnis noch unbekannt ist. Beachte hierzu, daß $\Sigma_e \Sigma_z f(e)\Delta_e f(z) = 0$.

Angenommen, Umweltzustand $\bar{z}$ ist eingetreten [Fall (b)]. Dann gilt für den Nutzenzuwachs des Investors, wenn er anstelle von $f(\bar{z})$ mit $f(\bar{z}|\bar{e})$ geplant hat

$$(IV\text{-}14) \quad U^*_{\bar{z}|\bar{e}} - U^*_{\bar{z}} = (1-\rho_0)\ln \frac{\eta_1 + C^*_{\bar{z}|\bar{e}}}{\eta_1 + C^*_{\bar{z}}} = (1-\rho_0)\ln \frac{f(\bar{z}|\bar{e})}{f(\bar{z})} \gtreqless 0.$$

[1] *Wenzel (1975, 141)* bezeichnet diese Größe als ex post-Informationswert. Ebenso *Hirshleifer/Riley (1979, 1395)*.

Der Nutzenzuwachs ist positiv/null/negativ, wenn der Investor infolge des Informationsergebnisses $\bar{e}$ seinen Bruttokonsum im Umweltzustand $\bar{z}$ erhöht/unverändert läßt/verringert aufgrund von $f(\bar{z}|\bar{e}) >/=/< f(\bar{z})$. Ex ante heben die eventuellen ex post-Vorteile die -Nachteile *für jedes beliebige Informationsergebnis* mindestens auf, wodurch eben ein nichtnegativer Informationswert entsteht. Bei vollkommener Information $[f(\bar{z}|\bar{e}) = 1]$ ist der Nutzenzuwachs $U^*_{\bar{z}|\bar{e}} - U^*_{\bar{z}}$ allerdings immer positiv und damit die Informationsbeschaffung auch ex post vorteilhaft, denn $(1-\rho_0)\ln f(\bar{z}) < 0$[1]. Dies ist nicht überraschend, denn der Investor kennt den eintretenden Umweltzustand mit Wahrscheinlichkeit 1.

(34) In *Abbildung 3* werden u.a. die Auswirkungen eines speziellen Informationsergebnisses auf den Erwartungsnutzen aufgezeigt. Analoge Abbildungen ergeben sich für jedes mögliche Ergebnis der Informationsbeschaffung. Darauf aufbauend soll im folgenden für $Z=E=2$ grafisch die Nichtnegativität des Informationswertes verdeutlicht werden. Dies ist relativ leicht möglicht, wenn man sich vergegenwärtigt, daß der Maximalwert der Präferenzfunktion Ψ, Ψ^*, *konvex* in den Wahrscheinlichkeitsverteilungen ist. Drückt man z.B. für Z=2 den maximalen Erwartungsnutzen Ψ^* als Funktion von f(1) aus, dann ist $\Psi^*[f(1)]$ eine konvexe Funktion: $\partial^2\Psi^*/\partial f(1)^2 > 0$ für $0 < f(1) < 1$. [vgl. AA 13, (1)][2]. Daraus folgt aber unmittelbar, daß der Wert der Konvexkombination $\Sigma_e\ f(e)\Psi^*_e$ mindestens so groß sein muß wie Ψ^* und damit $\Delta^* \geq 0$ gelten muß.

Die genannte Konvexitätseigenschaft von Ψ^* wird bei späteren Überlegungen noch von Bedeutung sein.

Des weiteren gilt die Konvexitätseigenschaft bei logarithmischer Nutzenfunktion für die einzelnen Summanden, wenn man z.B. (II-6) betrachtet [vgl. AA 13, (2)]. Daher wird im folgenden die grafische Analyse auf die Abhängigkeit von $E[\ln(\eta_1+\tilde{C}^*_1)]$ von der Prognose $f(.|\phi)$ konzentriert. Der Informationsparameter ϕ verdeutlicht den variablen Charakter der Prognose aufgrund verschiedener Informationsstände. Es gilt nach (II-6) i.V. mit (II-8)

---

[1] Vgl. z.B. *Laux (1982, Bd.I, 292)*.

[2] Vgl. zu dieser Ausdrucksweise *Savage (1972, 123)*.

$$E[\ln(\eta_1+\tilde{C}_1^*)|\phi] = \ln[\rho_1(\theta_0+W_0)] + \Sigma_z f(z|\phi)\ln \frac{f(z|\phi)}{\pi_z} .$$

Ferner sei $\pi_1 < \pi_2 < 1$ und $k_1 = 0$. Dann läßt sich folgende Abbildung aufbauen:

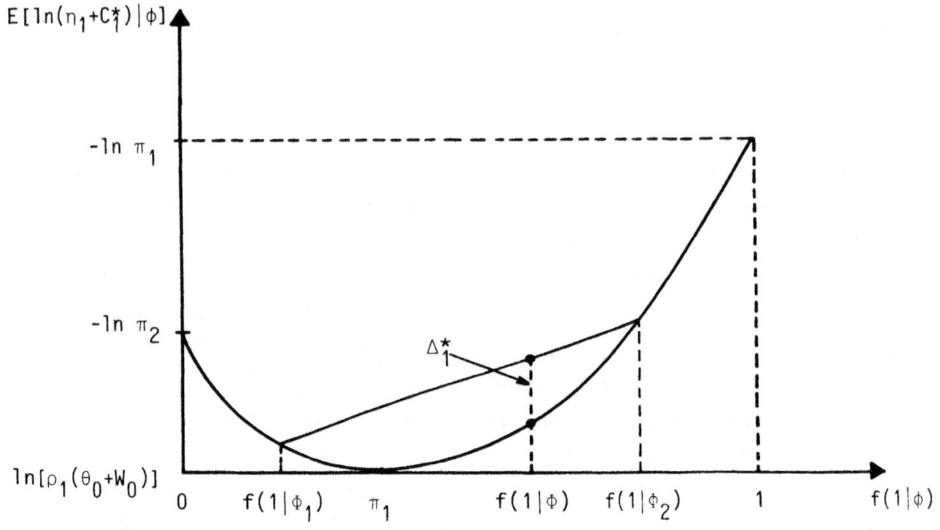

Abbildung 5: Der nichtnegative Informationswert im Rahmen der Individualanalyse

In *Abbildung 5* ist $f(1|\Phi_e)$ als a posteriori-Prognose des Umweltzustands 1 bei Informationsergebnis e zu interpretieren. Unterstellt wurde eine Prognoserevision dergestalt, daß $f(1|\Phi_1) < f(1|\Phi) < f(1|\Phi_2)$. Bei variabler Prognose $f(1|\phi)$ ergibt sich die Funktion des maximalen Erwartungsnutzens $E[\ln(\eta_1+\tilde{C}_1^*)|\phi]$ als nach oben geöffnete "Kurve", und zwar im Definitionsbereich $0 < f(1|\phi) < 1$. Ihr Minimum erreicht diese Funktion für $f(1|\phi) = \pi_1$ und damit $\pi_1^d = \pi_2^d = 1$ wegen $k_1 = 0$. An dieser Stelle gilt $E[.|\phi] = \ln[\rho_1(\theta_0+W_0)]$.

Nun muß bei konsistenten Prognosen $f(1|\Phi) = 1-f(2|\Phi) = \Sigma_e f(e)f(1|\Phi_e)$ gelten. Damit ergibt sich

$$\Delta_1^* \equiv \Sigma_e\, f(e)E[\ln(\eta_1+\tilde{C}_{1|e}^*)|\Phi_e] - E[\ln(\eta_1+\tilde{C}_1^*)|\Phi] \geq 0.$$

Δ_1^* stellt den zu erwartenden Revisionsertrag im Zeitpunkt 1 dar, der in den Informationswert Δ^* eingeht.

(35) Bislang betrafen alle Erörterungen des Ergebnisses (IV-9), $\Delta^* \geq 0$, mehr oder weniger seine Abhängigkeit von den vom Investor aufgestellten Prognosen. Im Licht von (IV-8) kann man aber auch den Informationswert interpretieren als das vom Investor mit Hilfe von Informationsbeschaffung und -auswertung in Zukunft zu erwartende zusätzliche Wachstum des Bruttokonsums gegenüber der Alternative, auf neue Informationen zu verzichten. Bei optimaler Strategie ist der Erwartungswert dieses Konsumzuwachses nichtnegativ.

Darüber hinaus zeigt (IV-9), daß der Informationswert unabhängig vom individuellen Anfangsvermögen und damit von der Ausstattung an Konsumansprüchen ist. Hingegen spielen *alle* Konsumquoten - obwohl unabhängig vom Informationsergebnis - für Δ^* eine Rolle. Wegen $\rho_1 = w_1(1-w_0)$ und $\rho_2 = w_2(1-w_1)(1-w_0)$, $w_2 \equiv 1$,

und sign $\frac{\partial \Delta^*}{\partial w_0} = -1$[1] bzw. sign $\frac{\partial \Delta^*}{\partial w_1} = \text{sign}(\Delta_1^*-\Delta_2^*)$ folgt, daß der

Informationswert c.p. umso größer (kleiner) ist, je kleiner (größer) die Konsumquote w_0 ausfällt bzw. der Informationswert c.p. ab(zu)nimmt mit zunehmender Konsumquote im Zeitpunkt 1, w_1, wenn der Beitrag zum Informationswert infolge der Revision für Zeitpunkt 2 denjenigen für Zeitpunkt 1 über(unter)schreitet. Eine in Zukunft zunehmende Konsumquote schränkt demnach nicht von vornherein mögliche Revisionserträge ein. Dies gilt nur für die Zunahme der Konsumquote im Zeitpunkt 0.

(36) Der Informationswert ergab sich in Form der Gleichung (IV-9), weil die Informationsbewertung "konsumorientiert" durchgeführt wurde. Dies, obwohl die Präferenzfunktion (II-6) die Ableitung einer indirekten Präferenzfunktion im Sinne der dynamischen Programmierung[2] erlaubt, die von den Investitions- und Kon-

---

[1] Es gelte die Funktion y = sign x. Dann ist y = -1/0/1 für x </=/> 0.

[2] Vgl. hierzu *Franke (1982a), Hakansson (1970), Kraus/Litzenberger (1975), Mossin (1968)* und *Rubinstein (1977)*.

sumentscheidungen nach dem Zeitpunkt 0 unabhängig ist:

$$\Psi^{ind} = \Psi[\eta_0+C_0,(\eta_1+C_z^*)_Z,(\eta_2+C_{s|z}^*)_{ZS}]$$

$$= \Psi[\eta_0+C_0,(\theta_z+W_z)_Z] + A^*.$$

Der additive Term A^* kann zwar bei der Bestimmung der optimalen Entscheidung $\underline{\Gamma}^*$ entfallen, *nicht* aber bei der Ermittlung des Informationswertes, da A^* abhängig ist von der Wahrscheinlichkeitsverteilung der Umweltentwicklungen. Denn es gilt

$$\Psi^{ind} = \rho_0 \ln(\eta_0+C_0)+(1-\rho_0)\Sigma_z f(z)\ln(\eta_z+W_z) + A^*, \text{ mit}$$

$$A^* = \bar{\rho}+\rho_2\Sigma_z\Sigma_s f(z,s)\ln \frac{f(s|z)}{\pi_{s|z}} \; ; \; (\bar{\rho} \equiv \Sigma_{t=1}^{2} \rho_t \ln \frac{\rho_t}{\rho_1+\rho_2}).$$

Daraus folgt bei Vernachlässigung von A^* zwar ($\Delta^{ind*} \equiv \Sigma_e f(e)\Psi_e^{ind*} - \Psi^{ind*}$)

$$\text{(IV-15)} \quad \Delta^{ind*}\Big|_{\text{ohne } A^*} = (1-\rho_0)\Delta_1^* \geqq 0,$$

also eine nichtnegative Größe, aber es ist nicht der "gesamte" Informationswert erfaßt, was nur bei Fehlen von Informationskosten im Hinblick auf die Beurteilung der Vorteilhaftigkeit der Informationsbeschaffungsmaßnahme unproblematisch sein kann. Es sei denn, daß die bedingten Eintrittswahrscheinlichkeiten der Periode 2 unabhängig vom Informationsergebnis sind: $\Sigma_e f(e)\Delta_e A^* = 0$ dann, wenn $f(s|z,e) = f(s|z)$ für alle e[1].

(37) Abschließend noch zwei Anmerkungen: (a) Zur Verbindung des erwartenden Revisionsertrages zum erwarteten "Informationsgewinn" der mathematischen Informationstheorie[2] und (b) zur Problematik der Anwendung marginalanalytischer Überlegungen bei

---

[1] Beachte, daß trotzdem $\Delta_2^* \neq 0$ ist; denn $f(z,s|e) = f(z|e)f(s|z,e)$. Vielmehr gilt $\Delta_2^* = \Delta_1^*$. Erwähnt sei, daß $\Sigma_e f(e)A_e^*-A^* \geqq 0$.

[2] Vgl. z.B. *Rényi (1971, Anhang, insbesondere § 4)*. Der Ausdruck $\Sigma_e f(e)\Sigma_z f(z|e)\log_2 \frac{f(z|e)}{f(z)}$ wird in der mathematischen Informationstheorie als Erwartungswert des Informationsgewinns bezeichnet.

der Bestimmung des Informationswertes Δ^*.

Zu (a): Zunächst sei daran erinnert, daß Δ^* sich aus den zeitpunktabhängigen erwarteten Revisionserträgen Δ_t^* zusammensetzt. Nur diese lassen sich mit dem Erwartungswert des "Informationsgewinns" vergleichen. Die Ausführungen werden auf Δ_1^* beschränkt; für Δ_2^* gilt das Analoge. Aufgrund der logarithmischen Nutzenfunktion ist der erwartete Revisionsertrag bis auf einen positiven Faktor identisch mit dem erwarteten "Informationsgewinn" der mathematischen Informationstheorie, der üblicherweise auf $\log_2$ aufbaut ($\ln 2 = 1/\log_2 e$). Diese formale Übereinstimmung ist aber streng von der inhaltlichen zu trennen. Der (erwartete) "Informationsgewinn" wird gleichgesetzt mit der erwarteten Abnahme der Unbestimmtheit, wenn eine Wahrscheinlichkeitsverteilung die andere ersetzt; der (erwartete) Revisionsertrag hingegen beruht auf dem (erwarteten) Zuwachs des maximal erreichbaren *Konsum*nutzens aufgrund der neuen Verteilung. Letzteres begründet das Interesse des Investors an den Informationsmöglichkeiten, obwohl eine Revision nur in Betracht kommen wird, wenn der Investor seine Prognosen zu verbessern glaubt. Dies erzeugt aber nicht notwendig einen positiven Informationswert und daher ist Δ_1^* kein Maß für die Prognosequalität. Eine Prognoseverbesserung wird implizit angenommen, aber nicht gemessen. Gemessen werden die Vorteile aus der Reallokation des Vermögens aufgrund neuer Informationen.

Zu (b): In einer auf Größen 1. Ordnung beschränkten Marginalanalyse verschwindet ex ante der Effekt auf den Erwartungsnutzen aus der marginalen Reallokation des Vermögens bei marginalen Wahrscheinlichkeitsänderungen. Es ergibt sich lediglich - wie in Gleichung (IV-13) aufgezeigt - eine für die Beurteilung einer neuen Information irrelevante marginale Nutzenkorrektur in Abhängigkeit des eingetretenen Informationsergebnisses, die ex ante verschwindet.

Wie sich zeigen läßt, erhält man in erster Ordnung

$$\Delta^* \approx \Sigma_e\ f(e)\Sigma_z\ \ln(\frac{f(z)}{\pi_z})d_e f(z) = 0$$

und in zweiter Ordnung

$$\Delta^* \approx \Sigma_e\ f(e)\Sigma_z \frac{1}{2f(z)}\ d_e f(z)^2 \geq 0.$$

Bei der Ableitung ist zu beachten, daß wie in der "Differenzanalyse" konsistente Prognosen vorliegen: $\Sigma_{(.)} d_e f(.) = 0$ für alle e und $\Sigma_e\ f(e) d_e f(.) = 0$ für alle Umweltentwicklungen.

1.2 mit Informationskosten

(1) Verursacht die Informationsbeschaffung und -auswertung eine Auszahlung in Höhe von ι DM, dann steht dem Investor für die Planrevision nur noch ein Bruttovermögen von $\eta+W_0-\iota$ zur Verfügung. Bei Vorliegen des Informationsergebnisses e maximiert dann der Investor nach (II-6) die Präferenzfunktion Ψ_e unter dem neuen Budget $W_0-\iota$ nach (II-7). Aus (II-8) folgt dann

$$\text{(IV-16)}\quad \frac{\eta_0+C^*_{0|e}(\iota)}{\eta_0+C^*_0} = 1 - \frac{\iota}{\theta_0+W_0} \text{ und } \frac{\theta_z+W^*_{z|e}(\iota)}{\theta_z+W^*_z} = \frac{f(z|e)}{f(z)}(1 - \frac{\iota}{\theta_0+W_0})$$

$$(z=1,2,...,Z)$$

und für die bedingte und zu erwartende Planrevision

$$\text{(IV-17)}\quad \Delta_{e}\underline{\Gamma}^*(\iota) = \Delta_{e}\underline{\Gamma}^* - \iota \begin{pmatrix} w_0 \\ [(1-w_0)\frac{f(z|e)}{\pi_z}]_Z \end{pmatrix} \quad (e=1,2,...,E) \text{ und}$$

$$\Sigma_e\ f(e)\Delta_{e}\underline{\Gamma}^*(\iota) = -\iota \begin{pmatrix} w_0 \\ [(1-w_0)\frac{f(z)}{\pi_z}]_Z \end{pmatrix}.$$

Hierbei ist $\Delta_e\underline{\Gamma}^* \equiv \Delta_e\underline{\Gamma}^*(\iota=0)$ und $w_0 = \rho_0$. Die Auszahlung ι wird - im Licht von Konsumansprüchen - wie folgt gedeckt:

$$\iota = \iota w_0 + \iota(1-w_0)\Sigma_z\ \pi_z(\frac{f(z|e)}{\pi_z}).$$

(2) Die Revision weist folgende Eigenschaften auf:

(21) Infolge der positiven Auszahlung ι umfaßt die bedingte Planrevision in (IV-17) neben der Anpassung an das Informationsergebnis e [vgl. (IV-2)] auch die Änderung durch die Vermögensabnahme. Dabei zeigt sich, daß die Informationsbeschaffung sowohl durch Konsumverzicht ($\Delta_e C_0^*(\iota) = -\iota w_0 < 0$ unabhängig von e) als auch durch Abbau der Investition ($\Delta_e V_0^*(\iota) = \Delta_e[W_0(\iota) - C_0^*(\iota)] = -\iota(1-w_0) < 0$ unabhängig von e) finanziert wird, und zwar im Verhältnis von Konsum- zu Investitionsquote, $w_0/(1-w_0)$. Darüber hinaus stimmt die relative Änderung der Nachfrage nach zVA nicht mehr mit der relativen Änderung der entsprechenden Eintrittswahrscheinlichkeit überein. Eine Zu(Ab)nahme der Eintrittswahrscheinlichkeit wird bei $\iota > 0$ abgeschwächt (verstärkt), und zwar umso mehr, je größer der Anteil ι am Bruttovermögen ist:

$$\text{(IV-18)} \quad \frac{\Delta_e W_z^*(\iota)}{\theta_z + W_z^*} = \frac{\Delta_e f(z)}{f(z)} - \frac{\iota}{\theta_0 + W_0} \frac{f(z|e)}{f(z)} \quad (e=1,2,\ldots,E;\ z=1,2,\ldots,Z).$$

In Form von Elastizitäten ausgedrückt gilt, daß bei zu(ab)nehmender Eintrittswahrscheinlichkeit die Elastizität der Nachfrage nach zVA in bezug auf Prognoseänderungen kleiner (größer) als 1 ausfällt. Hingegen ist sie bei $\iota = 0$ immer 1.

Da sich bei Durchführung der Informationsbeschaffung das Vermögen unabhängig von Informationsergebnis e verringert, muß auch die zu erwartende Planrevision "negativ" ausfallen, d.h., die optimale Entscheidung betrifft jetzt eine geringere Anzahl von Ansprüchen. Ein vom Informationsergebnis e unabhängiger Konsumrückgang ist auch ex ante zu erwarten. Desgleichen nimmt die ex ante zu erwartende Nachfrage nach zVA für den Zustand z in jedem Fall ab, und zwar c.p. umso mehr, je größer die bei altem Informationsstand sich ergebende Eintrittswahrscheinlichkeit des Zustands z ist. Die Erklärung lautet: Bei gegebenen Preisen muß mit verhältnismäßig hoher Eintrittswahrscheinlichkeit ein verhältnismäßig geringer Grenznutzen bezüglich des betrachteten Anspruchs gelten. Umschichtungen wirken sich demnach hier vergleichsweise wenig auf den Nutzen aus.

(22) Wie bereits erwähnt, liefert die homothetische logarithmische Nutzenfunktion eine im Optimum vom Bruttovermögen unab-

hängige Struktur des Bruttokonsums. Demzufolge kann die Auszahlung ι die nach Anpassung des Plans an das Informationsergebnis e sich ergebende Struktur nicht beeinflussen. Der bei kostenloser Information ($\iota \equiv 0$) gültige Lösungsvektor $\Delta_e \underline{\Gamma}^*$ wird lediglich *verkürzt* (vgl. hier die *Abbildungen 3* und *4*). Aus (IV-16) folgt daher

$$\eta_0 + C^*_{0|e}(0) : \theta_1 + W^*_{1|e}(0) : \ldots : \theta_Z + W^*_{Z|e}(0) =$$

$$\eta_0 + C^*_{0|e}(\iota) : \theta_1 + W^*_{1|e}(\iota) : \ldots : \theta_Z + W^*_{Z|e}(\iota) \text{ für alle e.}$$

(23) War bei kostenloser Information die Änderungsrichtung der Nachfrage nach zVA eindeutig durch die der Eintrittswahrscheinlichkeiten bestimmt, so gilt dies bei positiver Auszahlung ι nicht mehr. Denn gemäß (IV-16) ergibt sich jetzt 1 + die relative Änderung der Nachfrage nach zVA als Produkt aus 1 + der relativen Änderung der Wahrscheinlichkeit und 1 + der relativen Änderung des Bruttovermögens. Damit liefert (IV-16) nämlich (vgl. AA 14)

$$\text{(IV-19)} \quad \text{sign}\, \Delta_e W^*_z(\iota) = \text{sign}\left(\frac{\Delta_e f(z)}{f(z)} - \frac{\iota}{\theta_0 + W_0 - \iota}\right) \quad \text{für alle z und e.}$$

Die Differenz aus der relativen Wahrscheinlichkeitsänderung und dem Im-Hundert-Anteil der Auszahlung ι am Bruttovermögen bestimmen das Vorzeichen der bedingten Nachfragerevision. Damit kann bei *Durchführung* der Informationsbeschaffung die Nachfrage nach *allen* zVA abnehmen. Ob die Informationsmöglichkeit dann noch für den Investor von Interesse ist, läßt sich jedoch nicht sagen; denn für den Informationswert spielt ja die langfristige Konsumrevision mit eine Rolle. Dominanz ist also nicht zwingend.

Was die Umschichtung der Nachfrage betrifft, so gilt nach wie vor [vgl. (IV-3)] eine verhältnismäßig stärkere Änderung der Investition in diejenigen Ansprüche, die auch in relativ größerem Ausmaß wahrscheinlicher werden. Allerdings schlägt die neue Prognose nicht in vollem Umfang zu Buche, sondern ist mit dem nach Informationsbeschaffung verbleibenden Anteil des Bruttovermögens zu "bereinigen":

$$(IV\text{-}20)\qquad \frac{\pi_z \Delta_e W_z^*(\iota)}{\pi_{\bar z} \Delta_e W_{\bar z}^*(\iota)} = \frac{\Delta_e f(z) - f(z|e)\frac{\iota}{\theta_0 + W_0}}{\Delta_e f(\bar z) - f(\bar z|e)\frac{\iota}{\theta_0 + W_0}} = \frac{f(z|e)(1 - \frac{\iota}{\theta_0 + W_0}) - f(z)}{f(\bar z|e)(1 - \frac{\iota}{\theta_0 + W_0}) - f(\bar z)}$$

$(z, \bar z = 1, 2, \ldots, Z;\ z \neq \bar z)$.

Die Ableitung ergibt sich analog derjenigen in (IV-3). Bleibt z.B. die Prognose für zwei beliebige Umweltzustände unverändert, dann nimmt infolge der Auszahlung ι die bewertete Nachfrage nach Ansprüchen dieser beiden Zustände im Verhältnis ihrer Eintrittswahrscheinlichkeiten ab.

Gleichung (IV-4) gilt unverändert, also für $\iota \geq 0$. Denn da die bei neuem Informationsstand gültige Struktur des Bruttokonsums vor und nach Berücksichtigung der Auszahlung ι dieselbe ist, müssen die relativen Nachfrageänderungen "in Stücken" infolge der Auszahlung ι für alle zVA identisch sein. Prozentual divergierende Umschichtungen können also nur (nicht) auf prozentual divergierende Wahrscheinlichkeitsänderungen (auf die positive Auszahlung ι) zurückzuführen sein.

(24) Um die Auswirkungen eines Informationsergebnisses e bei positiver Auszahlung ι auf das Verhältnis zwischen Konsum (Bruttokonsum) und Investitionsbetrag (Bruttoinvestition) bzw. auf den Anteil der Investition in spezielle zVA am Investitionsbetrag (an der Bruttoinvestition) beurteilen zu können, muß zwischen Brutto- und Nettogrößen unterschieden werden, wenn in mindestens einem Zeitpunkt variable relative Risikoaversion herrscht. Für die Bruttogrößen bleiben die Aussagen in (IV-5) und (IV-6) infolge der von Auszahlung ι unabhängigen Struktur des *Brutto*konsums unverändert [vgl. AA 15, (1)].

Hier ergeben sich recht komplizierte Gleichungen, so daß nur die Vorzeichenbedingungen angegeben werden sollen [vgl. AA 15, (2); vgl. auch (II-18) und (II-20)]:

$$(IV\text{-}21)\qquad \Delta_e\left(\frac{C_0^*(\iota)}{W_0(\iota) - C_0^*(\iota)}\right) \gtreqless 0 \text{ genau dann, wenn } \eta_0 \lesseqgtr w_0\, \theta_0 \text{ unabhängig von e}$$

und

$$(\text{IV-22}) \quad \Delta_e\left(\frac{\pi_z W_z^*(\iota)}{W_0(\iota)-C_0^*(\iota)}\right) \gtreqless 0 \text{ genau dann,}$$

$$\text{wenn } \Delta_e f(z) \gtreqless \frac{\pi_z\theta_z - f(z)(\theta_0-\eta_0)}{W_0-C_0^*} \times \frac{\iota}{\theta_0+W_0-\iota} \quad (e=1,2,\ldots,E; \; z=1,2,\ldots,Z).$$

(IV-21) und (IV-22) bestätigen im Vergleich mit (IV-5) und (IV-6) die Aussage, daß bei allzeit konstanter relativer Risikoaversion (η_t = 0 für alle t) kein Unterschied zwischen Brutto- und Nettobetrachtung bestehen kann. Diese Risikoeinstellung ist aber dazu keineswegs zwingend. So folgt aus (IV-21), daß unabhängig vom sich einstellenden Informationsergebnis der Konsum gegenüber der Investition infolge der Auszahlung ι zu(ab)nimmt, wenn für $\theta_0 > 0$ die "relative Zeitpräferenz" im Zeitpunkt 0 (= Konsumquote w_0) die "relative Risikopräferenz" im Zeitpunkt 0, η_0/θ_0, über(unter)schreitet. Für $\theta_0 < 0$ gilt die umgekehrte Schlußfolgerung. Ist jedoch $\eta_0 = w_0\theta_0$ - was gegen $w_0 > 0$ nur bei $(\eta_0\theta_0) > 0$ der Fall sein kann -, dann bleibt trotz variabler relativer Risikoaversion das Verhältnis Konsum zu Investition von der Durchführung der Informationsbeschaffung unberührt.

Für die sich verändernde Allokation des Investitonsbetrages auf die einzelnen Ansprüche gibt (IV-22) eine recht komplexe Bedingung an. Interessant erscheint, daß die Wahrscheinlichkeitsänderung $\Delta_e f(z)$ mit einem Ausdruck zu vergleichen ist, der unabhängig vom Informationsergebnis ist. $\pi_z^d\theta_z - (\theta_0-\eta_0) = \pi_z^d[\eta_1+\eta_2(1+k_{2|z})^{-1}]-[\eta_1(1+k_1)^{-1}+\eta_2(1+k_{12})^{-2}]$ gibt eine zustandsabhängige, auf den Zeitpunkt 0 bezogene Differenz in den Barwerten der zukünftigen η_t-Parameter, also der zukünftigen relativen Risikoaversion, an [vgl. auch (II-20)]. Ist die Barwertdifferenz für jeden Zustand = 0 - im Erwartungswert ergibt sich bei arbitragefreiem Kapitalmarkt immer null - reduziert sich die Bedingung auf die Frage nach dem Vorzeichen vor $\Delta_e f(z)$. Ökonomisch bedeutet dies eine Ausschaltung des "Vermögenseffektes", d.h. "als ob" ι = 0 wäre; es folgt eine zu (IV-6) analoge Gleichung, wobei der mit $\Delta_e f(z)$ zu multiplizierende Faktor jetzt $V_0^*(\iota)/[W_0(\iota)-C_0^*(\iota)]$ ist.

(25) Analog zu Gleichung (IV-7) ergibt sich bei positiver Auszahlung ι für die Umschichtungswirkung unterschiedlicher In-

formationsergebnisse e und $\bar{e}$ aus (IV-18) für den Umweltzustand z:

$$\text{(IV-23)} \quad \frac{\Delta_e W_z^*(\iota)}{\Delta_{\bar{e}} W_z^*(\iota)} = \frac{\Delta_e f(z) - f(z|e) \frac{\iota}{\theta_0 + W_0}}{\Delta_{\bar{e}} f(z) - f(z|\bar{e}) \frac{\iota}{\theta_0 + W_0}} = \frac{f(z|e)(1 - \frac{\iota}{\theta_0 + W_0}) - f(z)}{f(z|\bar{e})(1 - \frac{\iota}{\theta_0 + W_0}) - f(z)}$$

$(z=1,2,\ldots,Z;\ e,\bar{e}=1,2,\ldots,E;\ e \neq \bar{e})$.

Wie in (IV-20) wird auch hier die Umschichtungswirkung einer Prognoseänderung abgeschwächt.

(3) Verursacht die Informationsbeschaffung und -auswertung eine Auszahlung in Höhe von ι DM, dann ist der Informationswert Δ^* um die "Informationskosten" zu korrigieren. Die Informationskosten sind gleich der Nutzeneinbuße infolge des durch die Vermögensminderung eingeschränkten Handlungsspielraumes des Investors bei optimaler Strategie. Sie stimmen ex ante und ex post überein, weil sie vom Informationsergebnis unabhängig sind.

(III-2) liefert i.V. mit (IV-16) und (IV-8) - wenn in der zuletzt genannten Gleichung die Entscheidungsvariablen als Funktion von ι interpretiert werden - den Informationswert nach Informationskosten (vgl. AA 16)

$$\text{(IV-24)} \quad \Delta^*(\iota) = \Sigma_t\ \rho_t\ \Delta_t^*(\iota) = \Delta^* - \nabla^*(\iota) \gtreqless 0$$

mit [vgl. (IV-9)] $\Delta^* \equiv \Delta^*(\iota=0) \geq 0$,

$$\nabla^*(\iota) = -\ln(1 - \frac{\iota}{\theta_0 + W_0}) \geq 0.$$

Die bei positiver Auszahlung ι positiven Informationskosten $\nabla^*(\iota)$ führen nach (IV-24) zu einer Reduktion des Informationswertes bei kostenloser Information, Δ^*, und damit kann $\Delta^*(\iota)$ positiv, null oder negativ sein. Der Investor ergreift (verzichtet auf) die Informationsmöglichkeit, wenn der Informationswert nach Informationskosten positiv (negativ) ist. Bei $\Delta^*(\iota) = 0$ ist der Investor indifferent. Wie zu erwarten, wirkt eine positive

Auszahlung ι tendenziell zur Erhaltung des Status quo[1].

Angenommen, der Informationswert unter Berücksichtigung der Informationskosten sei positiv: $\Delta^*(\iota) > 0$. Welches zusätzliche Vermögen müßte dem Investor dann mindestens geboten werden, damit er auf die Informationsbeschaffung und -auswertung verzichtet?

Isoliert man in (IV-24) die Größe ι, dann läßt sich ableiten, daß

$$\Delta^*(\iota) \gtreqless 0 \text{ genau dann, wenn } \iota^\circ \equiv (1-e^{-\Delta^*})(\theta_0+W_0) \gtreqless \iota .$$

Mit $\Delta^* \geqq 0$ gilt $1-e^{-\Delta^*} \geqq 0$. Die Differenz $\iota^\circ-\iota$ stellt das eindeutig bestimmte monetäre Nutzenäquivalent der Investition in den Informationsstand dar. Eindeutig deswegen, weil die ρ_t-Parameter auf die Summe 1 standardisiert sind und damit Δ^* eindeutig ist. Für $\Delta^*(\iota) > 0$ ist der Investor indifferent zwischen neuem und altem Informationsstand, wenn er bei Verzicht auf Informationsbeschaffung einen Betrag in Höhe von mindestens $\iota^\circ-\iota$ DM erhält. Dabei ist $\iota^\circ-\iota$ (a) eine linear monoton steigende (fallende) Funktion des Bruttovermögens (der Informationsauszahlung ι) und (b) eine invers exponentiell monoton steigende Funktion des Informationswertes[2]. Weiterhin gibt ι° generell die kritische Auszahlungshöhe an, bei welcher der Investor gerade indifferent zwischen altem und neuem Informationsstand ist.

(31) Ist $\Delta^*(\iota) = 0$, dann heben sich die Vor- und Nachteile der Informationsbeschaffung gerade auf. Da $\Delta^*(\iota)$ in gleicher Weise auf Veränderungen der stochastischen Zusammenhänge zwischen Informationsergebnis und Umweltzustand bzw. -entwicklung reagiert wie Δ^*, kann man schon auf der Grundlage der bisherigen Prognose eine Prüfung der Vorteilhaftigkeit der Informationsbeschaffungsmaßnahme vornehmen. Damit die Informationsmöglichkeit für den Investor überhaupt von Interesse ist, müssen nämlich die Informationskosten gemäß (IV-24) auf jeden Fall den

---

[1] In erster Näherung gilt $\nabla^*(\iota) \approx \iota/(\theta_0+W_0)$. I.V. mit (13*) aus AA 1 folgt dann $\nabla^*(\iota) \approx \lambda^*\iota$, d.h.: Die Informationskosten entsprechen "in etwa" der Anschaffungsauszahlung ι multipliziert mit dem Grenzerwartungsnutzen des Bruttovermögens im Zeitpunkt 0.

[2] Diese Ergebnisse finden sich in ähnlicher Formulierung bei *Morris (1974, 389)*.

bei vollkommener, kostenloser Information erreichbaren Informationswert unterschreiten[1]: $\nabla^*(\iota) < \Delta^{(r)}$. Im Licht der Auszahlung ι wird demnach dann auf der Grundlage des alten Informationsstandes geplant, wenn $\iota \geq (1-e^{-\Delta^{(r)}})(\theta_0+W_0)$ und somit $\Delta^*(\iota) < 0$ ist.

Aber auch ohne auf die Hypothese vollkommener, kostenloser Information zurückzugreifen, lassen sich in vielfältiger Weise Schranken für die Auszahlung ι angeben, deren Überschreitung die Informationsbeschaffung uninteressant werden läßt. Eine solche Schranke ist z.B. die rechte Seite der Ungleichung [vgl. AA 17, (41*)]

$$1 + \frac{\iota}{\theta_0+W_0-\iota} < \left(1 + \left|\frac{\Delta_e f(z)}{f(z)}\right|_{max}\right)\left(1 + \left|\frac{\Delta_e f(z,s)}{f(z,s)}\right|_{max}\right).$$

Die Ungleichung besagt: Ist der Im-Hundert-Anteil der Auszahlung ι am Bruttovermögen größer oder gleich dem um 1 verminderten Produkt aus den maximalen Wachstumsfaktoren der Eintrittswahrscheinlichkeiten der Zustände in den Zeitpunkten 1 und 2 bezüglich aller Informationsergebnisse, dann ist auf Informationsbeschaffung und -auswertung zu verzichten. M.a.W.: Die Ungleichung muß notwendig erfüllt sein, soll die Informationsmöglichkeit einen positiven Informationswert besitzen. Approximativ kann auch der prozentuale Anteil $\iota/(\theta_0+W_0)$ anstelle von $\iota/(\theta_0+W_0-\iota)$ eingesetzt werden, allerdings überschätzt wegen $\iota/(\theta_0+W_0-\iota) > \iota/(\theta_0+W_0)$ ein größer werdender prozentualer Anteil zunehmend den Informationswert. Dies wiederum umso mehr, je stärker sich z.B. $\left|\frac{\Delta_e f(z)}{f(z)}\right|_{max}$ gegenüber den übrigen relativen Wahrscheinlichkeitsänderungen abhebt. Für den Fall, daß $\Delta_e f(z) \approx 0$ und $\iota \ll \theta_0+W_0$, vereinfacht sich die Informationswertabschätzung auf die Frage:

$$\frac{\iota}{\theta_0+W_0} < \left|\frac{\Delta_e f(z,s)}{f(z,s)}\right|_{max} \quad ?$$

Wenn nein, ist $\Delta^*(\iota) < 0$ und das Einholen neuer Informationen nachteilig.

---

[1] Vgl. z.B. *Laux (1982, Bd.I, 309)*. Dies ist unabhängig davon, daß $\Delta^{(r)}$ einen fiktiven Informationswert darstellt [vgl. die Ausführungen zu (IV-10)].

Exaktere, dafür aber auch mehr a priori-Informationen benötigende Schranken als die aufgezeigte, sind aus AA 17 und den Bedingungen (31*) und (40*) zu ersehen.

(32) Abschließend sei noch zweierlei erwähnt: (1) Der Informationswert bei positiver Informationsauszahlung ist nicht mehr unabhängig vom individuellen Anfangsvermögen, da die Wirkung der Informationskosten davon abhängt. Sie nimmt c.p. mit steigendem Anfangsvermögen ab: $\partial V^*(\iota)/\partial(\theta_0+W_0) < 0$. (2) Die Konvexitätseigenschaft der Präferenzfunktion Ψ^* bezüglich der Prognosen f(.) wird von den Informationskosten nicht berührt. Dies läßt sich am einfachsten an *Abbildung 5*, S. 84 verdeutlichen: Die Auszahlung ι führt zu einer Parallelverschiebung der Kurve nach "unten" auf das Niveau $\ln[\rho_1(\theta_0+W_0-\iota)]$. Der Revisionsertrag Δ_1^* wird damit kleiner. E[.] ist aber nach wie vor konvex in $f(1|\phi)$.

2 Der Informationswert im Rahmen der Marktanalyse

Neben dem Informationsstand eines einzelnen Investors ist im Rahmen der Marktanalyse die Gesamtheit der individuellen Informationsstände von Bedeutung: Die Informationssituation. Folgende Definition wird eingeführt:

> *Die Informationssituation homogener (heterogener) Erwartungen beeinhaltet identische (unterschiedliche) Prognosen der Investoren vor und (und/oder) nach Informationsbeschaffung und -auswertung.*

Die vorgenommene Definition stellt insbesondere darauf ab, daß, ausgehend von bestimmten Erwartungen der Investoren bei altem Informationsstand, die Informationsauswertung der verschiedenen Investoren unterschiedlich ausfallen kann oder nicht. In jeder Informationssituation soll nach dem Informationswert gefragt werden, der sich bei "symmetrischer" Informationsverteilung der *zusätzlichen* Information ergibt, d.h. bei hypothetischer Informationsbeschaffung und -auswertung durch *alle* Investoren. Damit werden im allgemeinen Preisänderungen infolge neuer Informationen relevant.

Der Grenzfall homogener Erwartungen wird der Klarheit halber getrennt von der Informationssituation heterogener Erwartungen untersucht.

2.1 Exogenes aggregiertes Konsumgüterangebot

Zunächst wird davon ausgegangen, daß das stochastische aggregierte Konsumgüterangebot, $\tilde{C}_{Mt}$ (t=0,1,2), exogen vorgegeben ist [vgl. Annahme (A8)]. Die Marktpräferenzfaktoren $\tilde{\gamma}_{Mt}^{-1}$ (t=1,2) sind damit unabhängig vom Informationsstand der Investoren. Weiterhin wird zu Anfang die Informationsauszahlung vernachlässigt, und es werden homogene Erwartungen unterstellt.

2.1.1 ohne Informationskosten

2.1.1.1 bei homogenen Erwartungen

Die optimale Planrevision aufgrund neuer Informationen hat die Änderung der optimalen Investitions- und Konsumentscheidung im Marktgleichgewicht nach Informationen gegenüber der vor Information zum Inhalt. Gleichzeitig werden in der Marktanalyse die durch neue Informationen sich ergebenden Preisänderungen berücksichtigt. Die folgende Analyse stellt die Untersuchung der Preisänderung an den Anfang. Die optimalen Nachfrageänderungen sind dann relativ leicht abzuleiten.

(1) Aus den Preisbestimmungsgleichungen gemäß (II-47) ergeben sich bei homogenen Erwartungen die folgenden bedingten und *ex ante* zu erwartenden Preisänderungen im Zeitpunkt 0 auf der Grundlage der Informationsergebnisse:

$$\text{(IV-25)}\quad \frac{\overset{+}{\pi}_{z|e}}{\overset{+}{\pi}_{z}} = \frac{f(z|e)}{f(z)} \text{ und } \frac{\overset{+}{\pi}_{zs|e}}{\overset{+}{\pi}_{zs}} = \frac{f(z,s|e)}{f(z,s)} \quad (z=1,2,\ldots,Z;\ s=1,2,\ldots,S;\ e=1,2,\ldots,E);$$

$$\text{(IV-26)}\quad \Delta_e\overset{+}{\pi}_{(.)} = \frac{\Delta_e f(.)}{f(.)}\,\overset{+}{\pi}_{(.)} \text{ für alle e } \textit{und } \Sigma_e\, f(e)\Delta_e\overset{+}{\pi}_{(.)} = 0^{1}.$$

(11) Bei gegebenem Informationsergebnis e zeigt (IV-25) für alle Umweltzustände und -entwicklungen, daß das Verhältnis der vor und nach Information geltenden Eintrittswahrscheinlichkeiten dasjenige der Preise für zVA bestimmt. Infolgedessen sind die wahrscheinlichkeitsbereinigten Preise vom Informationsergebnis

[1] Die Informationssituation homogener Erwartungen schließt auch homogene "Informationserwartungen" ein.

unabhängig:

(IV-27) $\tilde{\pi}^{d+} = \tilde{\pi}_e^{d+}$ (e=1,2,...,E).

Aus (IV-25) folgt auch (IV-26): Die relativen Preisänderungen entsprechen der relativen Änderung der Eintrittswahrscheinlichkeiten infolge der Informationsergebnisse e für alle Z(S+1) Umweltzustände des Planungszeitraumes. Damit gilt auch sign $\Delta_e\pi^+_{(.)}$ = sign $\Delta_e f(.)$. Die vor Informationsbeschaffung zu erwartende Preisänderung ist jedoch gleich 0.

Wie erklären sich diese Ergebnisse? Wegen eines sich verändernden Informationsstandes und der damit verbundenen Prognoseänderung treffen die Investoren andere Investitionsentscheidungen, d.h., sie geben andere Kauf- und Verkaufsorders und ändern ihren Konsumplan. Das volkswirtschaftliche Konsumgüterangebot ist jedoch in jedem Zustand unabhängig von der zusätzlichen Informationsmöglichkeit fest vorgegeben und stimmt im Marktgleichgewicht mit dem Marktkonsum überein. Preisänderungen können daher nur auf Prognoseänderungen beruhen, also auf Veränderungen des erwarteten sozialen Konsumgrenznutzens (= erwarteter Marktpräferenzfaktor $f(.)\gamma^{-1}_{M(.)}$) aufgrund einer veränderten "Marktprognose" [= aggregierte Prognose f(.)]. Darüber hinaus muß ex ante für jeden Investor die erwartete neue Prognose gleich der alten sein. Da bei homogenen Erwartungen die Marktprognose mit der individuellen übereinstimmt, folgt eine zu erwartende Preisänderung von 0 ($\tilde{\gamma}_M$ = konst.).

(12) π^+_{zs}, der Gleichgewichtspreis im Zeitpunkt 0 für Ansprüche im Zeitpunkt 2, Zustand s|z, ist in (IV-25) und (IV-26) mit aufgenommen, da er für die Analyse der Planrevision und des Informationswertes benötigt wird. Die Informationswirkungen auf π^+_{zs} und π^+_z lassen des weiteren Aussagen über die Zinsänderungen zu.

Zunächst gilt nach (II-49) bei homogenen Erwartungen für die Sicherheitszinssätze im Zeitpunkt 0

$$\Pi_{\tau=1}^{t}(1+k^+_\tau)^{-1} = E(\Pi_{\tau=1}^{t}\ \tilde{\gamma}^{-1}_{M\tau}) \quad (t=1,2).$$

Der im Zeitpunkt 0 zu zahlende Preis für eine sichere DM im Zeitpunkt 1 bzw. 2, $(1+k^+_1)^{-1}$ bzw. $(1+k^+_{12})^{-2}$, nimmt zu (ab), wenn c.p. die Eintrittswahrscheinlichkeiten in Reichtumszuständen (= Zustände relativ hohen Wachstums des Konsumgüterangebots) ab(zu)-nehmen[1]. Also nimmt der kurzfristige bzw. langfristige Sicherheitszinssatz, k_1^+ bzw. k_{12}^+, ab (zu). Die Erklärung lautet exemplarisch für einen steigenden Preis $(1+k_1^+)^{-1}$, daß im Zeitpunkt 1 Zustände relativer Güterknappheit verhältnismäßig wahrscheinlicher werden.

Soweit die Analyse bei vorliegendem Informationsergebnis. Ex ante gilt jedoch ein unveränderter Preis (=Abzinsungsfaktor); denn wegen (IV-27) folgt:

$$\text{(IV-28)} \quad \Sigma_e\, f(e)E(\Pi_{\tau=1}^{t}\tilde{\gamma}_{M\tau}^{-1}|e) = \Sigma_e\, f(e)\Pi_{\tau=1}^{t}(1+k_{\tau|e}^{+})^{-1} = \Pi_{\tau=1}^{t}(1+k_{\tau}^{+})^{-1} \quad (t=1,2).$$

In Worten: Der im Zeitpunkt 0 bei neuem Informationsstand ex ante zu erwartende Gleichgewichtspreis für eine kurzfristige bzw. langfristige sichere DM stimmt mit dem bei altem Informationsstand gültigen Gleichgewichtspreis überein. Daß der bei neuer Marktprognose zu erwartende Abzinsungsfaktor gleich dem bei alter Marktprognose ist, impliziert für den analogen Zusammenhang bezüglich der Sicherheitszinssätze [vgl. AA 18, (1)]

$$\text{(IV-29)} \quad \Sigma_e\, f(e)k_{1|e}^{+} \geq k_1^{+} \text{ bzw. } \Sigma_e\, f(e)k_{12|e}^{+} \geq k_{12}^{+},$$

wobei Gleichheit genau dann auftritt, wenn $f(.|e) = f(.)$ für alle e. (IV-29) besagt: Der bei Informationsbeschaffung zu erwartende kurzfristige bzw. langfristige Sicherheitszinssatz im Zeitpunkt 0 kann nicht kleiner sein als der ohne Informationsbeschaffung geltende. Preis- und Renditeänderungen sind demnach in der informatorischen Betrachtung zu trennen.

Betrachtet man nun die zu erwartende Veränderung der Zinssätze im Zeitablauf - der (Termin-)Sicherheitszinssatz k_2^+ spielt also eine Rolle -, dann gelten die Aussagen (IV-28) und (IV-29) im allgemeinen nicht mehr. Der sich verändernde intertemporale stochastische Zusammenhang des Konsumwachstums wird bedeutend. So gilt wegen $(1+k_2^+)^{-1} = E(\tilde{\gamma}_{M12}^{-1})/E(\tilde{\gamma}_{M1}^{-1})$, daß c.p. mit zunehmender $Cov(\tilde{\gamma}_{M1}^{-1},\tilde{\gamma}_{M2}^{-1})$ auch $(1+k_2^+)^{-1}$ zunimmt. Ist der bedingte Erwartungs-

[1] Die c.p.-Bedingung betrifft hier und im folgenden nicht die Eintrittswahrscheinlichkeiten, denn mit der Änderung einer Wahrscheinlichkeit ändert sich mindestens eine weitere.

wert des Marktpräferenzfaktors im Zeitpunkt 1 unabhängig von dem Informationsergebnis (dies impliziert Unkorreliertheit zwischen z und e), $E(\tilde{\gamma}_{M1}^{-1}|e) = E(\tilde{\gamma}_{M1}^{-1})$ und damit $k_{1|e}^{+} = k_1^{+}$, dann gilt (IV-28) bzw. (IV-29) analog für $(1+k_2^{+})^{-1}$ bzw. k_2^{+} [AA 18, (2)].

(2) Die bei neuen Informationen im Marktgleichgewicht sich ergebende Preisänderung führt bei jedem Investor im allgemeinen zu einer Vermögensänderung. Ausgehend von (II-50) ergibt sich bei homogenen Erwartungen als gleichgewichtiges Bruttovermögen des Investors i im Zeitpunkt 0

(IV-30) $$\theta_{i0}^{+}+W_{i0}^{+} = \rho_0^{-1}(\eta_{M0}+C_{M0})\Sigma_t\ \rho_t\ E(\tilde{\bar{q}}_{it}) \quad (i=1,2,\ldots,I).$$

Änderungen in den Prognosen wirken demzufolge über den sich verändernden Erwartungswert der individuellen Ausstattungsanteile auf das Vermögen.

Aus (IV-30) folgt unmittelbar bei entsprechendem Informationsergebnis[1]

(IV-31) $$\frac{\theta_{i0|e}^{+}+W_{i0|e}^{+}}{\theta_{i0}^{+}+W_{i0}^{+}} = \frac{\Sigma_t\ \rho_t\ E(\tilde{\bar{q}}_{it}|e)}{\Sigma_t\ \rho_t\ E(\tilde{\bar{q}}_{it})} \quad (e=1,2,\ldots,E) \text{ und}$$

$$\Sigma_e\ f(e)\Delta_e(\theta_{i0}^{+}+W_{i0}^{+}) = 0 \quad (i=1,2,\ldots,I).$$

$\tilde{\bar{q}}_{it}$ gibt den stochastischen Ausstattungsanteil des Investors i im Zeitpunkt t (t=0,1,2) an [vgl. die Definition (II-46)]. Da die ρ_t-Struktur für alle Investoren identisch ist, folgt z.B. für den individuellen Ausstattungsanteil im Zeitpunkt 0: $\bar{q}_{i0} \equiv (\eta_{i0}+\bar{C}_{i0})/(\eta_{M0}+C_{M0})$. $\bar{q}_{i0}$ spiegelt demnach die Bruttokonsum-Ausstattung des Investors i im Zeitpunkt 0 relativ zum aggregierten Angebot an Bruttokonsum wider; denn $\eta_{M0}+C_{M0} \equiv \Sigma_i(\eta_{i0}+\bar{C}_{i0})$.

C.p. zu(ab)nehmende Eintrittswahrscheinlichkeiten - also steigende (fallende) Preise für zVA - in Zuständen verhältnismäßig hoher Ausstattungsanteile ergeben eine Bruttovermögenserhöhung (-verminderung). Dazu dürfen die Ausstattungs*anteile* des Investors aber nicht deterministisch sein; denn für $\tilde{\bar{q}}_{it} = \bar{q}_{it}$ für alle t bleibt das *Brutto*vermögen unverändert. Das gilt dann natürlich

---

[1] Beachte: Im allgemeinen ist $\Delta_e(\theta_{i0}^{+}+W_{i0}^{+}) \neq \Sigma_z\ \Delta_e\pi_z^{+}(\theta_{iz}^{+}+\bar{W}_{iz}^{+})$; denn $\theta_{iz}+\bar{W}_{iz} \equiv \eta_{i1}+\bar{C}_{iz}+\Sigma_s\ \pi_{s|z}(\eta_{i2}+\bar{C}_{is|z})$ (z=1,2,...,Z).

auch bei in allen Zuständen identischen Anteilen, $\tilde{\bar{q}}_{it} = 1/I$ für alle t und i. In beiden Fällen ist der Markt *in der Ausgangssituation* dem Gleichgewicht verhältnismäßig nahe. Es bleibt lediglich die Verwirklichung der optimalen intertemporalen Konsumallokation mittels der ρ_t-Parameter. Gilt $\tilde{\bar{q}}_{it} = \bar{q}_i$ für alle t und i, dann liegt ein gleichgewichtiger Ausgangspunkt vor: Die Ausstattung ist paretoeffizient, es gilt $\bar{q}_i = q_i^+$ für alle i.

Die Änderung des Nettovermögens ist neben dem Informationsergebnis noch abhängig von der Änderung des Risikoaversionsmaßes θ_{i0}^+, vorausgesetzt, daß keine allzeit konstante relative Risikoaversion vorliegt. Aus (IV-31) erhält man den folgenden Zusammenhang:

$$\text{(IV-32)} \qquad \frac{W_{i0|e}^+}{W_{i0}^+} \gtreqless \frac{\theta_{i0|e}^+ + W_{i0|e}^+}{\theta_{i0}^+ + W_{i0}^+} \quad \text{genau dann, wenn} \quad \frac{\Delta_e \theta_{i0}^+}{\theta_{i0}^+} \lesseqgtr \frac{\Delta_e W_{i0}^+}{W_{i0}^+} \quad (\theta_{i0}^+ > 0).$$

Für den Fall $\theta_{i0}^+ > 0$ gilt: Die relative Änderung des Nettovermögens des Investors i bei Informationsergebnis e ist dann und nur dann größer/gleich/kleiner als diejenige des Bruttovermögens, wenn sie auch größer/gleich/kleiner als die von θ_{i0}^+ ausfällt. Für $\theta_{i0}^+ < 0$ gilt das Umgekehrte. *Beispiel*: Sei $\eta_0 > 0$, $\eta_1 = \eta_2 = 0$. Dann ist $\Delta_e \theta_{i0}^+ = 0$, und mit $\Delta_e W_{i0}^+ \neq 0$ ist die relative Nettovermögensänderung stärker ausgeprägt als die relative Bruttovermögensänderung.

Ex ante ergibt sich jedoch bei homogenen Erwartungen ein unverändertes Brutto- und Nettovermögen [vgl. hierzu (IV-28)]; denr in der Informationssituation homogener Erwartungen werten die Investoren die neuen Informationen in gleicher Weise aus.

Die im folgenden zu untersuchende Planrevision läßt sich am einfachsten bestimmen, wenn zuvor die Änderung der im gleichgewicht geltenden Vermögensanteile abgeleitet wird. Dividiert man die Gleichung (IV-30) durch ihre über alle i gebildete Summe, dann ist wegen $\Sigma_i \tilde{\bar{q}}_{it} = 1$ für alle t der gleichgewichtige Vermögensanteil des Investors i $q_i^+ = \Sigma_t \rho_t E(\tilde{\bar{q}}_{it})$. Demnach wird

$$\text{(IV-33)} \qquad \frac{q_{ie}^+}{q_i^+} = \frac{\Sigma_t \rho_t E(\tilde{\bar{q}}_{it}|e)}{\Sigma_t \rho_t E(\tilde{\bar{q}}_{it})}, \quad \Delta_e q_i^+ = \Sigma_{t=1}^2 \rho_t \Delta_e E(\tilde{\bar{q}}_{it}) \quad (e=1,2,\ldots,E) \text{ und}$$

$$\Sigma_e\ f(e)\Delta_e q^+_{ie} = 0 \quad (i=1,2,\ldots,I).$$

Es gilt das zu (IV-31) Gesagte analog für (IV-33). Hinzu kommt, daß die Änderung des Vermögensanteils bei Informationsergebnis e gleich der gewichteten Änderung aller erwarteten zukünftigen Ausstattungsanteile ist. Die Gewichtungsfaktoren bilden die ρ_t-Parameter.

(3) Den im Marktgleichgewicht geltenden Zusammenhang zwischen der vor und nach Information optimalen Investitions- und Konsumentscheidung des Investors i im Zeitpunkt 0 liefern (II-31) und (II-38). Bei homogenen Erwartungen und identischer ρ_t-Struktur ergibt sich unter Informationsergebnis e

$$\text{(IV-34)} \qquad \frac{\eta_{i0}+C^+_{i0|e}}{\eta_{i0}+C^+_{i0}} = \frac{\theta^+_{iz|e}+W^+_{iz|e}}{\theta^+_{iz}+W^+_{iz}} = \frac{q^+_{ie}}{q^+_i} \qquad (z=1,2,\ldots,Z)$$

und damit für die optimale bedingte und ex ante zu erwartende Planrevision i.V. mit (IV-33)

$$\text{(IV-35)} \qquad \Delta_e \underline{\Gamma}^+_i = \frac{\Delta_e q^+_i}{q^+_i} \begin{pmatrix} \eta_{i0}+C^+_{i0} \\ (\theta^+_{iz}+W^+_{iz})_Z \end{pmatrix} \quad (e=1,2,\ldots,E) \text{ und}$$

$$\Sigma_e\ f(e)\Delta_e \underline{\Gamma}^+_i = \underline{0} \quad (i=1,2,\ldots,I).$$

Zunächst eine Bemerkung zur Myopie der realisierbaren optimalen Entscheidung. Mit $\theta^+_{iz}+\bar{W}^+_{iz} \equiv \eta_{i1}+\bar{C}_{iz}+\Sigma_s\ \pi^+_{s|z}(\eta_{i2}+\bar{C}_{is|z})$ ergibt sich für das gleichgewichtige Bruttovermögen: $\theta^+_{i0}+W^+_{i0} = \eta_{i0}+\bar{C}_{i0}+\Sigma_z\ \pi_z(\theta^+_{iz}+W^+_{iz})$, so daß bei gegebener Veränderung von $\theta^+_{iz}+\bar{W}^+_{iz}$ lediglich noch die auf die Änderung von f(z) zurückzuführende Preisänderung π^+_z auf das Bruttovermögen und damit auf den Vermögensanteil wirkt. Der myopische Charakter liegt darin, daß die Änderung der zukünftigen optimalen Konsumpläne, $\Delta_e C^+_{iz}$ und $\Delta_e C^+_{is|z}$ (z=1,2,...,Z; s=1,2,...,S), ohne Bedeutung für die Planrevision im Zeitpunkt 0 ist.

Nachfolgend sollen die wichtigsten Implikationen der Planrevision aus der Individualanalyse im Licht der Marktanalyse erörtert werden. Grundsätzlich sind mit Hilfe von (IV-34) und (IV-35) alle dortigen Ergebnisse modifizierbar, wobei jetzt zusätzlich Preis- und Vermögensänderungen eine Rolle spielen.

(31) Die am Markt durchsetzbare bedingte Planrevision eines Investors wird gemäß (IV-34) bzw. (IV-35) von der relativen Änderung seines Vermögensanteils aufgrund des eingetretenen Informationsergebnisses bestimmt, und dies gilt für alle Investoren. Die relative Änderung des Bruttokonsums und der Bruttonachfrage nach zVA jedes Umweltzustandes ist gleich $\Delta_e q_i^+/q_i^+$, was wiederum nach (IV-33) bestimmt wird. Die Struktur des Plans bleibt somit unverändert, da die relativen Änderungen aller Entscheidungsvariablen übereinstimmen: Der Lösungsvektor $\underline{\Gamma}_i^+$ wird mit $\Delta_e q_i^+ >(<) \ 0$ länger (kürzer). Dies kann bei fest vorgegebenem Konsumgüterangebot nicht für alle Investoren in der gleichen Richtung gelten, denn q_i^+ bestimmt den Anteil von Investor i am Marktkonsum.

Da gemäß (IV-33) für jeden Investor die zu erwartende Vermögensanteilsänderung gleich 0 ist, muß es auch die ex ante Planrevision sein, wenn die relative Änderung einer jeden Plangröße mit derjenigen des Vermögensanteils übereinstimmt.

(32) $\Delta_e \underline{\Gamma}_i^+$ gibt wegen $\Delta_e \eta_{i0} = 0$ nur für den Konsum die absolute Änderung als Nettogröße an. Bei der Nachfrageänderung nach zVA ist im allgemeinen zwischen Brutto- und Nettobetrachtung zu unterscheiden, wobei sich der Unterschied aus der Veränderung des zukünftigen Risikoaversionsmaßes θ_{iz}^+ ergibt. Des weiteren muß mit steigendem (fallendem) Vermögensanteil auch die Bruttoinvestition zu(ab)nehmen. Denn $\text{sign}(\Delta_e q_i^+/q_i^+) = \text{sign}\ \Delta_e q_i^+ = \text{sign}\ \Delta_e C_{i0}^+ = \text{sign}\ \Delta_e(\theta_{iz}^+ + W_{iz}^+)$ für alle z. Und wegen $V_{i0}^+ = (1-w_0)(\theta_{i0}^+ + W_{i0}^+)$ folgt aus (IV-31) i.V. mit (IV-33), daß auch die relativen Änderungen von Bruttoinvestition und Vermögensanteil übereinstimmen: $\Delta_e V_{i0}^+/V_{i0}^+ = \Delta_e q_i^+/q_i^+$.

(33) Wie das Ergebnis (IV-34) zustandekommt, erkennt man im Vergleich mit (IV-1), dem Zusammenhang in der Individualanalyse. Beispielhaft an der Bruttonachfrageänderung nach zVA aufgezeigt, gilt nämlich nach (II-8)

$$\text{(IV-36)} \quad \frac{\theta_{iz|e}^+ + W_{iz|e}^+}{\eta_{iz}^+ + W_{iz}^+} = \frac{f(z|e)}{f(z)} \times \frac{\theta_{i0|e}^+ + W_{i0|e}^+}{\theta_{i0}^+ + W_{i0}^+} \times \frac{\pi_z^+}{\pi_{z|e}^+} \quad \begin{matrix}(e=1,2,\ldots,E;\\ z=1,2,\ldots,Z;\\ i=1,2,\ldots,I).\end{matrix}$$

Das Produkt aus Wahrscheinlichkeits-, Bruttovermögens- und reziproker Preisänderung bestimmt die Bruttonachfrageänderung nach zVA. Nur die Tatsache, daß der wahrscheinlichkeitsbereinigte Preis vom Informationsergebnis unabhängig ist [vgl. (IV-27)], und daß die Bruttovermögensänderung mit derjenigen des Vermögensanteils übereinstimmt [vgl. (IV-31) i. V. mit (IV-33)] führt zum Ergebnis (IV-34). Die infolge der Vermögensänderung bewirkte Änderung der absoluten Risikoaversion zieht eine Änderung des Vermögensanteils nach sich, der nichts anderes als die individuelle "Risikohaltung" relativ zu derjenigen des Gesamtmarktes mißt. Und ein verhältnismäßig hohes Bruttovermögen des Investors führt zu einem verhältnismäßig hohen "Marktanteil".

(34) Die für die Bestimmung des Informationswertes wichtige Revision der Konsum*strategie* im Zeitpunkt 0 folgt unmittelbar aus den Gleichungen (II-31) bis (II-33). Es gilt bei Informationsergebnis e für Investor i unter der Informationssituation homogener Erwartungen bei identischer ρ_t-Struktur

$$\text{(IV-37)} \qquad \frac{\eta_{it}+\tilde{C}^+_{it|e}}{\eta_{it}+\tilde{C}^+_{it}} = \frac{q^+_{ie}}{q^+_i} \quad (t=0,1,2;\ e=1,2,\ldots,E;\ i=1,2,\ldots,I).$$

Die aufgrund neuer Informationen sich ergebende prozentuale Änderung des realisierbaren Konsumplans des gesamten Planungszeitraumes ist nach (IV-37) gleich der prozentualen Änderung des Vermögensanteils. Und da bei gegebenem Informationsergebnis die Änderung von q^+_i deterministisch, d.h. im Zeitpunkt 0 bekannt ist, ist es auch die Revision der gesamten optimalen Strategie.

(35) Für den Fall zweier Umweltzustände im Zeitpunkt 1 veranschaulicht die folgende Abbildung die bedingte Planrevision im Rahmen der Marktanalyse (vgl. hierzu *Abbildung 4*, S. 76). Dabei wird von einem abnehmenden Vermögensanteil bei Auftreten des Informationsergebnisses e ausgegangen.

Die folgende *Abbildung 6* macht deutlich, was unter einer Verkürzung des Lösungsvektors $\underline{\Gamma}^+_i$ bei $\Delta_e q^+_i < 0$ zu verstehen ist. Zunächst verändert zwar die Anpassung der Preise für zVA an die neue Information das Budget des Investors, jedoch bleibt bei homogenen Erwartungen der im Gleichgewicht geltende Expansionspfad unverändert; denn die Struktur des Plans ist unabhängig vom Informa-

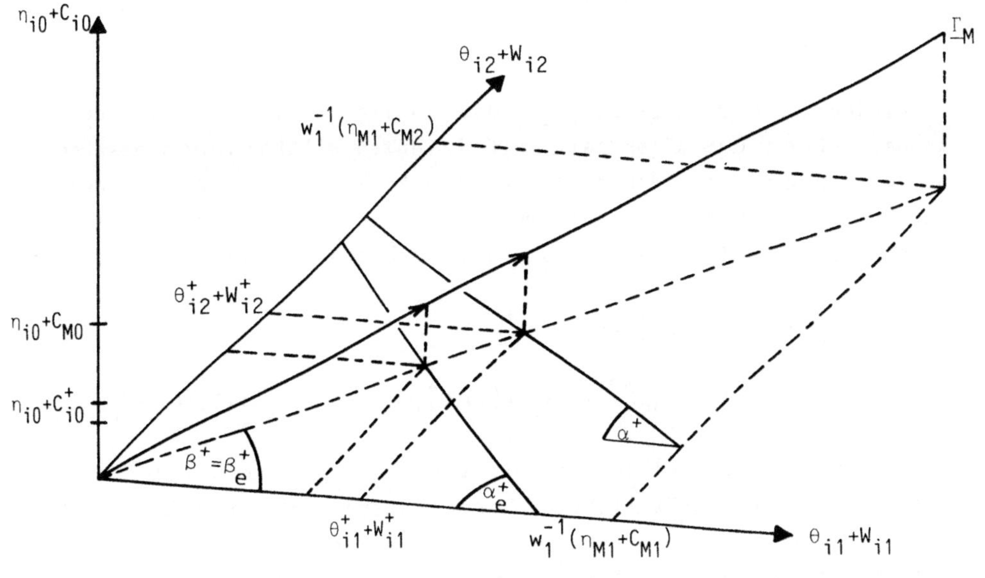

Abbildung 6: Die bei homogenen Erwartungen realisierte optimale Investitions- und Konsumentscheidung bei altem Informationsstand und bei Informationsergebnis e

tionsergebnis. Dies gilt für jeden Investor, und so realisiert jeder - wie bei altem Informationsstand - einen Teil der "Marktlösung" $\underline{\Gamma}_M$. $\underline{\Gamma}_M$ wird vom Konsumgüterangebot, von den aggregierten η_t-Parametern und von der reziproken Konsumquote im Zeitpunkt 1, $1/w_1$, bestimmt. Diese ist infolge der vorausgesetzten identischen ρ_t-Struktur für jeden Investor gleich.

Die Bedeutung der Winkel α und β ist dieselbe wie in *Abbildung 3*, S.74: Mit sich verändernden Preisen infolge neuer Informationen ergibt sich auch eine andere Steigung der "Budgetgeraden" in bezug auf die Bruttoinvestition: $|\tan \alpha^+| < |\tan \alpha_e^+|$, denn $\Delta_e f(1) > 0$ und damit $\Delta_e \pi_1^+ > 0$ (vgl. *Abbildung 6*). Jedoch ist $\tan \beta^+ = \tan \beta_e^+$ wegen unveränderter wahrscheinlichkeitsbereinigter Preise. Berücksichtigt man, daß

$$\underline{\Gamma}_i^+ = \begin{pmatrix} \eta_{i0}+C_{i0}^+ \\ \theta_{i1}^+ + W_{i1}^+ \\ \theta_{i2}^+ + W_{i2}^+ \end{pmatrix}, \quad \underline{\Gamma}_{ie}^+ = \begin{pmatrix} \eta_{i0}+C_{i0|e}^+ \\ \theta_{i1|e}^+ + W_{i1|e}^+ \\ \theta_{i2|e}^+ + W_{i2|e}^+ \end{pmatrix} \quad \text{und} \quad \underline{\Gamma}_M = \begin{pmatrix} \eta_{M0}+C_{M0} \\ (\eta_{M1}+C_{M1})/w_1 \\ (\eta_{M1}+C_{M2})/w_1 \end{pmatrix},$$

dann gilt $\underline{\Gamma}_i^+ = q_i^+ \underline{\Gamma}_M$ und $\underline{\Gamma}_{ie}^+ = q_{ie}^+ \underline{\Gamma}_M$ und wegen vorausgesetzter Abnahme des Vermögensanteils, $\Delta_e q_i^+ < 0$, gilt für Investor i $\underline{\Gamma}_{ie}^+ < \underline{\Gamma}_i^+$.

Darüber hinaus gibt hier $\underline{\Gamma}_M$ die Kontraktkurve an, also den geometrischen Ort aller paretoeffizienten Allokationen des Konsumgüterangebotes. Denn dort ist die Preisstruktur gleich der Struktur des erwarteten Konsumgrenznutzens eines jeden Investors. So gilt beispielsweise bei altem Informationsstand für alle i

$$1:\pi_1^+:\pi_2^+ = 1:f(1)/\gamma_{i1}^+:f(2)/\gamma_{i2}^+$$

$$= w_0(\eta_{i0}+C_{i0}^+)^{-1}:(1-w_0)f(1)(\theta_{i1}^+ + W_{i1}^+)^{-1}:(1-w_0)f(2)(\theta_{i2}^+ + W_{i2}^+)^{-1}.$$

(4) Welche Beurteilung ergibt sich nun im Rahmen der Marktanalyse für die zusätzliche Informationsmöglichkeit? Da alle Investoren dieselben Erwartungen haben, ändert sich ex ante infolge der Durchführung der Informationsbeschaffungsmaßnahme der individuelle Erwartungsnutzen wie folgt (vgl. AA 19):

(IV-38) $\Delta_i^+ = \Sigma_t\, \rho_t\, \Delta_{it}^+ \leqq 0$

mit $\Delta_{it}^+ = \Delta_{i0}^+ = \Sigma_e\, f(e) \ln \dfrac{q_{ie}^+}{q_i^+} \leqq 0$ für alle t und i.

Für jeden Investor liefert damit die Informationssituation homogener Erwartungen einen *nichtpositiven* Informationswert[1].

Der Beweisgang zu Ergebnis (IV-38) sei kurz skizziert: Wie in *Abbildung 2* verdeutlicht, ist der Ausgangspunkt der Oberlegungen im allgemeinen eine *un*gleichgewichtige Marktsituation. Die Entscheidung über die (Nicht)Durchführung der Informationsbeschaffungsmaßnahme steht für jeden Investor *vor* Handel an! Nun erwirbt jeder Investor im Marktgleichgewicht bei altem Informationsstand aufgrund homogener Erwartungen den Anteil q_i^+ am Marktbruttokonsum. Bei neuem Informationsstand und den Informationsergebnissen

[1] Dasselbe Ergebnis leiten auch *Marshall (1974)* und *Wilson (1975, 185)* ab. *Wilson* geht jedoch im einzelnen auf den Nachweis nicht ein. *Hirshleifer (1971)* geht von einem Beispiel aus und ermittelt einen Informationswert von 0, da er identische Investoren unterstellt. Eine marktanalytische Betrachtung mit negativen Informationswirkungen ist schon bei *Drèze (1960)* zu finden.

$e=1,2,\ldots,E$ kauft er jeweils die Anteile q^+_{ie} $(e=1,2,\ldots,E)$. Vor Informationsbeschaffung ist jedoch bei homogenen Erwartungen mit keiner Änderung der individuellen Vermögensanteile zu rechnen: Es gilt $\Sigma_e f(e)q^+_{ie} = q^+_i$. Dann gilt aber nach der Jensenschen Ungleichung wegen der (konkaven) logarithmischen Nutzenfunktion $\Sigma_e f(e)\ln q^+_{ie} \leq \ln(\Sigma_e f(e)q^+_{ie})$ und damit (IV-38).

Δ^+_i ist genau dann gleich 0, wenn $q^+_{ie} = q^+_i$ für alle e, also der gleichgewichtige individuelle Vermögensanteil unabhängig vom Informationsergebnis ist. Für *beliebige* Ausstattungsanteile ist diese Bedingung logisch äquivalent mit der stochastischen Unabhängigkeit der Datenkonstellation von den Informationsergebnissen (im folgenden abkürzend mit "stochastischer Unabhängigkeit zwischen Daten und Informationen" bezeichnet): $f(.|e)=f(.)$ für alle e [vgl. (IV-33) i.V. mit (IV-38)]. Genau dann gilt aber auch $\Delta^+_i = \Delta^*_i = 0$ für alle i.

Um die ökonomische Erklärung des Ergebnisses (IV-38) zu erleichtern, werden zunächst im folgenden Punkt (41) der Einfluß des stochastischen Zusammenhangs zwischen Daten und Informationen bei gegebener Ausstattung und die Auswirkung spezieller Ausstattungskonstellationen bei gegebenen Prognoseänderungen auf den Informationswert Δ^+_i erörtert.

(41) Im Gegensatz zur Individualanalyse wirken die gemeinsamen Wahrscheinlichkeitsverteilungen f(e,z) und f(e,z,s) im Marktgleichgewicht in jeden zu erwartenden Revisionsertrag der Zeitpunkte 0,1 und 2, Δ^+_{it}, hinein, und zwar über die gleichgewichtigen Vermögensanteile. Da jedoch bei homogenen Erwartungen $\Delta^+_{it} = \Delta^+_{i0}$ für alle t gilt, und somit die Gewichtung der zu erwartenden Revisionserträge mit dem jeweiligen ρ_t-Parameter ohne Wirkung auf den Informationswert bleibt, braucht die folgende Analyse nicht zwischen Informationswert und zu erwartendem Revisionsertrag eines Zeitpunktes zu unterscheiden.

Für die Höhe des Informationswertes sind insbesondere die bei Informationsbeschaffung und -auswertung möglichen Ausprägungen des Vermögensanteils ausschlaggebend. Δ^+_i ist dann c.p. umso kleiner (größer) - die zu erwartende Nutzenminderung infolgedessen umso größer (kleiner) -, je mehr (weniger) q^+_{ie} $(e=1,2,\ldots,E)$ um q^+_i "streut", und zwar in dem Sinn, daß mindestens zwei $|\Delta_e q^+_i| \neq 0$ zu(ab)nehmen (vgl. AA 20).

Wie jetzt der stochastische Zusammenhang zwischen Datenkonstellation und Informationsergebnis auf q_{ie}^{+}/q_{i}^{+} bzw. $\Delta_{e}q_{i}^{+}$ wirkt, zeigt für ein spezielles Informationsergebnis die Erörterung der Gleichungen (IV-31) und (IV-33). So ändert sich der Vermögensanteil linear in den Wahrscheinlichkeiten f(.). Weiterhin vergrößert er sich c.p. mit zunehmendem Erwartungswert zukünftiger Ausstattungsanteile. Jedoch können sich nicht alle Vermögensanteile gleichgerichtet ändern. Dies erschwert eine Aussage über die Größenordnung von Δ_{i}^{+} bei unterschiedlich ausgeprägtem stochastischen Zusammenhang zwischen e und z bzw. (z,s).

Da das Zusammenspiel von Wahrscheinlichkeitsänderung und Ausstattung $\Delta_{e}q_{i}^{+}$ bestimmt, kann auch über die Größenordnung des bei vollkommener Information sich ergebenden Informationswertes nur dann etwas ausgesagt werden, wenn auch die Größenordnung der Ausstattungsanteile Beachtung findet. Ergibt sich bei Punktprognosen, daß

(IV-39) $$q_{ie}^{(r)+} \underline{>} q_{ie}^{+} \geqq q_{i}^{+} \quad \text{oder} \quad q_{ie}^{(r)+} \underline{<} q_{ie}^{+} \leqq q_{i}^{+} \qquad (e=1,2,\ldots,E)^{1},$$

dann folgt wegen $|q_{ie}^{(r)+}-q_{i}^{+}| \underline{>} |q_{ie}^{+}-q_{i}^{+}|$ (e=1,2,...,E) [vgl. AA 20 und setze $q_{ie}^{(r)+} = \hat{q}_{ie}$]

(IV-40) $$\Delta_{i}^{(a)+} \leqq \Delta_{i}^{(r)+} < \Delta_{i}^{+} \leqq 0.$$

$\Delta_{i}^{(a)+}$ steht für die Situation, daß zu der Voraussetzung (IV-39) über die Rangordnungen der bedingten Vermögensanteile alle Umweltzustände bei altem Informationsstand als gleichwahrscheinlich angenommen werden und gehorcht (IV-40), wenn sich unter dieser Verteilungsannahme ein nicht größerer individueller Vermögensanteil ergibt als bei nicht gleichwahrscheinlichen Zuständen[2]. In der Marktanalyse kann sich gemäß (IV-40) der umgekehrte Größenzusammenhang der Informationswerte bei vollkommener und unvollkommener Information ergeben als in der Individualanalyse [vgl. (IV-12)]; obwohl nach wie vor die zusätzliche Information annahmegemäß kostenlos beschafft und ausgewertet werden kann.

---

[1] Zur Notation: Mit "$\underline{<}$" bzw. "$\underline{>}$" können nicht ausschließlich Gleichungen vorliegen. Da in (IV-39) Vermögensanteile eingehen, gelten mindestens 2 Ungleichungen. Der obere bzw. untere Bedingungsteil kann nicht für alle e gelten.

[2] Die Informationerwartungen gehorchen ebenfalls einer Gleichverteilung.

Nun beeinflußt in der Marktanalyse die individuelle Ausstattung im allgemeinen den Informationswert Δ_i^+. Hingegen ist in der Individualanalyse bei Fehlen von Informationskosten der Informationswert Δ_i^* unabhängig vom Anfangsvermögen des Investors. Spezielle Gegebenheiten in der Ausstattung sind also für Δ_i^* unerheblich, aber nicht für Δ_i^+. Da - wie bereits zu (IV-31) erwähnt - deterministische Ausstattungsanteile den Vermögensanteil von der Informationsbeschaffung und -auswertung unabhängig machen, wird in diesem Fall der Informationswert gleich 0: $\Sigma_t\ \rho_t\ \bar{q}_{it} = q_i^+ = q_{ie}^+$ für alle e => $\Delta_i^+ = 0$. Dasselbe gilt auch dann, wenn bei der Beurteilung der Informationsbeschaffungsmaßnahme von einem Marktgleichgewicht *ausgegangen* wird. Denn bei homogenen Erwartungen realisiert der Investor in jedem Zeitpunkt einen deterministischen Anteil am Marktbruttokonsum. Somit ist quasi ein deterministischer "Ausstattungsanteil" gegeben: $\bar{q}_{it} = q_{it}^+$ für alle t unabhängig von e => $\Delta_i^+ = 0$. Bei identischer ρ_t-Struktur ist der Konsumanteil darüber hinaus noch im Zeitablauf konstant, was an $\Delta_i^+ = 0$ nichts ändert: $\Sigma_t\ \rho_t\ q_i^+ = q_i^+ = q_{ie}^+$ für alle e. Des weiteren wird $\Delta_i^+ = 0$ im Modell des sogenannten repräsentativen Investors[1] mit $\eta_{it} \equiv \eta_{Mt}/I$ und $\tilde{C}_{it} \equiv \tilde{C}_{Mt}/I$ für alle t und folglich $\tilde{q}_{it} = 1/I = q_i^+ = q_{ie}^+$ für alle e.

(42) Wie erklärt sich nun, daß die Informationsbeschaffung und -auswertung für den Investor im Rahmen der Marktanalyse bei homogenen Erwartungen nicht von Vorteil sein kann? Entscheidend ist zunächst, daß neue Informationen zu Preisänderungen führen und damit zu Vermögensänderungen. Die identische Auswertung der zusätzlichen Information bewirkt, daß kein Investor seinen neuen Informationsstand durch Handel mit anderen Investoren nutzen kann, m.a.W.: Es kommt ex ante zu keinem informationsbedingten Handel. Die Vermögensänderung führt zu einer Änderung des Handlungsspielraumes, die bei homogenen Erwartungen den Informationswert Δ_i^* "vernichtet".

Darüber hinaus gewinnt die Ausstattung mit der Änderung der Preise eine Bedeutung für den Informationswert. Angenommen, Investor i hat einen deterministischen Ausstattungsanteil. Bei homogenen Erwartungen ist - wie bereits gezeigt - eine Umverteilung der Konsumansprüche aufgrund neuer Informationen und

---

[1] Vgl. z.B. *Brennan (1979, 56)*.

damit neuer Prognosen ausgeschlossen. Ex ante bleibt der Erwartungsnutzen unverändert, der Informationswert Δ_i^+ ist gleich null. Sind hingegen die Ausstattungsanteile stochastisch, dann ergibt sich trotz identischer Auswertung der zusätzlichen Information eine Umverteilung in den Vermögensanteilen. Bei zufallsabhängigem Informationsergebnis wird aber auch die Umverteilung riskant, wobei die zu erwartende Umverteilung gleich 0 ist. Infolgedessen fällt bei risikoscheuem Verhalten der Erwartungsnutzen, der Informationswert wird negativ.

Es bleibt also festzuhalten: Ausgehend von einer beliebigen Ausstattung an Ansprüchen und Informationen bedeutet Informationsbeschaffung und -auswertung bei homogenen Erwartungen und fest vorgegebenem Konsumgüterangebot, daß die paretoeffiziente Konsumallokation infolge einer riskanten Umverteilung stochastisch wird. Diese Zufallsabhängigkeit bzw. "Störung" macht eine Allokation der Anfangsausstattung bei neuem Informationsstand weniger vorteilhaft als eine Allokation bei altem Informationsstand. Es entsteht ein nichtpositiver *Umverteilungseffekt*[1]. Dies gilt für jeden Investor.

(43) Im folgenden wird kurz auf die ex post-"Beurteilung" der Informationsbeschaffungsmaßnahme eingegangen. Dazu sollen vereinfachend - wie in der Individualanalyse - nur die Auswirkungen von $\Delta_e f(z)$ interessieren. Mit $f(s|z,e) = f(s|z)$ für alle e ist dies der Fall.

Nach Kenntnis des Informationsergebnisses $\bar{e}$ gilt gemäß (II-6) im Zeitpunkt 0 für die ex post-Änderung des maximalen Erwartungsnutzens von Investor i in der Marktanalyse

$$\text{(IV-41)} \quad \Psi_{i\bar{e}}^+ - \Psi_i^+ = \ln \frac{q_{i\bar{e}}^+}{q_i^+} + K_{\bar{e}}^+ \quad (i=1,2,\ldots,I).$$

Im Gegensatz zur Individualanalyse kann hier der Revisionsertrag $\ln(q_{i\bar{e}}^+/q_i^+)$, auch negativ sein, und zwar dann, wenn infolge der Informationsbeschaffung der realisierte Vermögensanteil des Investors sinkt. Die durch Informationsergebnis $\bar{e}$ bedingte Nutzenkorrektur in (IV-41), $K_{\bar{e}}^+$, ist abhängig vom Informationsergebnis $\bar{e}$

[1] Diese Bezeichnung wählt auch *Hirshleifer (1971, 573)*.

und gilt im Marktgleichgewicht bei homogenen Erwartungen[1]. Zur Diskussion wird - mit Ausnahme der Hinweise auf *Abbildung 3* - auf das in Abschnitt 1.1, Punkt (33) Gesagte verwiesen.

Die ex post-Änderung des Erwartungsnutzens im Zeitpunkt 1, Zustand $\bar{z}$ beträgt

$$U^+_{i\bar{z}|\bar{e}} - U^+_{i\bar{z}} = (1-\rho_0)\ln \frac{q^+_{i\bar{e}}}{q^+_i} = 0;$$

sie ist genau dann positiv/null/negativ, wenn der Vermögensanteil bei neuem Informationsstand größer/gleich/kleiner ausfällt als bei altem. Damit muß die Nutzenänderung ex post bei gegebenem Informationsergebnis in jedem Umweltzustand gleich sein. Die Frage nach einem ex ante-Ausgleich von ex post-Vor- und -Nachteilen auf der Grundlage der neuen Prognose stellt sich nicht, da es zu keinem informationsbedingten Handel kommt. Es schlägt lediglich das zu erwartende zusätzliche Wachstum des Vermögensanteils zu Buche. Dieses ist bei homogenen Erwartungen nichtpositiv und daher auch der Informationswert. Selbst bei vollkommener Information kann der Nutzenzuwachs $U^+_{i\bar{z}|\bar{e}} - U^+_{i\bar{z}}$ im allgemeinen jedes Vorzeichen annehmen, denn es ergibt sich nur ein anderes $q^+_{i\bar{e}}$.

(44) Da nach (IV-33) der zu erwartende Vermögensanteil bei neuem Informationsstand gleich demjenigen bei altem Informationsstand ist, muß in *Abbildung 6* (S. 105) für Z=E=2 das "andere" Informationsergebnis zu einer Verlängerung des Lösungsvektors Γ^+_i führen. Die folgende grafische Darstellung macht deutlich, wie daraus ein nichtpositiver Informationswert entstehen kann.

Hilfreich ist das Resultat, daß der Erwartungsnutzen Ψ^+_i bei homogenen Erwartungen und fest vorgegebenem Konsumgüterangebot *konkav* in den Wahrscheinlichkeitsverteilungen ist (vgl. AA 21). Infolgedessen muß der Informationswert Δ^+_i nichtpositiv sein.

Die Konkavitätseigenschaft gilt im Marktgleichgewicht für jeden Summanden in (II-6) (vgl. AA 21). Deshalb wird analog zur *Abbildung 5* (S. 84) lediglich die Abhängigkeit von $E[\ln(\eta_{i1}+\tilde{C}^+_{i1})]$ von der Prognose $f(.|\phi)$ betrachtet. Unter Berücksichtigung des Informationsparameters ϕ erhält man (vgl. AA 21)

---

[1] Auf die explizite Angabe von $K^+_{\bar{e}}$ wird verzichtet, da diese Größe keinen ökonomischen Aussagegehalt hat.

$$E[\ln(\eta_{i1}+\tilde{C}^+_{i1})|\phi] = \ln q^+_i(\phi) + \Sigma_z\, f(z|\phi)\ln(\eta_{M1}+C_{Mz}).$$

Sei $\bar{q}_{i1} > \bar{q}_{i2}$, $f(s|z,e) = f(s|z) = f(s)$ für alle e und z und $\eta_{M1}+C_{M1} > \eta_{M1}+C_{M2} > 1$. Die folgende Abbildung zeigt dann den sich ergebenden nichtpositiven zu erwartenden Revisionsertrag im Zeitpunkt 1, Δ^+_{i1}.

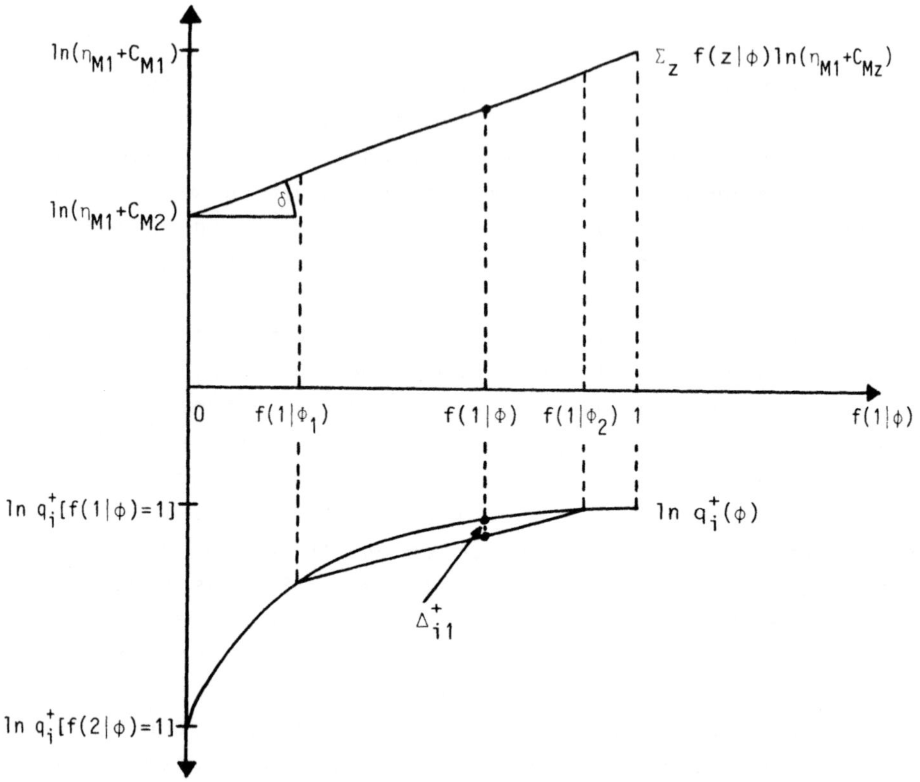

Abbildung 7: Der nichtpositive Informationswert im Rahmen der Marktanalyse bei homogenen Erwartungen

Es ist $\tan\delta = \ln \frac{\eta_{M1}+C_{M1}}{\eta_{M1}+C_{M2}}$ und $q^+_i[f(z|\phi)=1] = \rho_0\bar{q}_{i0}+\rho_1\bar{q}_{iz}+\rho_2\Sigma_s f(s)\bar{q}_{is}$ $(z=1,2)$. Im ersten Quadranten ist die Funktion

$$\Sigma_z\, f(z|\phi)\ln(\eta_{M1}+C_{Mz}) = \ln(\eta_{M1}+C_{M2}) + (\ln \frac{\eta_{M1}+C_{M1}}{\eta_{M1}+C_{M2}})\, f(1|\phi)$$

eingetragen. Da eine lineare Funktion vorliegt und für konsistente Prognosen $f(1|\Phi) = \Sigma_e f(e)f(1|\Phi_e)$ gilt, kommt es ex ante durch eine Informationsbeschaffung und -auswertung zu keiner Funktionswertänderung (vgl. den auf der Geraden eingetragenen Punkt):

$$\Sigma_e f(e)\Sigma_z f(z|\Phi_e)\ln(\eta_{M1}+C_{Mz}) = \Sigma_z f(z|\Phi)\ln(\eta_{M1}+C_{Mz}).$$

Anders hingegen für die im vierten Quadranten aufgeführte konkave Funktion

$$\ln q_i^+(\phi) = \ln[\{\rho_0\bar{q}_{i0}+\rho_1\bar{q}_{i2}+\rho_2\Sigma_s f(s)\bar{q}_{is}\} + \rho_1\{\bar{q}_{i1}-\bar{q}_{i2}\} f(1|\phi)].$$

$\ln q_i^+(\phi)$ ist konkav in $f(1|\phi)$, weil $q_i^+(\phi)$ linear in $f(1|\phi)$ ist. Dann muß aber bei konsistenten Prognosen

$$\Sigma_e f(e)\ln q_i^+[f(1|\Phi_e)] \leqq \ln q_i^+[f(1|\phi)]$$

gelten. Neue Informationen führen demnach ex ante zu einer Funktionswertabnahme. Diese bei Informationsbeschaffung ex ante zu erwartende Verringerung ergibt den nichtpositiven zu erwartenden Revisionsertrag (vgl. Δ_{i1}^+ in der Abbildung).

Auf die vertikale Addition der im ersten und vierten Quadranten eingezeichneten Kurven zur Darstellung von E[.] wurde verzichtet; denn damit wird deutlich, daß - wie das Ergebnis (IV-38) zeigt - der nichtpositive Informationswert wegen $\rho_t > 0$ (t=0,1,2) auf die im Marktgleichgewicht nichtpositiven zu erwartenden Revisionserträge der Zeitpunkte 0, 1 und 2 zurückzuführen ist.

2.1.1.2 bei heterogenen Erwartungen

(1) In der Informationssituation heterogener Erwartungen führen die Preisbestimmungsgleichungen in (II-47) zu folgenden bedingten und zu erwartenden Preisänderungen im Zeitpunkt 0:

$$\text{(IV-42)} \quad \frac{\pi_{z|e}^+}{\pi_z^+} = \frac{f_M^+(z|e)}{f_M^+(z)} \text{ und } \frac{\pi_{zs|e}^+}{\pi_{zs}^+} = \frac{f_M^+(z,s|e)}{f_M^+(z,s)} \quad (z=1,2,\ldots,Z;\ s=1,2,\ldots,S;\ e=1,2,\ldots,E);$$

$$\text{(IV-43)} \qquad \Delta_e\pi^+_{(.)} = \frac{\Delta_e f^+_M(.)}{f^+_M(.)}\,\pi^+_{(.)} \text{ für alle e und } \Sigma_e\, f_i(e)\Delta_e\pi^+_{(.)} \gtreqless 0 \qquad (i=1,2,\ldots,I).$$

(11) Wie im Fall homogener Erwartungen [vgl. (IV-25) und (IV-26)] zeigt sich in (IV-42) und (IV-43) folgendes:

(a) Bei gegebenem Informationsergebnis e stimmt das Verhältnis der Gleichgewichtspreise für zVA mit demjenigen der *aggregierten* Eintrittswahrscheinlichkeiten überein;

(b) die auf der Grundlage der Marktprognose wahrscheinlichkeitsbereinigten Preise sind vom Informationsergebnis unabhängig [vgl. (IV-27)], und

(c) sign $\Delta_e\pi^+_{(.)}$ = sign $\Delta_e f^+_M(.)$ wegen gleicher relativer Änderung von Preis und aggregierter Wahrscheinlichkeit.

Die Marktprognose unterscheidet sich bei heterogenen Erwartungen allerdings von den Individualprognosen und ist im allgemeinen vom Marktgleichgewicht abhängig. Denn sie ergibt sich als gewichtete Summe der individuellen Prognosen. Die Gewichtungsfaktoren sind hierbei die realisierten Vermögensanteile. Dies gilt unabhängig von den Informationsständen der Investoren. So spiegelt die Marktprognose den Informationsstand der Gesamtheit der Investoren wider. Infolgedessen kann die *individuell* zu erwartende Preisänderung von null verschieden sein, wenn auch nach wie vor $\Sigma_e\, f_i(e,.) = f_i(.)$[1] für i=1,2,...,I und alle Umweltzustände gelten muß. Aus (IV-43) folgt dann

$$\text{(IV-44)} \qquad \text{sign } \Sigma_e\, f_i(e)\Delta_e\pi^+_{(.)} = \text{sign}\{\Sigma_e\, f_i(e) f^+_M(.|e) - f^+_M(.)\} =$$

$$\text{sign } \Sigma_e\, f_i(e)\left[\frac{\Delta_e f^+_M(.)}{f^+_M(.)} - \frac{\Delta_e f_i(.)}{f_i(.)}\right] \quad (i=1,2,\ldots,I)^{2},$$

so daß die aus der Sicht des Investors i zu erwartende Preisänderung genau dann positiv (negativ) ist, wenn die bei neuem Informationsstand vom Investor i zu erwartende Marktprognose die bei altem über(unter)schreitet. Wie (IV-44) zeigt, kann eine individuell zu

[1] Z.B. $\Sigma_e\, f_i(e,z) = f_i(z)$.

[2] Beachte: $\Sigma_e\, f_i(e)\Delta_e f_i(.) = 0$.

erwartende Preisänderung jedoch nur auftreten, wenn der Investor nicht mit seiner (relativen) Prognoseänderung "exakt im Markt liegt" in dem Sinn, daß sie mit der (relativen) Marktprognoseänderung übereinstimmt. M.a.W.: Für Investor i ergibt sich bei *beliebigen* Informationserwartungen $f_i(e)$ $(e=1,2,\ldots,E)$ und stochastischer Abhängigkeit zwischen Datenkonstellationen und Informationsergebnissen genau dann eine ex ante-Änderung der Marktprognose von 0, wenn sich *im Marktgleichgewicht* die aggregierten Eintrittswahrscheinlichkeiten prozentual wie seine persönlichen ändern, also

$$\Sigma_e\, f_i(e)\Delta_e f_M^+(.) = 0 \quad <=> \quad \frac{\Delta_e f_M^+(.)}{f_M^+(.)} = \frac{\Delta_e f_i(.)}{f_i(.)} \quad \text{für alle } e\ ;$$

denn "liegt" der Investor nicht "exakt im Markt", dann kann ex ante die von Investor i zu erwartende Preisänderung nur für ganz spezielle Informationserwartungen null sein. Hinreichend ist auch, daß die paretoeffiziente Risikoallokation stochastische Unabhängigkeit zwischen Daten und Informationen "produziert", also $\Delta_e f_M^+(.) = 0$ gilt, ohne daß diese aus der Sicht des einzelnen Investors gegeben sein muß. Im *Marktgleichgewicht* sind dann alle Preise für zVA *unabhängig* von den zusätzlichen Informationen.

(12) Im Gegensatz zur Informationssituation homogener Erwartungen kann also bei heterogenen Erwartungen eine von den Informationsergebnissen unabhängige Marktprognose $f_M^+(.)$ auftreten, auch wenn nicht alle Individualprognosen unabhängig sind. Der Grund liegt im sich verändernden Vermögensanteil, der die Wirkung der Wahrscheinlichkeitsänderungen aufheben kann. Dies sei beispielhaft für die Umweltzustände des Zeitpunktes 1 gezeigt. Es folgt aus $f_M^+(z) \equiv \Sigma_i\, f_i(z)q_i^+$ für die Änderung der aggregierten Eintrittswahrscheinlichkeiten infolge Informationsergebnis e

$$\text{(IV-45)} \quad \Delta_e f_M^+(z) = \Sigma_i[\Delta_e f_i(z)q_i^+ + f_i(z)\Delta_e q_i^+ + \Delta_e f_i(z)\Delta_e q_i^+] \quad (z=1,2,\ldots,Z).$$

Gleichung (IV-45) zeigt den Einfluß der Änderungen in den individuellen Prognosen und den Vermögensanteilen auf die Änderung der Marktprognose. Je größer (kleiner) das Vermögen eines Investors ist, desto weniger (mehr) risikoscheu - gemessen an der absoluten Risikoaversion - ist er, einen desto größeren (kleineren)

Vermögensanteil realisiert er, und umso größer (kleiner) ist sein Einfluß auf die Marktprognose.

Sind identische Prognosen bei neuem Informationsstand gegeben, dann folgt

$$\Delta_e f_M^+(z) = \Sigma_i [\Delta_e f_i(z) q_i^+ + f(z|e)\Delta_e q_i^+] = \Sigma_i \Delta_e f_i(z) q_i^+$$

wegen $\Sigma_i \Delta_e q_i^+ = 0$. Damit ergibt sich eine starke (schwache) Änderung in der aggregierten Eintrittswahrscheinlichkeit - und folglich im Preis für zVA - des Umweltzustands z bei Informationsergebnis e, wenn "reiche" Investoren ihre Prognosen mehr (weniger) revidieren als "arme". Nichtsdestoweniger gilt aber $|\Delta_e f_M^+(z)| \leq |\Delta_e f_i(z)|_{max}$ für alle z und e, d.h., absolut gesehen kann die Änderung der Marktprognose nicht größer sein als die größte Änderung in den Individualprognosen. Dasselbe gilt für die relative Änderung: $\left|\frac{\Delta_e f_M^+(z)}{f_M^+(z)}\right| \leq \left|\frac{\Delta_e f_i(z)}{f_i(z)}\right|_{max}$.

Des weiteren folgt für die zu erwartende Änderung der Marktprognose im Falle identischer Prognosen bei neuem Informationsstand, daß diese positiv/null/negativ ausfällt, wenn der Investor bei *altem* Informationsstand die Eintrittswahrscheinlichkeit des betrachteten Umweltzustandes höher/gleich/niedriger einschätzt als die Gesamtheit der Investoren. Denn hier ist $\Sigma_e f_i(e)\Delta_e f_M^+(z) = f_i(z) - f_M^+(z)$. Der Fall identischer Prognosen bei altem Informationsstand bringt keine besondere Vereinfachung mit sich.

Im folgenden sei das Produkt $\Delta_e f_i(z)\Delta_e q_i^+ \approx 0$, d.h. vernachlässigbar klein: (a) Ergeben sich entweder vor *oder* nach Informationsbeschaffung und -auswertung bei allen Investoren identische Prognosen, also $f_i(z|e) = f(z|e)$ *oder* $f_i(z) = f(z)$ für alle i, dann vereinfacht sich (IV-45) wiederum zu $\Delta_e f_M^+(z) = \Sigma_i \Delta_e f_i(z) q_i^+$.

Soll jedoch der Vermögensanteil nicht nur auf die Größenordnung, sondern auch auf die Änderungsrichtung der Marktprognose wirksam sein, dann müssen sich die Investoren mit ihren individuellen Wahrscheinlichkeitsänderungen in entgegengesetzten Richtungen bewegen [$\equiv$ sign $\Delta_e f_i(z) = -$sign $\Delta_e f_{i'}(z)$]. Bei "gleichgerichteten" Änderungen in den Individualprognosen [$\equiv$ sign $\Delta_e f_i(z) =$ sign $\Delta_e f(z)$ für alle i] nimmt dagegen unabhängig von der Vermögensverteilung die Marktprognose zu (ab), wenn alle Investoren den Umweltzustand z bei Eintreten des Informationsergebnisses e für (un)wahrscheinlicher halten [$\equiv \Delta_e f_i(z) >(<) 0$]. Demzufolge sind entgegengesetzte Auswertungen der zusätzlichen Information auch notwendige Voraussetzung dafür, daß das Informationsergebnis keinen Einfluß auf den Preis hat. Anders ausgedrückt: Preisänderungen fallen c.p. geringer aus, wenn die Prognosemodelle der Investoren zu entgegengesetzten statt gleichgerichteten Prognoseänderungen führen. (b) Existieren bei altem und neuem Informationsstand unterschiedliche Prognosen, dann sind nur mit Kenntnis der Einzelgrößen nähere Angaben über Richtung und Ausmaß der bedingten und zu erwartenden Marktprognoseänderung möglich.

(13) Auch bei heterogenen Erwartungen nehmen gemäß (II-49) die im Marktgleichgewicht geltenden Abzinsungsfaktoren $(1+k_1^+)^{-1}$ bzw. $(1+k_{12}^+)^{-2}$ zu (ab), wenn im Zeitpunkt 1 bzw. 2 Umweltzustände relativer Güterknappheit im Licht der Marktprognose verhältnismäßig (un)wahrscheinlicher werden. Ex ante gilt jedoch jetzt aus der Sicht des Investors i

$$\text{(IV-46)} \quad \Sigma_e\ f_i(e)E_M^+(\Pi_{\tau=1}^t\ \tilde{\gamma}_{M\tau}^{-1}|e) = \Sigma_e\ f_i(e)\Pi_{\tau=1}^t(1+k_{\tau|e}^+)^{-1} \gtreqless \Pi_{\tau=1}^t(1+k_\tau^+)^{-1}$$
$$(t=1,2;\ 1,2,\ldots,I).$$

Es ist für beliebige Marktpräferenzfaktoren $\tilde{\gamma}_{M(.)}^{-1}$ und individuelle Informationserwartungen $f_i(e)$ $(e=1,2,\ldots,E;\ i=1,2,\ldots,I)$ mit $\Delta_e f_M^+(.) \neq 0$ für alle e die ex ante-Änderung der Abzinsungsfaktoren bei "exakt im Markt liegenden" Investoren gleich 0. Denn dann gilt $\Sigma_e\ f_i(e)\ \dfrac{f_i(.|e)}{f_i(.)} = \Sigma_e\ f_i(e)\ \dfrac{f_M^+(.|e)}{f_M^+(.)} = 1$. Die genannte Änderung fällt c.p. größer aus, wenn, bei stochastischer Abhängigkeit, in Armuts- statt in Reichtumszuständen eine große, individuell zu erwartende Änderung der Marktprognose auftritt. Denn aus (IV-46) folgt $\Sigma_{(.)}\ \gamma_{M(.)}^{-1}\Sigma_e\ f_i(e)\Delta_e f_M^+(.) \gtreqless 0$ $(i=1,2,\ldots,I)$.

Die in (IV-46) infolge heterogener Erwartungen auftretenden Ungleichheitszeichen bewirken, daß die bei homogenen Erwartungen diskutierte Implikation für die Sicherheitszinssätze - [vgl. (IV-29)] - nur unter zusätzlichen Annahmen gültig bleibt. Eine solche Annahme ist, daß in (IV-46) die $\leqq$-Bedingung gilt. Denn die zu erwartenden Änderungen in den Sicherheitszinssätzen k_1^+ bzw. k_{12}^+ können nur dann negativ werden, wenn die zu erwartenden Änderungen der Abzinsungsfaktoren $(1+k_1^+)^{-1}$ und $(1+k_{12}^+)^{-2}$ positiv sind [vgl. hierzu AA 19, (1) unter Berücksichtigung der zusätzlichen Voraussetzung in (42*)].

(2) Bei heterogenen Erwartungen ergibt sich das Bruttovermögen im Marktgleichgewicht [vgl. (II-50)]

(IV-47) $$\theta_{i0}^+ + W_{i0}^+ = \rho_0^{-1}(n_{M0}+C_{M0})\Sigma_t\ \rho_t\ E_M^+(\tilde{\bar{q}}_{it}) \quad (i=1,2,\ldots,I).$$

Es folgt aus Gleichung (IV-47), daß die für den Fall homogener Erwartungen gemachten Aussagen mit einer Ausnahme auch bei heterogenen Erwartungen gelten. Dort ändert sich nämlich ex ante das gleichgewichtige Bruttovermögen bei Informationsbeschaffung und -auswertung nicht, hier kann eine Änderung auftreten: $\Sigma_e\ f_i(e)\Delta_e(\theta_{i0}^+ + W_{i0}^+) \gtreqless 0$ $(i=1,2,\ldots,I)$. Dasselbe gilt damit für die zu erwartende Änderung des gleichgewichtigen Vermögensanteils. Wegen $(\theta_{i0}^+ + W_{i0}^+)/\Sigma_i(\theta_{i0}^+ + W_{i0}^+) \equiv q_i^+ = \Sigma_t\ \rho_t\ E_M^+(\tilde{\bar{q}}_{it})$ für alle i erhält man schließlich [vgl. hierzu (IV-33)]:

(IV-48) $$\frac{q_{ie}^+}{q_i^+} = \frac{\Sigma_t\ \rho_t\ E_M^+(\tilde{\bar{q}}_{it}|e)}{\Sigma_t\ \rho_t\ E_M^+(\tilde{\bar{q}}_{it})},\ \Delta_e q_i^+ = \Sigma_{t=1}^2\ \rho_t\ \Delta_e E_M^+(\tilde{\bar{q}}_{it}) \quad (e=1,2,\ldots,E) \text{ und}$$

$$\Sigma_e\ f_i(e)\Delta_e q_i^+ \gtreqless 0 \quad (i=1,2,\ldots,I).$$

Für beliebige Informationserwartungen und Ausstattungsanteile stimmt mit $\Delta_e f_M^+(.) \neq 0$ für alle e der im Marktgleichgewicht zu erwartende Vermögensanteil bei neuem Informationsstand genau dann mit demjenigen bei altem Informationsstand überein, wenn der Investor "exakt im Markt liegt".

Sind jedoch deterministische Ausstattungsanteile gegeben, dann bleiben Bruttovermögen und folglich Vermögensanteil von den zusätzlichen Informationen unberührt. Somit ist unabhängig von den stochastischen Zusammenhängen in den Individual- und Marktprognosen die ex ante-Änderung des Vermögensanteils gleich 0.

(3) Wie steht es nun mit der optimalen bedingten und zu erwartenden Planrevision? Bei heterogenen Erwartungen und identischer ρ_t-Struktur lassen sich aus (II-31), (II-38) und (IV-48) folgende Zusammenhänge ableiten: Für die Beziehung zwischen optimaler Investitions- und Konsumentscheidung des Investors i im Zeitpunkt 0

bei altem und neuem Informationsstand unter Informationsergebnis e gilt

$$\text{(IV-49)}\quad \frac{\eta_{i0}+C^+_{i0|e}}{\eta_{i0}+C^+_{i0}} = \frac{q^+_{ie}}{q^+_i} \text{ und } \frac{\theta^+_{iz|e}+W^+_{iz|e}}{\theta^+_{iz}+W^+_{iz}} = \frac{q^+_{ie}}{q^+_i} \times \frac{f_i(z|e)/f^+_M(z|e)}{f_i(z)/f^+_M(z)} \quad (z=1,2,\ldots,Z);$$

und für die optimale Planrevision

$$\text{(IV-50)}\quad \Delta_e\Gamma^+_i = \begin{pmatrix} \frac{\Delta_e q^+_i}{q^+_i}(\eta_{i0}+C^+_{i0}) \\ \left[\frac{\Delta_e[q^+_i f_i(z)/f^+_M(z)]}{q^+_i f_i(z)/f^+_M(z)}(\theta^+_{iz}+W^+_{iz})\right]_Z \end{pmatrix} \quad (e=1,2,\ldots,E) \text{ und}$$

$$\Sigma_e\ f_i(e)\Delta_e\Gamma^+_i \gtreqless 0 \quad (i=1,2,\ldots,I).$$

(31) Gemäß (IV-50) ist die Struktur des Plans im allgemeinen abhängig vom Informationsergebnis, wie (IV-49) zeigt. Unabhängig ist sie bei heterogenen Erwartungen genau dann, wenn der Investor mit seiner Prognose "exakt im Markt liegt". Aufgrund der myopischen Entscheidung genügt hierzu die Übereinstimmung in der kurzfristigen Prognose.

Des weiteren verdeutlicht (IV-50), daß für die optimale Umschichtung der Bruttonachfrage nach zVA bei Informationsergebnis e die Änderung der individuellen kurzfristigen Prognose bedeutsam wird. Dies aber nur in dem Maße, in dem sie von der Änderung der kurzfristigen Marktprognose abweicht. Je größer c.p. diese Abweichung ist, desto einflußreicher wird die zusätzliche Information. Damit wird folgendes deutlich: Gegenüber der Individualanalyse [vgl. (IV-1)] zeigt die Marktanalyse bei heterogenen Erwartungen, daß für die Realisierung einer Portefeuilleumschichtung in zVA die Änderungen der individuellen Eintrittswahrscheinlichkeiten nur *relativ* zu den Änderungen der aggregierten Eintrittswahrscheinlichkeiten wichtig sind. Und daher tauchen bei homogenen Erwartungen überhaupt keine Eintrittswahrscheinlichkeiten bei der optimalen Umschichtung mehr auf [vgl. (IV-34)].

(32) (IV-50) ist gegenüber (IV-35) so kompliziert geworden, weil die am Markt durchsetzbare bedingte Revision der Bruttonach-

frage nach zVA neben der Änderung des Vermögensanteils auch auf die erwähnten Änderungen der Individual- und Marktprognose reagiert: Die relative Änderung des Bruttokonsums entspricht zwar weiterhin der relativen Änderung des Vermögensanteils, aber für die Portefeuille-Auswahl in zVA gilt, daß sich 1 + die relative Änderung der Bruttonachfrage nach zVA als Produkt aus 1 + der relativen Änderung des Vermögensanteils und 1 + der relativen Änderung des Verhältnisses aus Individual- und Marktprognose ergibt. Damit können sich Konsum und Bruttonachfrage in unterschiedliche Richtungen bewegen. Dies aber nur, wenn die Änderung des Vermögensanteils derjenigen des Prognoseverhältnisses entgegenläuft: $\text{sign}\ \Delta_e q_i^+ = -\text{sign}\ \Delta_e[f_i(z)/f_M^+(z)]$. Denn nach (IV-50) erhält man $\text{sign}\ \Delta_e(\theta_{iz}^+ + W_{iz}^+) = \text{sign}\ \Delta_e[q_i^+ f_i(z)/f_M^+(z)]$.

Die relative Änderung der Bruttoinvestition entspricht nach wie vor derjenigen des Vermögensanteils: $\Delta_e V_{i0}^+/V_{i0}^+ = \Delta_e q_i^+/q_i^+$. Denn V_{i0}^+ ist aufgrund des zeitadditiven Chrakters der Nutzenfunktion nicht direkt von Eintrittswahrscheinlichkeiten abhängig, sondern nur indirekt über das realisierte Bruttovermögen.

Zusammenfassend ergibt sich für ein bestimmtes Informationsergebnis: Nehmen die aggregierten Eintrittswahrscheinlichkeiten c.p. in Umweltzuständen hoher statt niedriger Ausstattungsanteile des Investors i zu, dann steigt auch sein realisiertes Bruttovermögen und damit nimmt seine absolute Risikoaversion ab. Daraus resultiert ein größerer realisierter Vermögensanteil. Infolgedessen steigen auch Konsum und Bruttoinvestition. Damit erhöht sich das Nachfrageniveau nach zVA. Die Umschichtung gestaltet sich zugunsten derjenigen Ansprüche im Zeitpunkt 1, die in der Einschätzung des Investors i relativ zur Einschätzung der Gesamtheit der Investoren wahrscheinlicher werden.

Da die ex ante-Änderung des realisierten Vermögensanteils von 0 verschieden sein kann [vgl. (IV-48)], folgt dies auch für die zu erwartende Planrevision. Vorausgesetzt, der Investor "liegt" nicht bei altem und neuem Informationsstand mit seiner Prognose "exakt im Markt".

(33) Da der Informationswert auf der Revision der Konsumstrategie im Zeitpunkt 0 aufbaut, wird diese explizit angegeben. In der Informationssituation heterogener Erwartungen ergibt sich bei identischer ρ_t-Struktur für die optimale Strategieänderung unter

Informationsergebnis e [siehe (II-31) bis (II-33)]:

(IV-51)
$$\frac{\eta_{i0}+C^{+}_{i0|e}}{\eta_{i0}+C^{+}_{i0}} = \frac{q^{+}_{ie}}{q^{+}_{i}};$$

$$\frac{\eta_{i1}+C^{+}_{iz|e}}{\eta_{i1}+C^{+}_{iz}} = \frac{q^{+}_{ie}}{q^{+}_{i}} \times \frac{f_i(z|e)/f^{+}_M(z|e)}{f_i(z)/f^{+}_M(z)};$$

$$\frac{\eta_{i2}+C^{+}_{is|z,e}}{\eta_{i2}+C^{+}_{is|z}} = \frac{q^{+}_{ie}}{q^{+}_{i}} \times \frac{f_i(z,s|e)/f^{+}_M(z,s|e)}{f_i(z,s)/f^{+}_M(z,s)} \quad \begin{array}{l}(e=1,2,\dots,E;\\ z=1,2,\dots,Z;\\ s=1,2,\dots,S;\\ i=1,2,\dots,I).\end{array}$$

Optimale Änderungen des Konsumplans in zukünftigen Umweltzuständen sind gemäß (IV-51) neben der Veränderung im realisierten Vermögensanteil auch abhängig vom "Abstand" zwischen den Änderungen von Individual- und Marktprognose des betreffenden Umweltzustandes. Dabei sind die bezüglich der Umweltzustände unbedingten Eintrittswahrscheinlichkeiten entscheidend. Für ein gegebenes Informationsergebnis ergibt sich also im allgemeinen keine deterministische Strategierevision wie im Fall homogener Erwartungen.

(34) Abschließend wird anhand der *Abbildung 6* (S. 105) die optimale bedingte Planrevision verdeutlicht. Dazu sei vereinfachend von identischen Prognosen bei altem Informationsstand ausgegangen. Es gilt somit $\underline{\Gamma}^{+}_{i} = q^{+}_{i}\,\underline{\Gamma}_{M}$.

Nimmt nun der Vermögensanteil im Marktgleichgewicht infolge des Informationsergebnisses e ab, dann ergibt sich zunächst - wie bei homogenen Erwartungen - eine Verkürzung des Lösungsvektors: $\underline{\Gamma}^{+}_{ie}\big|_{f(.)=\text{konst.}} = q^{+}_{ie}\,\underline{\Gamma}_{M}$ $(q^{+}_{ie} < q^{+}_{i})$, wobei der indirekte, über den Vermögensanteil wirkende Einfluß *aller* aggregierten Wahrscheinlichkeiten berücksichtigt wird. Zusätzlich wandert jetzt der verkürzte Lösungsvektor auf der zu neuen Preisen gültigen Budgetgerade, und zwar in Richtung zunehmender Ansprüche in Zustand 2 (1), wenn die Individualprognose relativ zur Marktprognose bezüglich des Umweltzustands 2, $f_i(2|e)/f^{+}_M(2|e)$, das Prognoseverhältnis bezüglich des Umweltzustands 1, $f_i(1|e)/f^{+}_M(1|e)$, über(unter)schreitet. Dies ergibt die Untersuchung von tan β^{+}: Es folgt nämlich aus $\underline{\Gamma}^{+}_{i}$ und $\underline{\Gamma}^{+}_{ie}$

$$\text{(IV-52)} \quad \tan \beta_{ie}^{+} = \frac{f_i(2|e)/f_M^{+}(2|e)}{f_i(1|e)/f_M^{+}(1|e)} \tan \beta^{+} \quad (e=1,2,\ldots,E;\ i=1,2,\ldots,I).$$

Wegen der Voraussetzung identischer Prognosen bei altem Informationsstand ist $\tan \beta^{+} = (\eta_{M1}+C_{M2})/(\eta_{M1}+C_{M1})$ und folglich für alle Investoren identisch und unabhängig vom Informationsergebnis.

(IV-52) macht deutlich, warum bei heterogenen Erwartungen die Struktur des Investitions- und Konsumplans vom Informationsergebnis abhängt: Der im Gleichgewicht geltende Expansionspfad verändert sich mit neuen Informationen, falls der Investor nicht "exakt im Markt liegt". Damit kann $\underline{\Gamma}_M$ auch nicht mehr die Kontraktkurve bestimmen.

(4) Besteht in der Informationssituation heterogener Erwartungen für die Investoren ein Anreiz, die Information zu beschaffen und auszuwerten? Die Antwort gibt der Informationswert [vgl. AA 22, (1)-(3)]:

$$\text{(IV-53)} \quad \Delta_i^{+} = \Sigma_t\, \rho_t\, \Delta_{it}^{+} \gtreqless 0$$

$$\text{mit } \Delta_{i0}^{+} = \Sigma_e\, f_i(e) \ln \frac{q_{ie}^{+}}{q_i^{+}} \quad (\equiv P_i^{(u)} + P_i^{(i)});$$

$$\Delta_{i1}^{+} - \Delta_{i0}^{+} = [\Sigma_e \Sigma_z\, f_i(e,z) \ln \frac{f_i(z|e)}{f_M^{+}(z|e)} - \Sigma_z\, f_i(z) \ln \frac{f_i(z)}{f_M^{+}(z)}] \quad (\equiv P_{i1}^{(d)});$$

$$\Delta_{i2}^{+} - \Delta_{i0}^{+} = [\Sigma_e \Sigma_z \Sigma_s\, f_i(e,z,s) \ln \frac{f_i(z,s|e)}{f_M^{+}(z,s|e)} - \Sigma_z \Sigma_s\, f_i(z,s) \ln \frac{f_i(z,s)}{f_M^{+}(z,s)}] \quad (\equiv P_{i2}^{(d)});$$

$\Delta_{it}^{+} \gtreqless 0$ für alle t und i. Die zusätzlichen Definitionen werden später verwendet und sind momentan nicht zu beachten. Im allgemeinen sind bei heterogenen Erwartungen die zu erwartenden Revisionserträge aller Zeitpunkte für jeden Investor im Vorzeichen unbestimmt. Damit ist es auch der Informationswert Δ_i^{+}. Wegen (IV-38) sind heterogene Erwartungen *notwendige* Voraussetzung für eine positive Beurteilung der zusätzlichen Informationsmöglichkeit. Es muß demnach wenigstens einen Investor geben, der sich entweder bei altem oder neuem Informationsstand mit seiner Prognose von den übrigen Individualprognosen unterscheidet. Im Gegensatz zum Fall homogener Erwartungen ist jetzt stochastische Unabhängigkeit zwischen Daten und Informationen nicht mehr für $\Delta_i^+ = 0$ notwendig.

(41) Im folgenden wird von beliebigen Ausstattungsanteilen ausgegangen. "Liegt" Investor i "exakt im Markt", stimmen also im Marktgleichgewicht relative Marktprognose- und Individualprognoseänderung überein, dann ist der Informationswert nichtpositiv, $\Delta_i^+ \leqq 0$ [vgl. AA 22, (4)]. Das Prognoseverhältnis $f_i(.)/f_M^+(.)$ ist hier unabhängig von der neuen Information - was logisch äquivalent ist mit einer unveränderten Struktur des optimalen Konsumplans -, wie in der Informationssituation homogener Erwartungen. Dies kann für alle Investoren auftreten.

Gilt im Markt stochastische Unabhängigkeit zwischen Daten und Informationen, dann ist der Informationswert nichtnegativ, $\Delta_i^+ \geqq 0$ für alle i [vgl. AA 22, (4)]. Preise für zVA und damit Vermögensanteile sind im Marktgleichgewicht unabhängig von den Informationsergebnissen, wie in der Individualanalyse.

Somit wird das Ergebnis (IV-53) verständlich: Eine von der Änderung der aggregierten Eintrittswahrscheinlichkeiten der Umweltzustände und -entwicklungen abweichende Änderung der entsprechenden individuellen Wahrscheinlichkeiten geben einem Investor die Möglichkeit, seinen Informationsstand bzw. seine -auswertung im Handel mit anderen Investoren zu nutzen. Demnach kann die Informationsbeschaffung und -auswertung für einen Investor von Vorteil sein. Andererseits sind homogene Erwartungen keineswegs notwendig, damit eine zusätzliche Informationsmöglichkeit uninteressant ist.

(42) Bleibt das Prognoseverhältnis von der zusätzlichen Information unberührt, dann läßt sich folgende Beziehung ableiten [vgl. AA 22, (4) i.V. mit (IV-48)]:

(IV-54) $\quad \Sigma_e\, f_i(e)q_{ie}^+ = q_i^+$, falls $\Delta_e[f_i(.)/f_M^+(.)] = 0$ für alle e $\quad (i=1,2,\ldots,I)$.

Ergibt sich $\Sigma_e\, f_i(e)q_{ie}^+ \gtrless q_i^+$, so ist dies im Licht von (IV-54) darin begründet, daß der Investor nicht "exakt im Markt liegt". Dieser Umstand wirkt über den Vermögensanteil auf den Informationswert und wird im folgenden als *indirekter Prognoseeffekt*, $P_i^{(i)}$, bezeichnet [vgl. (52*)]: Es ist $P_i^{(i)} \equiv \ln \dfrac{\Sigma_e\, f_i(e)q_{ie}^+}{q_i^+}$, und dieser Effekt verschwindet unter der Bedingung in (IV-54), also wenn das Prognoseverhältnis des Investors i von der neuen Information unabhängig ist. Die direkte Wirkung eines variablen Prognoseverhältnisses auf Δ_i^+ wird durch den *direkten Prognoseeffekt*, $P_i^{(d)} = \rho_1 P_{i1}^{(d)} + \rho_2 P_{i2}^{(d)}$ [vgl. die Definitionen in (IV-53)], erfaßt: $P_i^{(d)}$ gibt den Teil des Informationswertes an, der sich - unter Ausschaltung des "Vermögenseffektes" - aus dem Unterschied zwischen Individual- und Marktprognose ergibt. Schließlich entsteht wie im Fall homogener Erwartungen auch hier im allgemeinen ein Umverteilungseffekt, $P_i^{(u)}$ [vgl. (52*)]: Es gilt $P_i^{(u)} \equiv \Sigma_e f_i(e) \ln \frac{q_{ie}^+}{\Sigma_e f_i(e) q_{ie}^+}$.

Die genannten Effekte liefern für (IV-53) die Formulierung

$$\text{(IV-55)} \quad \Delta_i^+ = P_i^{(u)} + P_i^{(i)} + P_i^{(d)} \quad (i=1,2,\ldots,I).$$

Im folgenden werden in den Unterpunkten (a)-(c) die Einzeleffekte näher betrachtet.

(a) Bei homogenen Erwartungen sind Informationswert und Umverteilungseffekt identisch. Die dort erörterten Implikationen [bis einschließlich Punkt (42)] gelten daher analog für $P_i^{(u)}$, wobei $f(.)$ durch $f_M^+(.)$, $f(.|e)$ durch $f_M^+(.|e)$ und $f(e,.)$ durch $f_i(e)f_M^+(.|e)$ zu ersetzen sind. Beachte hierbei, daß $\Sigma_e f_i(e)\Sigma_{(.)} f_M^+(.|e) = 1$. Insbesondere gilt [vgl. AA 22, (2)]

$$\text{(IV-56)} \quad P_i^{(u)} \leqq 0 \quad (i=1,2,\ldots,I).$$

Ungleichung (IV-56) muß daher auch für "exakt im Markt liegende" Investoren gelten.

(b) Der indirekte Prognoseeffekt der neuen Information ist im allgemeinen im Vorzeichen unbestimmt [vgl. AA 22, (2)]:

$$\text{(IV-57)} \quad P_i^{(i)} \gtreqless 0 \quad (i=1,2,\ldots,I).$$

$P_i^{(i)}$ ist genau dann positiv/null/negativ, wenn es auch die Änderung des im Marktgleichgewicht zu erwartenden Vermögensanteils infolge neuer Informationen ist. Und $P_i^{(i)}$ fällt c.p. größer aus,

- je kleiner der bei altem Informationsstand realisierte Vermögensanteil ist, und wenn
- Informationsergebnisse mit verhältnismäßig hoher Eintrittswahrscheinlichkeit hohe statt niedrige Vermögensanteile nach sich ziehen.

Zur Ableitung einer Rangordnung der indirekten Prognoseeffekte bei unvollkommener und vollkommener Information kann - wie beim Umverteilungseffekt [vgl. (IV-40)] - die Bedingung (IV-39) herangezogen werden. Strebt der individuelle Vermögensanteil für unterschiedliche Informationsergebnisse bei Punkt(markt)prognosen auseinander, dann folgt

(IV-58) $$P_i^{(i,a)} \geqq P_i^{(i,r)} > P_i^{(i)}.$$

Der indirekte Prognoseeffekt kann gemäß (IV-58) bei vollkommener Information nicht kleiner sein als bei unvollkommener. $P_i^{(i,a)}$ umfaßt den Fall, daß zusätzlich $q_i^+ \geqq q_i^{(a)+}$ gilt, d.h., bei altem Informationsstand gehorchen die aggregierten Eintrittswahrscheinlichkeiten einer Gleichverteilung und der alte Vermögensanteil wird dadurch nicht größer.

Da die Informationserwartungen $f_i(e)$ $(e=1,2,...,E)$ im allgemeinen individuell verschieden sein können, kann (muß) jeder Investor hoffen (befürchten), durch die Informationsergebnisse ex ante einen höheren (geringeren) Vermögensanteil zu realisieren. Der indirekte Prognoseeffekt der neuen Information kann demnach für *alle* Investoren positiv (negativ) sein. Wegen $\Sigma_i \Delta_e q_i^+ = 0$ für alle e kann jedoch $P_i^{(i)}$ nicht für alle Investoren positiv (negativ) sein, wenn die Informationserwartungen übereinstimmen. Der indirekte Prognoseeffekt verschwindet für alle Investoren, wenn das Prognoseverhältnis durch die neuen Informationen nicht verändert wird [vgl. (IV-54)] und/oder stochastische Unabhängigkeit zwischen Daten und Informationen im Markt herrscht und/oder deterministische Ausstattungsanteile vorliegen.

Ein indirekter Prognoseeffekt von 0 ist notwendig, wenn der Umverteilungseffekt ebenfalls 0 sein soll: $P_i^{(u)} = 0 \Rightarrow P_i^{(i)} = 0$. Denn der Umverteilungseffekt verschwindet genau dann, wenn $q_{ie}^+ = q_i^+$ für alle e. Dann fehlt aber auch die Grundlage einer indirekten Wirkung eines variablen Prognoseverhältnisses.

(c) Wie der indirekte, so ist auch der direkte Prognoseeffekt im Zeitpunkt 1 bzw. 2 im allgemeinen im Vorzeichen unbestimmt [vgl. AA 22, (3)]. Somit gilt dies auch für die mit den ρ_t-Parametern gewichtete Summe der $P_{it}^{(d)}$:

(IV-59) $P_i^{(d)} = \Sigma_{t=1}^{2} \rho_t P_{it}^{(d)} \gtreqless 0$ $(i=1,2,\ldots,I)$.

Die folgenden Ausführungen werden auf $P_{i1}^{(d)}$ beschränkt. Sie sind für $P_{i2}^{(d)}$ analog gültig. $P_i^{(d)}$ folgt dann entsprechend.

"Liegt" der Investor im Zeitpunkt 1 "exakt im Markt", dann ist der direkte Prognoseeffekt $P_{i1}^{(d)}$ gleich 0. Soll dies bei beliebigen Informationserwartungen der Fall sein, dann ist die Bedingung auch notwendig [vgl. (IV-53) i.V. mit AA 22, (4)]. Für den Fall eines vom Informationsergebnis abhängigen Prognoseverhältnisses zwischen Individual- und Marktprognose soll im folgenden unterschieden werden, ob bei altem und/oder neuem Informationsstand individuelle und aggregierte Eintrittswahrscheinlichkeiten übereinstimmen. Denn diese Situationen haben verschiedene Auswirkungen auf den direkten Prognoseeffekt.

Das Ergebnis ist in der folgenden Tabelle zusammengestellt.

Informationsstand des Investors i		neu	
		$I_i = M$	$I_i \neq M$
alt	$I_i = M$	1) $P_{i1}^{(d)} = 0$	2) $P_{i1}^{(d)} \geqq 0$
	$I_i \neq M$	3) $P_{i1}^{(d)} \leqq 0$	4) $P_{i1}^{(d)} \gtreqless 0$

Tabelle: sign $P_{i1}^{(d)}$ unter verschiedenen Prognosesituationen des Investors i relativ zum Markt ($I_i \equiv$ Individualprognose; $M \equiv$ Marktprognose)[1]

[1] Bei weiteren Kombinationen von Prognosesituationen muß die Wahrscheinlichkeitsaxiomatik beachtet werden. So sind z.B. die Fälle (1) $I_i^{alt} \neq M^{alt} = M^{neu} = I_i^{neu}$ und (2) $I_i^{alt} = M^{alt} = M^{neu} \neq I_i^{neu}$ ausgeschlossen, weil ein Widerspruch vorliegt. Denn für (1) gilt $f_i(.) \neq f_M(.) = f_M(.|e) = f_i(.|e)$, damit aber $f_M(.) = f_i(.|e)$ *unabhängig von e*: $f_i(.|e) = f_i(.) = f_M(.)$ steht im Widerspruch zur Ausgangssituation.

Aus (2) folgt: $f_i(.) = f_M(.) = f_M(.|e) \neq f_i(.|e)$ impliziert $\Sigma_e f_i(e)[f_i(.|e)-f_M(.|e)] = 0 = \Sigma_e f_i(e)[f_i(.|e)-f_M(.)]$ für alle e. Wenn keinerlei Einschränkungen über die Informationserwartungen gemacht werden, folgt $f_i(.|e) = f_M(.) = f_M(.|e)$ für alle e, d.h. wiederum ein Widerspruch.

Die *Tabelle* zeigt im *ersten Feld*, daß der direkte Prognoseeffekt verschwindet, wenn Individual- und Marktprognose vor und nach Informationsbeschaffung und -auswertung übereinstimmen. Damit muß der Investor nämlich "exakt im Markt liegen". In dieser Situation hat er keine Möglichkeit, seine Informationsstandänderung zu nutzen. Denn infolge der Preisänderung ändert sich sein Handlungsspielraum und bewirkt ein völliges Aufzehren der Informationsvorteile.

Folgende Schreibweise des direkten Prognoseeffektes verdeutlicht die Erklärung:

$$(IV\text{-}60) \quad P_{i1}^{(d)} = \Delta_{i1}^{*} - \Sigma_e \Sigma_z \, f_i(e,z) \ln \frac{f_M^{+}(z|e)}{f_M^{+}(z)} \quad (i=1,2,\ldots,I).$$

Bei übereinstimmender Individual- und Marktprognose, und dies bei altem und neuem Informationsstand, wird der letzte Summand auf der rechten Seite von (IV-60) gleich Δ_{i1}^{*}.

Das *zweite Feld* der *Tabelle* zeigt einen nichtnegativen direkten Prognoseeffekt. Der Investor "liegt nicht exakt im Markt", und damit kann $P_{i1}^{(d)}$ von 0 verschieden sein. Da Informationsbeschaffung und -auswertung dem Investor erlauben, sich vom Markt prognostisch abzuheben, und *dadurch* zusätzliche Informationen durch Handel zu nutzen, kann die Informationsmöglichkeit nicht von Nachteil sein. Und $P_{i1}^{(d)} \geqq 0$ ist umso größer (kleiner), je mehr (weniger) für jedes Informationsergebnis Individual- und Marktprognose voneinander abweichen: $|f_i(z|e)-\hat{f}_M^{+}(z|e)| \gtreqless |f_i(z|e)-f_M^{+}(z|e)|$ für alle e und höchstens bei Z-2 Umweltzuständen das Gleichheitszeichen $\Rightarrow \hat{P}_{i1}^{(d)} \gtrless P_{i1}^{(d)}$ [vgl. AA 23, (5)].

Führt hingegen die zusätzliche Information dazu, daß ein bei altem Informationsstand, in der Einschätzung der Eintrittswahrscheinlichkeiten gegebenes Abweichen vom Markt verschwindet, kann die Informationsmöglichkeit nicht von Vorteil sein (*drittes Feld* der *Tabelle*). *Denn bei altem Informationsstand vorhandener Handlungsspielraum wird eingeschränkt*. Damit ist der direkte Prognoseeffekt nichtpositiv. Ein zu(ab)nehmendes Abweichen von Individual- und Marktprognose läßt hierbei $P_{i1}^{(d)} \leqq 0$ absolut gesehen größer (kleiner) werden [vgl. AA 22, (6)]. Somit mag durch die Zusatz-Information die "Prognosegenauigkeit" zunehmen, der individuelle Erwartungsnutzen muß es aber nicht.

Das *vierte Feld* der *Tabelle* zeigt einen im Vorzeichen unbestimmten direkten Prognoseeffekt. Für sign $P_{i1}^{(d)}$ = +(-)1 ist hier entscheidend, ob der Nachteil aus sich verringernden Möglichkeiten des Handels in gewissen zVA kleiner (größer) ist als der Vorteil aus sich ergebenden Möglichkeiten des Handels in anderen zVA. Nimmt daher in mindestens 2 Umweltzuständen des Zeitpunktes 1 die Abweichung zwischen zu erwartender Markt- und Individualprognose zu (ab), während sie für die restlichen Umweltzustände konstant bleibt, dann muß $P_{i1}^{(d)}$ positiv (negativ) sein [vgl. AA 22, (7)].

Ist der Investor in der Lage, Punktprognosen abzuleiten, dann kann über die Rangordnung des direkten Prognoseeffektes bei vollkommener und unvollkommener Information nur etwas ausgesagt werden, wenn die Preis- bzw. Marktprognoseänderungen beachtet werden. Geht z.B. die a posteriori -Wahrscheinlichkeit des Investors i für den Umweltzustand gegen 1, für den die relative Marktprognoseänderung und damit die relative Preisänderung am kleinsten ist, - es liegt also eine stark asymmetrische Informationsauswertung durch die Investoren vor - dann gilt [vgl. AA 22, (8)]

$$\text{(IV-61)} \qquad P_{i1}^{(d,a)} \geqq P_{i1}^{(d,r)} > P_{i1}^{(d)}.$$

Neben der Voraussetzung über die Marktprognoseänderung unterstellt $P_{i1}^{(d,a)}$ in (IV-61), daß der Investor bei altem Informationsstand von gleichwahrscheinlichen Umweltzuständen ausgeht.

Gelten die in der *Tabelle* gesetzten Annahmen über den Zusammenhang zwischen Individual- und Marktprognose für alle Investoren, dann spiegelt der direkte Prognoseeffekt bei stochastischer Abhängigkeit zwischen e und z bzw. (z,s) im wesentlichen die Informationssituation wider. Das erste Feld zeigt den Fall homogener Erwartungen, die Felder 2-4 den Fall heterogener Erwartungen, wobei die Situationen unterschiedlicher Individualprognosen bei altem und/oder neuem Informationsstand getrennt aufgeführt sind. Nur im vierten Feld können individuelle direkte Prognoseeffekte unterschiedliche Vorzeichen aufweisen.

Ergibt sich für die Marktprognose stochastische Unabhängigkeit zwischen Daten und Informationen, dann folgt gemäß (IV-60) $P_{i1}^{(d)} = \Delta_{i1}^{*} \geqq 0$ für alle i. Jeder Investor kann seine Informationsvorteile vollständig nutzen; denn die Gleichgewichtspreise sind infolge des exogenen Konsumgüterangebots vom Informationsergebnis unabhängig.

Für Z=E=2 kann dies an *Abbildung 5* (S. 84) verdeutlicht werden: Dort sind die π_z jetzt Gleichgewichtspreise, π_z^+, und mit $f_M^+(z|e) = f_M^+(z)$ für alle e werden sie durch die Informationsbeschaffung und -auswertung nicht verändert.

Welche Bedeutung haben nun deterministische Ausstattungsanteile für den direkten Prognoseeffekt? Zu beachten ist hier, daß die Ausstattung eines Investors ihren Einfluß über die Marktprognose auf $P_{i1}^{(d)}$ ausübt. Besitzt der Investor deterministische Ausstattungsanteile, dann heißt dies nur, daß sein Einfluß auf die Änderung der Marktprognose nur auf die Änderung der individuellen Prognose zurückzuführen ist; denn $\Delta_e q_i^+ = 0$ für alle e. Entsprechendes gilt, wenn für alle Investoren $\tilde{\bar{q}}_{it} = \bar{q}_{it}$ (t=1,2). Sind darüber hinaus alle in gleichem Maß mit Ansprüchen ausgestattet, dann ist der direkte Prognoseeffekt unabhängig von der Vermögensverteilung. Aber nach wie vor kann $P_{i1}^{(d)}$ positiv, null oder negativ sein.

(d) Die Vorzeichenuntersuchungen der Einzeleffekte zeigen, daß der Informationswert Δ_i^+ bei heterogenen Erwartungen im allgemeinen im Vorzeichen unbestimmt ist. Der Erwartungsnutzen eines Investors kann also ex ante bei Durchführung der Informationsbeschaffung im Marktgleichgewicht steigen, fallen oder gleichbleiben. Es kommt daher für sign Δ_i^+ auf das Größenverhältnis von Umverteilungs-, indirektem und direktem Prognoseeffekt an. Da $P_i^{(u)}$ jedoch immer negativ ist, kann der Informationswert Δ_i^+ nur positiv sein, wenn der Prognoseeffekt positiv ist. Anders ausgedrückt darf [mit $P_i^{(i)}+P_i^{(d)} > 0$] der Umverteilungseffekt - absolut gesehen - diese Größe nicht überschreiten, andernfalls wird der Informationswert negativ.

Im Gegensatz zur Informationssituation homogener Erwartungen führen deterministische Ausstattungsanteile bei heterogenen Erwartungen nicht zu einem Informationswert von 0. Zwar verschwinden Umverteilungs- und indirekter Prognoseeffekt, der direkte Prognoseeffekt kann aber noch positiv oder negativ sein. Der Grund liegt in der Unabhängigkeit des Bruttovermögens von zusätzlichen Informationen [vgl. (IV-47)]. Damit ist im Zeitpunkt 0 die absolute Risikoaversion des Investors bei neuem Informationsstand dieselbe wie bei altem. Infolgedessen realisiert er denselben

Als potentielle Kontrollzeitpunkte kommen jene Planungszeitpunkte t ($t \in \{1,2,...,T-1\}$) [1] in Frage, in denen über Anpassungsmaßnahmen zu entscheiden ist. Welche Anpassungsmaßnahme im (erwogenen) Kontrollzeitpunkt t ($t=1,2,...,T-1$) optimal ist, hängt ab von

(1) dem im Kontrollzeitpunkt t vorliegenden Entscheidungsfeld (d.h. vom Umweltzustand, der im Zeitpunkt t eingetreten ist, und von den Anpassungsmöglichkeiten, die zu diesem Zeitpunkt offenstehen) und

(2) den Erwartungen, die der Investor im Kontrollzeitpunkt t über die Entscheidungsfelder in den (Folge-) Zeitpunkten $t+1,t+2,...,T$ hegt (d.h. von den erwarteten künftigen Umweltentwicklungen (und deren Eintrittswahrscheinlichkeiten) sowie den erwarteten künftigen Aktionsmöglichkeiten). [2]

Kontrollinformationen müssen sich somit auf das im Kontrollzeitpunkt realisierte Entscheidungsfeld und/oder die erwarteten zukünftigen Entscheidungsfelder beziehen. Sie informieren den Investor über Veränderungen im Entscheidungsfeld und bilden so das verbindende Element in der zeitlichen Abfolge von (eigentlicher) Investitionsentscheidung und nachfolgenden Anpassungsentscheidungen.

Investitionskontrollen im Ein-Personen-Fall können somit als Vergleich der (ursprünglich) prognostizierten mit den im Lichte der Kontrollinformationen revidierten Entscheidungsfelder beschrieben werden. [3] Derartige Kontrollen können sowohl vergangenheitsorientiert als auch zukunftsorientiert sein. Bei einer retrospektiven (ex post-) Kontrolle wird das im Kontrollzeitpunkt realisierte Entscheidungsfeld oder einzelne Elemente davon (z.B. der eingetretene Umweltzustand, das erzielte Periodenergebnis) beobachtet und mit dem im Planungszeitpunkt erwarteten Entscheidungsfeld oder dessen einzelnen Elementen verglichen. Bei einer prospektiven (ex ante-) Kontrolle werden hingegen die auf der Basis der zum Kontrollzeitpunkt ermittelten Informationen aktualisierten Erwartungen bezüglich künftiger Entscheidungsfelder oder einzelner Elemente davon (die erwartete Umweltentwicklung, die künftigen Aktionsmöglichkeiten) mit jenen Erwartungen verglichen, die der Investor im Zeitpunkt der Planung oder, falls bereits vorher eine Kontrolle stattgefunden hat, im Zeitpunkt einer früheren Planrevision gehegt hat. [4]

In den folgenden Kapiteln werden Grundprobleme derartiger Investitionskontrollen verdeutlicht. Es wird dabei unterstellt, der Investor entscheide in den po-

---

1) T bezeichnet annahmegemäß das Planungsende. Anpassungsmaßnahmen können somit spätestens in T-1 durchgeführt werden.
2) Darüber hinaus kann die Vorteilhaftigkeit der erwogenen Anpassungsmaßnahmen auch von den künftigen Kontrollaktivitäten des Investors (und deren Ergebnissen) abhängen. Dieser Aspekt wird später noch ausführlich diskutiert.
3) Dies entspricht weitgehend der entscheidungsorientierten Kontrolldefinition von Frese (1966, 1968a). Kontrollen im Sinne von Frese beschränken sich jedoch auf das realisierte Entscheidungsfeld, sind also stets vergangenheitsorientiert. Vgl. Frese (1966, S.55ff.).
4) Zur Unterscheidung von ex-post- und ex ante-Kontrolle vgl. z.B. Rieser (1978, S.52).

tentiellen Kontrollzeitpunkten t ($t \in \{1,2,\ldots,T-1\}$) jeweils *isoliert* über eine Investitionskontrolle zu diesem Zeitpunkt und beurteile deren Vorteilhaftigkeit lediglich im Hinblick auf die unmittelbar anstehende Anpassungsentscheidung. Diese Annahme ist äußerst restriktiv. Eine theoretisch exakte Beurteilung der Vorteilhaftigkeit von Kontrollmaßnahmen setzt eine *simultane* Planung aller in der Nutzungsphase durchzuführenden Kontrollmaßnahmen voraus; dabei ist der 'Nutzen' jeder einzelnen Kontrollaktivität nicht nur in Bezug auf die jeweils unmittelbar anstehende Anpassungsentscheidung, sondern hinsichtlich aller künftigen Anpassungsentscheidungen zu beurteilen. Trotzdem soll im weiteren von der Annahme einer isolierten Beurteilung von Kontrollmaßnahmen ausgegangen werden, weil sie es ermöglicht, wesentliche Grundprobleme der Investitionskontrolle in einfacher und anschaulicher Weise zu verdeutlichen.

Unter zusätzlichen (z.T. äußerst restriktiven) Annahmen bezüglich der 'Güte' der (jeweils) unterstellten Investitionsplanung wird untersucht,

- welche Plangrößen grundsätzlich zu kontrollieren sind (welche *Kontrollobjekte* für die jeweilige Anpassungsentscheidung relevant sind),
- welche Rückschlüsse die mit Hilfe der betrachteten Kontrollen ermittelten Informationen auf den vorliegenden Kontrollobjektzustand ermöglichen (*Kontrollinformationen*),
- wie sich das (im Kontrollzeitpunkt vorliegende) Investitionsplanungsmodell auf der Basis von Kontrollinformationen revidieren läßt (*Planrevision*) und
- wie die Vorteilhaftigkeit erwogener Kontrollmaßnahmen (zumindest grob) beurteilt werden kann (*Kontrollbewertung*).

2. Zur Investitionskontrolle bei flexibler Investitionsplanung

Im Grundmodell der flexiblen Investitionsplanung wird simultan mit der im Zeitpunkt 0 zu realisierenden Investitions*alternative* jedem im Planungsmodell erfaßten Umweltzustand des Folgezeitpunkts $t=1,2,\ldots,T-1$ ein bedingter Nutzungsplan (eine bedingte Anpassungsmaßnahme) zugeordnet. Läßt sich *mit Sicherheit* ausschließen, daß während der Realisation des Investitionsplanes (in der Nutzungsphase des Investitionsprozesses) Informationen zugehen (oder sich beschaffen lassen), in deren Lichte

- Umweltentwicklungen möglich erscheinen, die im Planungsmodell nicht erfaßt sind,
- sich die Erwartungen darüber verändern, mit welcher (bedingten) Wahrscheinlichkeit bestimmte Umweltzustände auf andere folgen, und
- zusätzliche, im Planungsmodell nicht erfaßte Anpassungsmaßnahmen realisierbar erscheinen,

Markt abweichende Prognoseänderung vornimmt. Zusammen mit $\ln(q^+_{i\bar{e}}/q^+_i)$ bildet $(1-\rho_0)P^{(d)}_{i1|\bar{e}}$ den Revisionsertrag, der ebenfalls positiv, null oder negativ werden kann. Zum anderen zeigt sich in (IV-62) wieder eine Korrekturgröße. $K^+_{i\bar{e}}$ gilt im Marktgleichgewicht bei heterogenen Erwartungen und ist abhängig vom Informationsergebnis. Natürlich verschwindet die Korrektur wieder ex ante. Doch im allgemeinen ist auch hier $\Psi^+_{i\bar{e}} - \Psi^+_i$ ohne Aussagekraft. Zur weiteren Diskussion wird auf die Individualanalyse (S. 82) verwiesen.

In bezug auf die ex post-Änderung des Erwartungsnutzens im Zeitpunkt 1, wenn Zustand $\bar{z}$ eingetreten ist, führt die Betrachtung heterogener Erwartungen zu keinen neuen Einflußgrößen, denn der Zustand $\bar{z}$ ist auch für den Markt eingetreten.

(44) Bei heterogenen Erwartungen und fest vorgegebenem Konsumgüterangebot kann der Erwartungsnutzen Ψ^+_i im allgemeinen konkav, konvex oder bereichsweise konkav und konvex in den individuellen Wahrscheinlichkeitsverteilungen sein (vgl. AA 23). Damit ist für den Informationswert Δ^+_i jedes Vorzeichen möglich.

Ausgehend von (vgl. AA 23 unter Verwendung des Informationsparameters ϕ)

$$E[\ln(\eta_{i1}+\tilde{C}^+_{i1})|\phi_i] = \ln q^+_i(\phi_i) + \Sigma_z\ f(z|\phi_i)\ln\frac{f(z|\phi_i)}{f^+(z|\phi_M)}$$

$$+ \Sigma_z\ f(z|\phi_i)\ln(\eta_{M1}+C_{Mz})$$

ergibt sich die unbestimmte Krümmung von E[.] im Licht der *Abbildung 7* (S. 112) wie folgt: $\ln q^+_i(\phi_i)$ kann konkav oder konvex sein (man denke an die im Vorzeichen unbestimmte Summe aus Umverteilungs- und indirektem Prognoseeffekt); $\Sigma_z\ f(z|\phi_i)\ln\frac{f(z|\phi_i)}{f^+(z|\phi_M)}$ kann ebenfalls konkav oder konvex sein (sie ist die Grundlage des direkten Prognoseeffektes). $\Sigma_z\ f(z|\phi_i)\ln(\eta_{M1}+C_{Mz})$ ist nach wie vor eine Gerade. Somit ist der im Marktgleichgewicht sich ergebende zu erwartende Revisionsertrag im Zeitpunkt 1, Δ^+_{i1}, positiv, null oder negativ. Folglich kann auch der Erwartungsnutzen Ψ^+_i ex ante steigen, gleichbleiben oder fallen.

2.1.2 mit Informationskosten

Im folgenden wird die Informationssituation homogener Erwartungen nicht mehr getrennt von der heterogener Erwartungen erörtert. Denn die Auswirkungen einer positiven Informationsauszahlung auf die Gleichgewichtspreise für zVA, die optimale Investitions- und Konsumstrategie und den Informationswert Δ_i^+ unterscheiden sich nur geringfügig in den beiden Situationen.

Um die Analyse des Marktgleichgewichts bei positiver Auszahlung ι zu vereinfachen, wird davon ausgegangen, daß die Informationsverkäufer keine Investoren sind. Damit klammert die Untersuchung z.B. die Frage aus, ob ein Informationsproduzent selbst als Anleger auftreten oder die Information an andere Anleger verkaufen soll. Dieses Problem müßte im Rahmen eines Totalmodells untersucht werden, hier wird jedoch vereinfachend mit einem Partialmodell gearbeitet: Die Information kann nach wie vor auf einem vollkommenen Informationsmarkt zum Preis von ι DM bezogen werden.

(1) Die Gesamtheit der Investoren finanziert dann die Informationsbeschaffung und -auswertung annahmegemäß mit einem Teil des fest vorgegebenen Konsumgüterangebots. Zwar verringert sich der Marktkonsum, jedoch bleibt die gesamtwirtschaftliche marginale Substitutionsrate des Konsums in zwei Zuständen bei positiver Informationsauszahlung unverändert. Dann sind aber auch die Gleichgewichtspreise bei neuem Informationsstand unter Informationsergebnis e von der Auszahlung ι unabhängig[1]: Es gilt [vgl. AA 24, (1)]

$$\text{(IV-63)} \quad \pi^+_{z|e}(\iota) = \pi^+_{z|e} \text{ und } \pi^+_{zs|e}(\iota) = \pi^+_{zs|e},$$

wobei $\pi^+_{z|e} \equiv \pi^+_{z|e}(\iota=0)$ und $\pi^+_{zs|e} \equiv \pi^+_{zs|e}(\iota=0)$ für alle e, und logisch äquivalent zu (IV-63) ist [vgl. AA 24, (2)]

---

[1] Dies folgt nicht unmittelbar aus der homothetischen Eigenschaft der logarithmischen Nutzenfunktion, da zunächst nachgewiesen werden muß, ob bei Berücksichtigung einer Informationsauszahlung die optimale Struktur des individuellen Grenzkonsumnutzens unverändert bleibt. Um dies festzustellen, braucht man aber die bei $\iota > 0$ herrschenden Gleichgewichtspreise. Trotzdem hängt das folgende Resultat eng mit der logarithmischen Nutzenfunktion zusammen; denn wie gezeigt wird, ergeben sich die Gleichgewichtspreise aus einem *linearen* Gleichungssystem.

$$\text{(IV-64)}\quad \frac{f^+_M(z|e;\iota)}{f^+_M(z|e)} = \frac{\gamma^+_{Mz|e}(\iota)}{\gamma_{Mz}} \text{ und } \frac{f^+_M(z,s|e;\iota)}{f^+_M(z,s|e)} = \frac{\gamma^+_{Mzs|e}(\iota)}{\gamma^+_{Mzs}} \quad \begin{matrix}(e=1,2,\ldots,E;\\ z=1,2,\ldots,Z;\\ s=1,2,\ldots,S).\end{matrix}$$

Beachte, daß aufgrund des exogenen Konsumgüterangebots $\tilde{\gamma}_{Mt}$ unabhängig vom Informationsergebnis ist. Das gewählte Modell vereinfacht erheblich die Marktanalyse bei Informationskosten. So gilt in bezug auf die bedingte und zu erwartende Änderung der Preise und Sicherheitszinssätze das im Abschnitt 2.1.1.2, Punkt (1) Gesagte.

Da im allgemeinen der realisierte Vermögensanteil von der Auszahlung ι abhängig ist [vgl. AA 24, (2)], gilt dies auch für die bedingte Marktprognose: $f^+_M(.|e;\iota) \neq f^+_M(.|e)$ für alle e. Allerdings gilt gemäß (IV-64), daß die relativen Änderungen der bedingten Marktprognose und -präferenzfaktoren bei Einführung einer positiven Auszahlung ι für alle Zustände bzw. Zustandsfolgen und Informationsergebnisse übereinstimmen. $\tilde{\gamma}^+_{Mt|e}(\iota)$ ergibt sich infolge der Abhängigkeit des Marktkonsums von der gleichgewichtsabhängigen *aggregierten* Auszahlung. Z.B. gilt für t=1 [vgl. AA 24, (2)]

$$\tilde{\gamma}^+_{Mz|e}(\iota) \equiv \frac{\rho_1}{\rho_0}\left(\frac{\eta_{M1}+C_{Mz}-\iota^+_{Mz|e}}{\eta_{M0}+C_{M0}-\iota^+_{M0}}\right)^{-1},$$

wobei $\iota^+_{M0} \equiv \iota\ \rho_0 I$ und $\iota^+_{Mz|e} \equiv \iota\ \rho_1\ \Sigma_i\ f_i(z|e)/\pi^+_{z|e}$ für alle z und e. Die aggregierte Informationsauszahlung beträgt demnach $\iota I = \iota^+_{M0}+w_1^{-1}\Sigma_z\ \pi^+_{z|e}\iota^+_{Mz|e}$. Das Gleichgewichtsmodell impliziert also i. V. mit dem vollkommenen Informationsmarkt, daß die Gesamtheit der Informationsverkäufer die "Zahlungsweise" der Investoren akzeptiert. Hier wirkt sich die Partialbetrachtung aus.

Des weiteren folgt aus (IV-64) [vgl. AA 24, (3)] für die Umweltzustände im Zeitpunkt 1

$$\text{(IV-65)}\quad \text{sign}\{f^+_M(z|e;\iota)-f^+_M(z|e)\} = \text{sign}\{\Sigma_i f_i(z|e)[q^+_{ie}-1/I]\} \quad \begin{matrix}(e=1,2,\ldots,E;\\ z=1,2,\ldots,Z),\end{matrix}$$

so daß die bedingte Marktprognose mit $\iota > 0$ genau dann steigt/gleichbleibt/fällt, wenn die bei kostenloser Zusatz-Information gültige größer/gleich/kleiner der bei gleichverteiltem Bruttovermögen sich ergebenden ist. So folgt z.B. für I=2 eine zu(ab)-nehmende bedingte Marktprognose eines Zustands, wenn der reichere (ärmere) Investor den Zustand für wahrscheinlicher als der ärmere (reichere) hält.

Bei homogenen Erwartungen gilt eine von ι unabhängige Marktprognose, da die Vermögensverteilung unerheblich ist. Nach (IV-65) genügen hierzu aber schon bei neuem Informationsstand identische Individualprognosen.

(2) Die realisierten Bruttovermögen des Investors i bei neuem und altem Informationsstand unterscheiden sich im Marktgleichgewicht um die Änderung infolge der Information und um die Auszahlung ι. Letzteres berührt wegen (IV-63) das Netto- und das Bruttovermögen in gleichem Maß, da $W^+_{i0|e}(\iota) = W^+_{i0}+\Delta_e W^+_{i0}-\iota$ und $\theta^+_{i0|e}(\iota) = \theta^+_{i0}+\Delta_e\theta^+_{i0} = \theta^+_{i0|e}(0)$. Unter Verwendung der realisierten Vermögensanteile läßt sich dann aus (IV-47) mit

$$\text{(IV-66)}\quad q^+_{ie}(\iota) \equiv \frac{\theta^+_{i0|e}+W^+_{i0|e}(\iota)}{\Sigma_i[\theta^+_{i0|e}+W^+_{i0|e}(\iota)]} = \frac{\rho_0^{-1}(\eta_{M0}+C_{M0})q^+_{ie}-\iota}{\rho_0^{-1}(\eta_{M0}+C_{M0})-\iota I}$$

folgende Beziehung ableiten:

$$\text{(IV-67)}\quad \frac{\theta^+_{i0|e}+W^+_{i0|e}(\iota)}{\theta^+_{i0}+W^+_{i0}} = \frac{q^+_{ie}(\iota)}{q^+_i}\left(1-\frac{\iota^+_{M0}}{\eta_{M0}+C_{M0}}\right) = \frac{q^+_{ie}}{q^+_i}\left(1-\frac{\iota}{\theta^+_{i0|e}+W^+_{i0|e}}\right) \qquad (e=1,2,\ldots,E)$$

$$\text{und } \Sigma_e\, f_i(e)\Delta_e[\theta^+_{i0}+W^+_{i0}(\iota)]=\Sigma_e\, f_i(e)\Delta_e(\theta^+_{i0}+W^+_{i0})-\iota \quad (i=1,2,\ldots,I).$$

Der letzte, bedingte Ausdruck in (IV-67) macht den Einfluß von Information und Auszahlung auf die realisierte Vermögensänderung deutlich. Diese fällt immer kleiner aus als im Fall kostenloser Zusatz-Information. Das Ausmaß wird dabei von dem Anteil der Auszahlung am realisierten Bruttovermögen - wiederum für den Fall $\iota = 0$ - bestimmt. Damit fällt ι umso weniger ins Gewicht, je mehr das Bruttovermögen durch Informationsergebnis e steigt.

Der Marktkonsum nimmt infolge einer positiven Auszahlung ι ab, und zwar im Zeitpunkt 0 um die aggregierte Auszahlung ι^+_{M0}. *Die Wirkung* von ι^+_{M0} auf die Bruttovermögensänderung zeigt der zweite, bedingte Ausdruck in (IV-67), die c.p. umso geringer ist, je größer das Konsumgüterangebot ausfällt ($\bar{q}_{i0}(\iota) = \bar{q}_{i0}(0)$ vorausgesetzt).

$q^+_{ie}(\iota)$, der realisierte Vermögensanteil nach Information und Auszahlung, bezeichnet bei homogenen (heterogenen) Erwartungen den (bis auf das Prognoseverhältnis bestimmten) Anteil am Marktkonsum nach Berücksichtigung der aggregierten Auszahlung. Dabei kann der Investor genau dann mit $\iota > 0$ einen höheren (niedrigeren) Vermögensanteil realisieren, wenn aufgrund der Information das gleichverteilte Bruttovermögen über(unter)schritten wird. Dies ermittelt man, indem man von (IV-66) q^+_{ie} abzieht:

(IV-68) $\text{sign}\{q^+_{ie}(\iota)-q^+_{ie}\} = \text{sign}\{q^+_{ie}-1/I\}$ $(e=1,2,\ldots,E;\ i=1,2,\ldots,I)$.

Also bleibt nur für $q^+_{ie} = 1/I$ die Auszahlung ohne Auswirkung auf den realisierten Vermögensanteil des Investors i. Der Grund liegt darin, daß die aggregierte Bruttovermögensminderung ιI beträgt, und mit $q^+_{ie} = 1/I$ ändert eine positive Informationsauszahlung nicht seine auf den Gesamtmarkt bezogene Risikohaltung.

Wie im Fall kostenloser Zusatz-Information ist die zu erwartende Bruttovermögensänderung im Marktgleichgewicht im allgemeinen im Vorzeichen unbestimmt. Sie muß also bei positiver Auszahlung ι keineswegs negativ sein, wie (IV-67) zeigt. "Liegt" der Investor allerdings "exakt im Markt", und zwar auf $f^+_M(.|e)$ und nicht auf $f^+_M(.|e;\iota)$ bezogen $(e=1,2,\ldots,E)$, dann nimmt ex ante das realisierte Bruttovermögen genau um die Informationsauszahlung ab: Denn in (IV-67) gilt $\Sigma_e\ f_i(e)\Delta_e(\theta^+_{i0}+W^+_{i0}) = 0$. Desgleichen bei deterministischen Ausstattungsanteilen.

(3) Im folgenden wird die im Marktgleichgewicht gegebene bedingte und zu erwartende Planrevision aufgezeigt. Es gilt dann nach (IV-67) i.V. mit (II-8) und (IV-63): Die durch Informationsergebnis e verursachte Änderung des Bruttokonsums des Investors i ergibt sich als Produkt aus der Änderung des Vermögensanteils aufgrund der neuen Information und der Änderung des - bei neuen Preisen gültigen - Bruttovermögens aufgrund der Auszahlung ι. Ähnlich die Änderung der Bruttonachfrage nach zVA, wo jedoch multiplikativ die Änderung des Prognoseverhältnisses hinzukommt. Also ist

$$\text{(IV-69)}\quad \frac{\eta_{i0}+C^+_{i0|e}(\iota)}{\eta_{i0}+C^+_{i0}} = \frac{q^+_{ie}}{q^+_i}\left(1-\frac{\iota}{\theta^+_{i0|e}+W^+_{i0|e}}\right) \text{ und}$$

$$\frac{\theta^+_{iz|e}+W^+_{iz|e}(\iota)}{\theta^+_{i0}+W^+_{iz}} = \frac{q^+_{ie}}{q^+_i}\times\frac{f_i(z|e)/f^+_M(z|e)}{f_i(z)/f^+_M(z)}\left(1-\frac{\iota}{\theta^+_{i0|e}+W^+_{i0|e}}\right)$$

$$(z=1,2,\ldots,Z);$$

daraus folgt unmittelbar [vgl. (IV-50)]

$$\Delta_e\underline{\Gamma}^+_i(\iota) = \Delta_e\underline{\Gamma}^+_i(0) - \iota\begin{pmatrix} w_0 \\ [(1-w_0)\dfrac{f_i(z|e)}{\pi^+_{z|e}}]_Z\end{pmatrix} \quad (e=1,2,\ldots,E) \text{ und}$$

$$\Sigma_e\, f_i(e)\Delta_e\underline{\Gamma}^+_i(\iota) \gtreqless \underline{0} \quad (i=1,2,\ldots,I).$$

(31) Die Informationsauszahlung führt unabhängig vom Informationsergebnis zur einer Kürzung der optimalen Konsum- und Investitionspläne, die desto stärker (schwächer) ausgeprägt ist, je mehr das Bruttovermögen infolge der zusätzlichen Information im Marktgleichgewicht ab(zu)nimmt. Denn ι ist unabhängig von den Preisen fest vorgegeben und beeinflußt nicht die Gleichgewichtspreise.

Des weiteren zeigt der Vergleich mit dem Ergebnis aus der Individualanalyse [vgl. (IV-16)], daß hier wie dort die *nach* Informationszugang herrschende Struktur des Plans nicht von der Auszahlung verändert wird. Gleichartig sind die Auswirkungen der Informationsauszahlung ι auf die bei kostenloser Information gegebene bedingte und zu erwartende Planrevision [vgl. (IV-17)]. Die Unterschiede liegen dort, wo Preise eine Rolle spielen. So legt bei der bedingten Planrevision der Gleichgewichtspreis bei neuer Information, $\pi^+_{z|e}$ (e=1,2,...,E), fest, wie ι mit Hilfe der einzelnen Ansprüche im Zeitpunkt 1 zu finanzieren ist. Der Beitrag des Konsums im Zeitpunkt 0 beträgt unverändert ιw_0, der des Investitionsbetrages damit unverändert $(1-w_0)\iota$. Jedoch wird die zu erwartende Planrevision im allgemeinen nicht eindeutig negativ, da sie bei kostenloser Information positiv werden kann [vgl. (IV-50)].

"Liegt" jedoch der Investor "exakt im Markt" (so z.B. bei homogenen Erwartungen), dann gilt $\Sigma_e\, f_i(e)\Delta_e\underline{\Gamma}^+_i(\iota) < \underline{0}$; denn ex ante führen die Informationsergebnisse zu keiner Änderung der optimalen Entscheidung: $\Sigma_e f_i(e)\Delta_e \underline{\Gamma}_i^+ = \underline{0}$. Dies gilt, weil die Struktur der Konsum- und Investitionsentscheidung von der zusätzlichen Information unabhängig ist, und infolgedessen sich keine ex ante-Änderung des realisierten Vermögensanteils ergibt. Demzufolge läßt sich der vermögensmindernden Wirkung der Informationsauszahlung "im Durchschnitt" nicht entgegenwirken.

(32) Die Auszahlung ι beeinflußt natürlich auch die Revision der Konsumstrategie. Gemäß (IV-67) ergibt sich unmittelbar die zusätzliche Einflußgröße für (IV-51): Die Änderung des realisierten Bruttokonsums in jedem Umweltzustand ist noch mit der Änderung des unter neuem Informationsstand realisierten Bruttovermögens infolge Auszahlung ι zu multiplizieren, also

$$\text{(IV-70)} \quad \frac{\eta_{it}+\tilde{C}^+_{it|e}(\iota)}{\eta_{it}+\tilde{C}^+_{it}} = \frac{\eta_{it}+\tilde{C}^+_{it|e}}{\eta_{it}+\tilde{C}^+_{it}} \left(1 - \frac{\iota}{\theta^+_{i0|e}+W^+_{i0|e}}\right) \quad (e=1,2,\ldots,E;\ t=0,1,2;\ i=1,2,\ldots,I).$$

Demnach vermindert sich auf jeden Fall infolge der Informationsauszahlung die durch die neue Information bedingte Konsumänderung.

(4) Die Auszahlung ι verursacht Informationskosten, die wie folgt den für Investor i im Marktgleichgewicht sich ergebenden Informationswert mitbestimmen (vgl. AA 25):

$$\text{(IV-71)} \quad \Delta_i^+(\iota) = \Sigma_t\, \rho_t\, \Delta_{it}^+(\iota) = \Delta_i^+ - \nabla_i^+(\iota) \gtreqless 0$$

mit $\Delta_i^+ \equiv \Delta_i^+(\iota=0) \gtreqless 0$,

$$\nabla_i^+(\iota) = -\Sigma_e\, f_i(e) \ln\left(1 - \frac{\iota}{\theta^+_{i0|e}+W^+_{i0|e}}\right) \geqq 0 \text{ für alle i.}$$

Demnach ist für $\iota > 0$ der Informationswert $\Delta_i^+(\iota)$ bei homogenen (heterogenen) Erwartungen negativ (im allgemeinen im Vorzeichen unbestimmt). Aber schon bei konstantem Prognoseverhältnis - der Investor "liegt" also "exakt im Markt" und kann daher die Struktur seines Plans nicht den neuen Informationen anpassen - wird $\Delta_i^+(\iota) < 0$. Andererseits liefert eine im Markt herrschende stochastische Unabhängigkeit zwischen Daten und Inforamtionen zwar $\Delta_i^+ = \Delta_i^* \geqq 0$, doch der Informationswert $\Delta_i^+(\iota)$ kann noch negativ ausfallen. Dasselbe gilt für den Fall deterministischer Ausstattungsanteile.

Da das realisierte Bruttovermögen informationsabhängig ist, kann die kritische Auszahlungshöhe $(\iota_i^\circ)^+$ in (IV-71) lediglich als implizite Lösung angegeben werden (es ist $\Delta_i^+[\iota=(\iota_i^\circ)^+] = 0$). Sinnvollerweise ist hierbei $\Delta_i^+ \geqq 0$; denn sonst gilt von vornherein $(\iota_i^\circ)^+ < \iota$. Überdies gelten zu dieser Frage die Ausführungen der Individualanalyse.

(41) Ist kein Investor in der Lage, die bei altem Informationsstand optimale Struktur seines Bruttokonsums den zusätzlichen Informationen anzupassen, so ist wiederum die Informationsbeschaffung und -auswertung "gesamtwirtschaftlich" von Nachteil. Bei positiven Informationskosten wird dieser Effekt natürlich noch verstärkt. Und gemessen am Marktgleichgewicht bei altem Informationsstand kommt es zu höheren "Wohlfahrtsverlusten", wenn auch die Konsumallokation bei altem und bei neuem Informationsstand unter jedem Informationsergebnis stets paretoeffizient ist[1].

(42) Sind die Preise konstant, kann die Informationsbeschaffungsmaßnahme nur dann vorteilhaft sein, wenn die Informationskosten geringer sind als der Informationswert bei vollkommener Information. Im Rahmen der Marktanalyse ist im allgemeinen eine derartige Vorprüfung nicht mehr möglich. Denn unter bestimmten Umständen lassen Punktprognosen den Informationswert nicht ansteigen [vgl. (IV-40)].

Ohne besondere Schwierigkeiten läßt sich die in der Individualanalyse angegebene Schranke auf die Marktanalyse übertragen. Es gilt für alle i die Ungleichung [vgl. AA 26, (71*)][2]

$$1 + \frac{\iota}{\Sigma_e f_i(e)(\Theta^+_{i0|e} + W^+_{i0|e}) - \iota} < \left(\Sigma_e f_i(e) \frac{q^+_{ie}}{q^+_i}\right)\left(1 + \left|\frac{\Delta_e[f_i(z)/f^+_M(z)]}{f_i(z)/f^+_M(z)}\right|_{max}\right)$$

$$\times \left(1 + \left|\frac{\Delta_e[f_i(z,s)/f^+_M(z,s)]}{f_i(z,s)/f^+_M(z,s)}\right|_{max}\right),$$

---

[1] Der Vergleich von $(\Psi^+_i)_I$ und $[\Sigma_e f_i(e)\Psi^+_{ie}(\iota)]_I$ vermeidet den von *Demsetz (1969)* kritisierten, sogenannten Nirwana-Ansatz. Denn es werden nicht zwei Ökonomien miteinander verglichen, die sich lediglich in der Informationsauszahlung unterscheiden, sondern eine Volkswirtschaft ohne Informationsbeschaffung und -auswertung und eine mit Informationsbeschaffung und -auswertung unter Berücksichtigung einer positiven Informationsauszahlung.

[2] $|.|_{max}$ wird über alle e, z und (z,s) gebildet.

wenn die zusätzliche Informationsmöglichkeit überhaupt von Interesse sein soll. Damit ist der Unterschied zwischen Markt- und Individualanalyse der, daß in der Marktanalyse die Informationsbeschaffung und -auswertung für den Investor nachteilig ist, wenn der Im-Hundert-Anteil der Auszahlung ι am ex ante-Bruttovermögen nicht kleiner ist als das um 1 verminderte Produkt aus den folgenden Größen: dem zu erwartenden Wachstum des Vermögensanteils und den maximalen Wachstumsfaktoren der Prognoseverhältnisse in den Zeitpunkten 1 und 2. Damit folgt das bereits erwähnte Resultat, daß für einen "exakt im Markt liegenden" Investor Zusatz-Informationen uninteressant sind; denn die rechte Seite der Ungleichung wird damit gleich 1.

(43) Im folgenden werden die Informationskosten $\nabla_i^+(\iota)$ näher betrachtet. Da das sie mitbestimmende Bruttovermögen im Marktgleichgewicht vom Informationsergebnis im allgemeinen abhängig ist, läßt sich folgendes feststellen: Die Informationskosten sind c.p. kleiner, wenn Informationsergebnisse mit verhältnismäßig hohen Eintrittswahrscheinlichkeiten hohe statt niedrige realisierte Bruttovermögen mit sich bringen. Ähnlich folgen c.p. aus insgesamt zu-(ab)nehmenden Bruttovermögen ab(zu)nehmende Informationskosten, da die Informationsauszahlung weniger (mehr) ins Gewicht fällt. Des weiteren sind die Informationskosten im allgemeinen ex ante und ex post unterschiedlich. Verfügt der Investor allerdings über deterministische Ausstattungsanteile und/oder ergeben sich im Markt von den Informationsergebnissen unabhängige Erwartungswerte der Ausstattungsanteile, $E_M^+(\tilde{\bar{q}}_{it}|e) = E_M^+(\tilde{\bar{q}}_{it})$ für alle e und t, dann sind die Informationskosten unabhängig von den Informationserwartungen, weil dies auch für das Bruttovermögen gilt.

2.2 Endogenes aggregiertes Konsumgüterangebot

Im folgenden wird von dem in Annahme (A11) beschriebenen variablen volkswirtschaftlichen Produktionsprogramm ausgegangen. Vorausgesetzt werden fest vorgegebene Sicherheitszinssätze. Die Marktanalyse erfolgt wiederum zunächst ohne Informationskosten und bei getrennter Untersuchung der Informationssituation homogener und heterogener Erwartungen. Abschließend wird dann eine positive Informationsauszahlung einbezogen.

2.2.1 ohne Informationskosten
2.2.1.1 bei homogenen Erwartungen

(1) Bei endogenem aggregierten Konsumgüterangebot ergeben sich im Marktgleichgewicht bei homogenen Erwartungen folgende bedingte und ex ante zu erwartende Preisänderungen für zVA im Zeitpunkt 0 [vgl. (II-55)]:

$$\text{(IV-72)}\quad \Delta_e\pi^+_z = \Delta_e[f(z)\frac{1-d^+_0}{1-d^+_z}]\,\gamma^{-1}_{Mz},$$

$$\Delta_e\pi^+_{zs} = \Delta_e[f(z,s)\frac{1-d^+_0}{1-d^+_{s|z}}]\,\gamma^{-1}_{Mzs} \text{ und}$$

$$\Sigma_e\, f(e)\Delta_e\pi^+_{(.)} \gtreqless 0 \quad (e=1,2,\ldots,E;\ z=1,2,\ldots,Z;\ s=1,2,\ldots,S).$$

Ein Vergleich von (IV-72) mit dem Ergebnis (IV-25) bzw. (IV-26) zeigt, daß jetzt neben der Prognoserevision auch die informationsbedingte Produktionsanpassung im risikofreien Produktionsprogramm die Preisänderungen bestimmt. So erhält man z.B. für die Preisänderungen für zVA der Umweltzustände z vor Berücksichtigung von γ_{Mz}:

$$\text{(IV-73)}\quad \Delta_e\pi^+_z\gamma_{Mz} = \Delta_e f(z)\frac{1-d^+_0}{1-d^+_z} + f(z)\Delta_e(\frac{1-d^+_0}{1-d^+_z}) + \Delta_e f(z)\Delta_e(\frac{1-d^+_0}{1-d^+_z}) \quad (e=1,2,\ldots,E;\ z=1,2,\ldots,Z).$$

Gemäß (IV-73) und (IV-72) sind die wahrscheinlichkeitsbereinigten Preise für zVA im allgemeinen nicht mehr vom Informationsergebnis unabhängig [vgl. (IV-27)]:

$$\text{(IV-74)}\quad \tilde{\pi}^{d+} \neq \tilde{\pi}^{d+}_e \quad (e=1,2,\ldots,E).$$

Wegen (IV-74) ist auch die bei Informationsbeschaffung ex ante zu erwartende Preisänderung für zVA im allgemeinen im Vorzeichen unbestimmt. Kommt es zu keiner Produktionsanpassung, weil zufällig $\tilde{C}^+_{Mt} = \tilde{C}_{Mt}$ (t=0,1,2) gilt, dann ergibt sich keine ex ante-Abweichung vom bei altem Informationsstand gültigen Preis.

Zur Erläuterung des Einflusses der Prognoseänderungen auf die Produktion sei kurz für ein 2-Zeitpunkt-Modell die Anpassung im Zeitpunkt 0, d_0^+, untersucht, wenn f(z) (z=1,2,...,Z) sich ändert. Differenziert man in der Bestimmungsgleichung

$$\rho_0(1-d_0^+)^{-1} = \rho_1\Sigma_z\, f(z)\,\frac{\beta_z}{1-d_z^+}$$

[vgl. AA 5, (28*)] bezüglich $d_0^+ = -\beta_z^{-1}d_z^+$ und f(z) (z=1,2,...,Z), so ergibt sich c.p. unter Beachtung, daß annahmegemäß $\eta_t+C_t > 0$ (t=0,1) und daher $d_0^+ < 1$

$$\text{(IV-75)} \qquad \operatorname{sign} dd_0^+ = \operatorname{sign} \Sigma_z \frac{\beta_z}{1-d_z^+}\, df(z).$$

Verändern sich nur die Eintrittswahrscheinlichkeiten der beiden Umweltzustände z' und z*, erhält man aus der Vorzeichenbedingung (IV-75) den Zusammenhang (vgl. AA 27)

$$\text{(IV-76)} \qquad \operatorname{sign} dd_0^+ = \operatorname{sign}\{(C_{Mz'}^{(+)} - C_{Mz^*}^{(+)})\, df(z^*)\}.$$

Nimmt die Wahrscheinlichkeit für den Umweltzustand des höheren vorläufigen Konsumgüterangebots bzw. optimalen Marktkonsums ab (zu), führt dies nach (IV-76) zu einer Reallokation des Konsums vom Zeitpunkt 0 (1) zum Zeitpunkt 1 (0); denn es ist $dd_0^+ >(<) 0$.

(2) Modifiziert man die Gleichgewichtspreise $\pi_{(.)}^+$ um die Produnktionsanpassung, dann gilt für das Bruttovermögen des Investors i [vgl. (II-56)]:

$$\text{(IV-77)} \qquad \theta_{i0}+W_{i0}^+ = \rho_0^{-1}(\eta_{M0}+C_{M0}^+)\Sigma_t\, \rho_t\, E[\tilde{\tilde{q}}_{it}(1-\tilde{d}_t^+)^{-1}] \quad (i=1,2,...,I).$$

Die Ausstattungsanteile sind im Licht des veränderbaren Marktkonsums zu sehen. Neue Informationen wirken - neben C_{M0}^+ - über die erwartete, relativ zum optimalen Marktkonsum gegebene individuelle Ausstattung auf das Bruttovermögen. Zu beachten ist, daß der Barwert der zukünftigen η_t-Parameter, θ_{i0}, jetzt von exogenen Sicherheitszinssätzen bestimmt wird.

Aus (IV-77) erhält man den bei altem Informationsstand realisierten Vermögensanteil des Investors i [vgl. (II-57)]: $q_i^+ \equiv (\theta_{i0}+W_{i0}^+)/\Sigma_i(\theta_{i0}+W_{i0}^+) = \Sigma_t\, \rho_t\, E[\tilde{\tilde{q}}_{it}(1-\tilde{d}_t^+)^{-1}]$ (beachte, daß

$\Sigma_t \rho_t E[(1-\tilde{d}_t^+)^{-1}] = 1)$. Zusätzliche Informationen ergeben dann folgende Änderungen:

$$\text{(IV-78)} \quad \frac{q_{ie}^+}{q_i^+} = \frac{\Sigma_t \rho_t E[\tilde{\bar{q}}_{it}(1-\tilde{d}_{t|e}^+)^{-1}|e]}{\Sigma_t \rho_t E[\tilde{\bar{q}}_{it}(1-\tilde{d}_t^+)^{-1}]}, \quad \Delta_e q_i^+ = \Sigma_t \rho_t \Delta_e E[\tilde{\bar{q}}_{it}(1-\tilde{d}_t^+)^{-1}] \text{ und}$$

$$\Sigma_e f(e)\Delta_e q_i^+ \gtreqless 0 \quad (i=1,2,\ldots,I).$$

Der realisierte Vermögensanteil eines Investors nimmt somit zu, wenn die Summe aus den gewichteten, zeitpunktbezogenen Erwartungswerten seiner "bereinigten" Ausstattungsanteile zunimmt. Die Bereinigung erfolgt mit Hilfe der Produktionsparameter, die Gewichtung mit den ρ_t-Parametern.

Der zeitliche Verbund der Produktionsanpassung erlaubt eine Umformung der Bestimmungsgleichung von $\Delta_e q_i^+$, so daß nur die unbedingten Eintrittswahrscheinlichkeiten und die Produktionsanpassung im Zeitpunkt 2 betrachtet werden müssen [vgl. (II-58)]:

$$\text{(IV-79)} \quad \Delta_e q_i^+ = \rho_2 \Delta_e E[(\tilde{\bar{q}}_{i0}\tilde{\beta}_{12} + \tilde{\bar{q}}_{i1}\tilde{\beta}_2 + \tilde{\bar{q}}_{i2})(1-\tilde{d}_2^+)^{-1}] \quad (e=1,2,\ldots,E;\ i=1,2,\ldots,I).$$

Kommt es zu keiner *im Zeitpunkt 2* sich auswirkenden Produktionsanpassung, d.h. $\Delta_e d_{s|z}^+ = 0$ für alle e, dann ergibt sich $\Sigma_e f(e)\Delta_e q_i^+ = 0$. Gilt langfristig stochastische Unabhängigkeit zwischen Daten und Informationen, d.h., $f(z,s|e) = f(z,s)$ für alle e, dann ergibt sich $\Delta_e q_i^+ = 0$. Denn es liegen mit den Informationsergebnissen keine neuen Informationen vor: $f(z,s|e) = f(z,s)$ für alle e => $f(z|e) = f(z)$ für alle e und $f(s|z,e) = f(s|z)$ für alle e. Verfügt der Investor über im Zeitablauf konstante, deterministische Ausstattungsanteile, so kann eine zusätzliche Information den realisierten Vermögensanteil nicht verändern: $q_{ie}^+ = \bar{q}_i \Sigma_t \rho_t E[(1-\tilde{d}_{t|e}^+)^{-1}|e] = \bar{q}_i = q_i^+$. Stationär müssen die Ausstattungsanteile deswegen sein, um die intertemporale Wirkung der Produktionsanpassung auf den Vermögensanteil auszuschalten.

Daß die informationsbedingten Änderungen von realisiertem Vermögensanteil und Bruttovermögen nicht übereinstimmen müssen - im Gegensatz zum Fall endogener Sicherheitszinssätze [vgl. (IV-31) und (IV-33)] - zeigt ein Vergleich der Gleichungen (IV-77) und (IV-78): Bei jeweils optimaler risikofreier Produktion gilt

$$\text{(IV-80)} \quad \frac{\Delta_e q_i^+}{q_i^+} \gtreqless \frac{\Delta_e(\theta_{i0}+W_{i0}^+)}{\theta_{i0}+W_{i0}^+} \text{ genau dann, wenn } \Delta_e d_0^+ \gtreqless 0 \quad (e=1,2,\ldots,E;\ i=1,2,\ldots,I).$$

Ist der optimale Marktkonsum im Zeitpunkt 0 bei Informationsergebnis e kleiner/gleich/größer als der optimale Marktkonsum bei altem Informationsstand, $\Delta_e d_0^+ >/=/< 0$, dann wird die relative Änderung des Vermögensanteils größer/gleich/kleiner als diejenige des Bruttovermögens.

(IV-80) läßt sich folgendermaßen deuten: Sei $\Delta_e d_0^+ = 0$; je höher nun das realisierte Bruttovermögen ist, desto weniger risikoscheu ist der Investor, desto größer ist sein realisierter Vermögensanteil. Mit $\Delta_e d_0^+ >(<) 0$ tritt ein weiterer Effekt auf; denn wenn auch $\Delta_e(\theta_{i0}+W_{i0}^+) = 0$ ist - also unveränderte absolute Risikoaversion gilt - nimmt der realisierte Vermögensanteil zu (ab). Das kleiner (größer) werdende aggregierte Bruttovermögen läßt das unveränderte individuelle Bruttovermögen relativ zu(ab)nehmen und damit auch seine Risikohaltung, gemessen an derjenigen des Marktes.

Auf die explizite Darstellung der optimalen bedingten und ex ante zu erwartenden Planrevision des Investor i wird verzichtet. Die optimale zu erwartende Planrevision ist im allgemeinen im Vorzeichen unbestimmt, wie aus der im allgemeinen ebenfalls im Vorzeichen offenen Änderung des Vermögensanteils hervorgeht [vgl. (IV-78)].

(3) Wie gestaltet sich nun die Revision der Konsumstrategie? Homogene Erwartungen und identische ρ_t-Struktur führen unter Berücksichtigung des optimalen Marktkonsums zu der folgenden Strategieänderung [vgl. (II-54)]:

$$\text{(IV-81)} \quad \frac{\eta_{it}+\tilde{C}_{it|e}^+}{\eta_{it}+\tilde{C}_{it}^+} = \frac{q_{ie}^+}{q_i^+} \times \frac{1-\tilde{d}_{t|e}^+}{1-\tilde{d}_t^+} \quad (t=0,1,2;\ e=1,2,\ldots,E;\ i=1,2,\ldots,I).$$

Das Produkt aus der Änderung des individuellen Vermögensanteils und der für alle Investoren gleichermaßen geltenden Änderung des Konsumgüterangebots bestimmt die Änderung des im Planungszeitraum optimalen Konsumplans. Trotz homogener Erwartungen [vgl. (IV-37)] ist die Strategierevision im allgemeinen nicht in allen Zeitpunkten und Umweltzuständen gleich, da die Änderung der Produktionsanpassung zeitpunkt- und zustandsabhängig ist. Damit ist schon angedeutet, daß die Optimierungsmöglichkeit des aggregierten Konsums für die Informationsbewertung wichtig wird.

(4) Die Durchführung der Informationsbeschaffungsmaßnahme verursacht folgende ex ante-Änderung des individuellen Erwartungsnutzens [vgl. AA 28, (1)-(3)]:

$$(\text{IV-82}) \qquad \Delta_i^+ = \Sigma_t \, \rho_t \, \Delta_{it}^+ = P_i^{(u)} + P_{vi}^{(i)} + P_v^{(d)} \gtreqless 0$$

$$\text{mit } P_i^{(u)} + P_{vi}^{(i)} \equiv \Sigma_e \, f(e) \ln \frac{q_{ie}^+}{\Sigma_e \, f(e) q_{ie}^+} + \ln \frac{\Sigma_e \, f(e) q_{ie}^+}{q_i^+} \text{ und}$$

$$P_v^{(d)} \equiv \Sigma_t \, \rho_t \Sigma_e \, f(e) E(\ln \frac{1-\tilde{d}_{t|e}^+}{1-\tilde{d}_t^+} | e) \geq 0 \text{ für alle i.}$$

Die zusätzlichen Definitionen werden später benutzt und erläutert. Im Moment können sie unbeachtet bleiben.

Es ergibt sich im allgemeinen ein im Vorzeichen unbestimmter Informationswert. Demzufolge kann sich trotz homogener Erwartungen die Informationsbeschaffung und -auswertung für einen Investor als vorteilhaft erweisen. Der Grund liegt in der Optimierungsmöglichkeit des Marktkonsums.

(41) Um das Zustandekommen des Ergebnisses (IV-82) zu verdeutlichen, werden zunächst wiederum stochastische Grenzfälle untersucht. Dabei wird von beliebigen Ausstattungsanteilen ausgegangen. Gilt in allen Umweltzuständen ein informationsunabhängiger Marktkonsum, so heben sich z.B. die Anpassungen der kurz- und langfristigen risikofreien Investitionen (im volkswirtschaftlichen Investitionsprogramm) des Zeitpunkts 0 gerade auf. Ein unveränderter optimaler Marktkonsum verursacht aber einen nichtpositiven Informationswert, $\Delta_i^+ \leq 0$ für alle i [vgl. AA 28, (4)]. Die Struktur der optimalen Konsumstrategie ist hier von den Informationsergebnissen unabhängig.

Damit läßt sich sich das im Vorzeichen unbestimmte Ergebnis (IV-82) wie folgt deuten: Führen unterschiedliche Informationsergebnisse zu unterschiedlich hohem optimalen Marktkonsum, dann vermag jeder Investor seine bei altem Informationsstand optimale Konsumstruktur den neuen Informationen anzupassen. Daher sind Zusatz-

Informationen von Nutzen, und der Informationswert Δ_i^+ kann positiv sein.

(42) Ein informationsunabhängiger Marktkonsum beinhaltet, daß zusätzliche Informationen zu keiner Produktionsanpassung "über $\tilde{d}_t^+$ hinaus" führen, d.h., das vorläufige Konsumgüterangebot wird lediglich dem bei altem Informationsstand optimalen Marktkonsum angepaßt. Informationergebnisse ziehen dann ausschließlich Umverteilungen nach sich, und bei homogenen Erwartungen müssen diese ex ante verschwinden. Daher gilt folgende Beziehung [vgl. AA 28, (4) i.V. mit (IV-78)]:

$$\text{(IV-83)} \quad \Sigma_e\ f(e)q_{ie}^+ = q_i^+, \text{ falls } \Delta_e\tilde{d}_t^+ = 0 \text{ für alle t und e} \quad (i=1,2,\ldots,I).$$

Gemäß (IV-83) kann eine informationsbedingte Anpassung des volkswirtschaftlichen Investitionsprogramms über die ex ante-Abweichung des Vermögensanteils auf den Informationswert wirken. Diese Wirkung wird im folgenden als *indirekter Investitionseffekt*, $P_{vi}^{(i)}$, bezeichnet [vgl. (IV-82)].

Aber auch unabhängig von der Vermögenssituation geht von der Produktionsanpassung ein Einfluß auf den Informationswert aus, mit $P_v^{(d)}$ symbolisiert und als *direkter Investitionseffekt* bezeichnet [vgl. (IV-82)]. $P_v^{(d)}$ schaltet den "Vermögenseffekt" aus und beruht auf der informationsbedingten Änderung des optimalen Marktkonsums. $P_i^{(u)}$ [vgl. (IV-82)] stellt schließlich den Umverteilungseffekt dar. Er mißt den ex ante-Einfluß neuer Informationen auf den individuellen Erwartungsnutzen, "als ob" es zu keiner zusätzlichen Produktionsanpassung käme.

Damit ergibt sich die in (IV-82) aufgezeigte Aufspaltung des Informationswertes. Sie wird anschließend im einzelnen erörtert.

(a) Für den Umverteilungseffekt gilt [vgl. AA 28, (2)]:

$$\text{(IV-84)} \quad P_i^{(u)} \leqq 0 \quad (i=1,2,\ldots,I).$$

ln(.) ist in keinem (noch so kleinen) Teilintervall linear. Daraus folgt, daß $P_i^{(u)}$ [vgl. (IV-82)] genau dann gleich 0 wird, wenn $q_{ie}^+ = q_i^+$ für alle e; d.h., der gleichgewichtige Vermögensanteil ist unabhängig vom Informationsergebnis und damit von der Informationsbeschaffung. Diese Situation liegt vor, wenn langfristige stochastische Unabhängigkeit zwischen Daten und Informationen und/oder stationäre, deterministische Ausstattungsanteile gegeben sind. Entsprechen die realisierten Vermögensanteile aufgrund neuer Informationen ex ante im Erwartungswert dem bei altem Informationsstand realisierten, dann ist der damit verbundene Beitrag zum Informationswert nichtpositiv.

Des weiteren stellt sich nach wie vor ein absolut gesehen umso größerer Umverteilungseffekt ein, je mehr die q_{ie}^{+} (e=1,2,...,E) um q_i^{+} "streuen" (vgl. AA 20). Die riskanter werdende zusätzliche Umverteilung führt dann ex ante zu einer verstärkten Erwartungsnutzenminderung bei Durchführung der Informationsbeschaffungmaßnahme.

Unter bestimmten Voraussetzungen kann auch bei variabler Produktion und exogenen Sicherheitszinssätzen die aus der Individualanalyse bekannte Rangordnung der Informationswerte bei vollkommener und unvollkommener Information "auf den Kopf" gestellt werden. Dazu sei auf Abschnitt 2.1.1.1, Punkt (41) verwiesen; der dortige Punkt (42) erklärt den Umverteilungseffekt.

(b) Der indirekte Investitionseffekt hat im allgemeinen ein unbestimmtes Vorzeichen [vgl. AA 28, (2)]:

(IV-85) $P_{vi}^{(i)} \gtreqless 0$ (i=1,2,...,I; nicht für alle i dasselbe Vorzeichen).

Zur Diskussion des indirekten Investitionseffektes kann teilweise auf diejenige des indirekten Prognoseeffektes [Abschnitt 2.1.1.2, Punkt (42b)] verwiesen werden.

Als Rangordnung von $P_{vi}^{(i)}$ bei vollkommener und unvollkommener Information ergibt sich [vgl. die zu (IV-58) genannten Prämissen]

(IV-86) $P_{vi}^{(i,a)} \geqq P_{vi}^{(i,r)} > P_{vi}^{(i)}$.

Der indirekte Investitionseffekt wird genau dann gleich 0, wenn keine ex ante-Abweichung des realisierten Vermögensanteils bei Durchführung der Informationsbeschaffungsmaßnahme auftritt. Dies ist der Fall, wenn es keine informationsbedingte Änderung des Marktkonsums gibt und/oder stationäre, deterministische Ausstattungsanteile vorliegen und/oder langfristige stochastische Unabhängigkeit zwischen Daten und Informationen herrscht.

(c) Der für alle Investoren gleichermaßen sich ergebende direkte Investitionseffekt zusätzlicher Informationen ist bei homogenen

Erwartungen nichtnegativ [vgl. AA 28, (3)]:

(IV-87) $\quad P_V^{(d)} \geqq 0.$

Da ln(.) in keinem Teilintervall linear ist, ergibt sich Gleichheit genau dann, wenn das gewichtete geometrische Mittel der Marktkonsumänderungen einer jeden Zustandsfolge informationsunabhängig ist; die Gewichtungsfaktoren bilden die ρ_t-Parameter: $P_V^{(d)} = 0 <=> \Pi_{t=0}^{2}(1-\tilde{d}_{t|e}^{+})^{\rho_t} = \Pi_{t=0}^{2}(1-\tilde{d}_t^{+})^{\rho_t}$ für alle e [vgl. AA 28, (73*)]. Diese Bedingung ist genau dann erfüllt, wenn der Marktkonsum informationsunabhängig ist und folglich die Parameter der Produktionsanpassung von den zusätzlichen Informationen nicht berührt werden, d.h., $\tilde{d}_{t|e}^{+} = \tilde{d}_t^{+}$ für alle t und e. Denn das Nutzenmaximum Ψ_M^+ ist konvex bezüglich der Wahrscheinlichkeitsverteilungen, so daß $P_V^{(d)}$ nur dann gleich 0 sein kann, wenn sich $\Psi_{Me}^+ = \Psi_M^+$ für alle e einstellt [vgl. AA 28, (3)]. Dies bedeutet aber Unabhängigkeit des optimalen Marktkonsums von den Informationsergebnissen, denn mit strikt konkaver Präferenzfunktion sind alle Maxima eindeutig.

Der nichtnegative direkte Investitionseffekt läßt sich wie folgt erklären: Eine Optimierung des Marktkonsums kann bei homogenen Erwartungen als "Quasi-Individualanalyse" angesehen werden, wenn man die Gesamtheit der Investoren als eine Einheit sieht. In der Individualanalyse ergibt sich jedoch bei Fehlen von Informationskosten eine ex ante nichtnegative Erwartungsnutzenänderung.

Die letztgenannte Überlegung führt unmittelbar zum Zusammenhang

(IV-88) $\quad P_V^{(d,a)} \geqq P_V^{(d,r)} > P_V^{(d)} \geqq 0,$

d.h., Punktprognosen können den direkten Investitionseffekt nicht schmälern. $P_V^{(d,a)}$ baut wiederum auf gleichverteilten Umweltzuständen auf.

Da bei der Ableitung des direkten Investitionseffektes die Investoren in ihrer Gesamtheit betrachtet werden, können spezielle Gegebenheiten in der individuellen Ausstattung keinen Einfluß auf $P_V^{(d)}$ haben.

(d) Die Erörterung der Einzeleffekte zeigt, daß Umverteilungs-

und direkter Investitionseffekt entgegengesetzte Vorzeichen haben, sofern beide von 0 verschieden sind. Damit ist der Informationswert Δ_i^+ im Vorzeichen unbestimmt; er wird positiv (negativ), wenn der Investitionseffekt den Umverteilungseffekt (nicht) dominiert.

Verfügt der Investor über einen im Zeitablauf konstanten, zustandsunabhängigen Ausstattungsanteil - $\tilde{\bar{q}}_{it} = \bar{q}_i$ für alle t -, kann es zu keiner Umverteilung kommen. Denn, obgleich das realisierte Bruttovermögen und damit die Risikoscheu des Investors sich bei einer Änderung des optimalen Marktkonsums im Zeitpunkt 0 infolge neuer Informationen ebenfalls ändern, der realisierte Vermögensanteil wird von den neuen Informationen nicht tangiert. Die zusätzliche Anpassung des Konsumgüterangebots gilt ja für alle Investoren. Damit müssen bei informationsunabhängigem q_i^+ der Umverteilungs- und indirekte Investitionseffekt verschwinden, denn beide Effekte bauen auf dem Vermögensanteil auf. Unabhängig von der Vermögensverteilung bleibt jedoch die Möglichkeit zur Optimierung des aggregierten Konsums. Die zusätzlichen Informationen können genutzt werden, und der Informationsvorteil wird vom nichtnegativen direkten Investitionseffekt dargestellt. Im einzelnen geschieht die Nutzung eines Informationsergebnisses durch die Umschichtung in den risikofreien Portefeuilles. Die riskanten Portefeuilles bleiben unverändert. Demzufolge ist der Informationswert Δ_i^+ bei stationären, deterministischen Ausstattungsanteilen des Investors i nichtnegativ.

Δ_i^+ kann - wie bereits erwähnt - für alle Investoren positiv[1] oder negativ[2], die Informationsbeschaffung und -auswertung folglich für jeden Investor von Vorteil oder von Nachteil sein. Aber

---

[1] Damit werden die Vermutungen in der Literatur über einen eventuell produktiven Nutzen von Informationen bestätigt. Vgl. z.B. *Hirshleifer (1971, 566f.)*.

[2] Ein kompletter Wertpapiermarkt ist nicht notwendig, um einen für alle Investoren negativen Informationswert zu erzeugen. Geht man vereinfachend von einem 2-Zeitpunkt-Modell ohne intertemporale Konsumallokation aus, dann realisiert *bei homogenen Erwartungen* jeder Investor gemäß seinem Vermögensanteil einen Anteil am vorgegebenen Marktkonsum. Da alle individuellen Strukturen des Bruttokonsums nicht vom Informationsergebnis abhängen, sind zusätzliche Informationen bei beliebiger Ausstattung und stochastischer Abhängigkeit zwischen Daten und Informationen für jeden Investor nachteilig. Entscheidend für dieses Ergebnis ist die Annahme homogener Erwartungen. Das Modell kompletter Märkte erscheint demnach für den Problemkreis nicht ganz so restriktiv, wie anderenorts befürchtet. Vgl. *Schmidt (1982, 738)*.

auch konfliktäre Situationen sind denkbar, d.h., daß ein Investor sich beim Einholen und Verarbeiten zusätzlicher Informationen schlechter, ein anderer dagegen besser stellt.

Zusammenfassend ist festzustellen: Die infolge exogener Sicherheitszinssätze mögliche Anpassung des optimalen Marktkonsums an zusätzliche Informationen schafft für jeden Investor einen Informationsvorteil, trotz homogener Erwartungen. Infolgedessen kann die Nutzenminderung der stochastischen Umverteilung abgeschwächt oder ggf. sogar mehr als ausgeglichen werden. Je mehr die individuellen Ausstattungsanteile von Zeitpunkt zu Zeitpunkt und Zustand zu Zustand voneinander abweichen, desto größer muß die Sensitivität des optimalen Marktkonsums auf Informationsstandsänderungen sein, soll die Durchführung der Informationsbeschaffungsmaßnahme nicht uninteressant werden. Dies gilt für alle Investoren.

(43) Tritt Informationsergebnis $\bar{e}$ ein, dann ergibt sich die folgende ex post-"Beurteilung" der Informationsbeschaffungsmaßnahme durch Investor i, wenn wieder vereinfachend von $f(s|z,e) = f(s|z)$ für alle e ausgegangen wird.

$$\text{(IV-89)} \qquad \Psi^+_{i\bar{e}} - \Psi^+_i = \ln \frac{q^+_{i\bar{e}}}{q^+_i} + P^{(d)}_{v\bar{e}} + K^{\pm}_{\bar{e}} \quad (i=1,2,\ldots,I).$$

Dabei ist $P^{(d)}_{v\bar{e}} \equiv \Sigma_t \, \rho_t \, E(\ln \frac{1-\tilde{d}^+_{t|\bar{e}}}{1-\tilde{d}^+_t}|\bar{e})$ [vgl. (IV-82)]. Exogene Sicherheitszinssätze bewirken das Auftauchen eines bedingten direkten Investitionseffektes und einer gleichgewichtsabhängigen Nutzenkorrektur [vgl. dazu (IV-41)]. Nach wie vor verschwindet ex ante die Korrekturgröße. Ansonsten ist hier der früheren Diskussion nichts hinzuzufügen.

(44) Abschließend soll wiederum das Zustandekommen des Informationswertes anhand einer Grafik verdeutlicht werden. Dazu wird - abweichend von vorangegangenen grafischen Darstellungen - vom individuellen Erwartungsnutzen im Marktgleichgewicht bei altem Informationsstand ausgegangen [vgl. AA 28, (3)]:

$$\Psi^+_i(\phi) = \ln q^+_i(\phi) + \Psi^+_M(\phi).$$

Es sei:

-- $Z = 2$,

-- $\eta_{M1}+C_{M1} > \eta_{M1}+C_{M2} > 1$,
-- $\partial q_i^+/\partial f(1) < 0$, $\partial^2 q_i^+/\partial f(1)^2 < 0$ für $0 < f(1) < 1$,
-- $\tilde{d}_t^+ = 0$ für alle t,
-- $f(s|z,e) = f(s|z) = f(s)$ für alle e, z und
-- $f(1|e{=}1) \equiv f(1|\Phi_1) < f(1|\Phi) < f(1|\Phi_2) \equiv f(1|e{=}2)$.

$\Psi_M^+(\phi)$ ist konvex in den Wahrscheinlichkeitsverteilungen [vgl. AA 28, (3)], und unter den vereinfachenden Annahmen folgt

$$\Psi_M^+(\phi) = \Sigma_t\ \rho_t\ E[\ln\{1-\tilde{d}_t^+(\phi)\}|\phi] + \Sigma_{t=1}^2\ \rho_t\ E[\ln(\eta_{Mt}+\tilde{C}_{Mt})|\phi] + \rho_0\ \ln(\eta_{M0}+C_{M0})$$

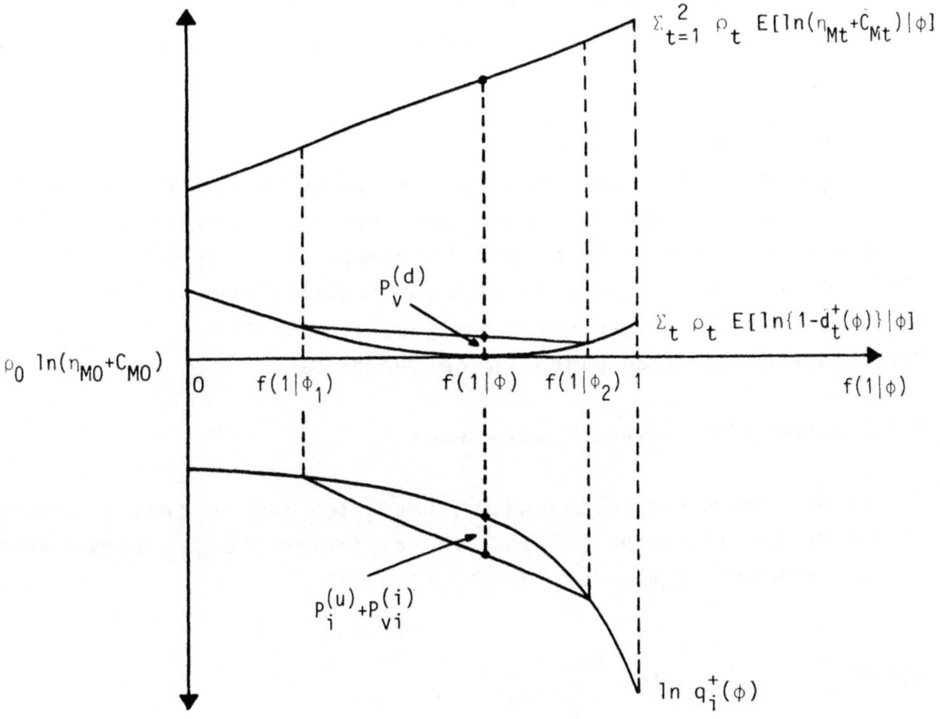

Abbildung 8: Ein Beispiel für einen negativen Informationswert im Rahmen der Marktanalyse bei homogenen Erwartungen und optimalem Marktkonsum

Die Abszisse in *Abbildung 8* stellt das informationsunabhängige

Nutzenniveau $\rho_0 \ln(\eta_{M0}+C_{M0})$ dar. Die obere Funktion im 1. Quadranten zeigt die in $f(1|\phi)$ lineare Funktion $\Sigma_{t=1}^{2} \rho_t E[\ln(\eta_{Mt}+\tilde{C}_{Mt}|\phi]$. Der Punkt auf der Geraden verdeutlicht - wie in *Abbildung 7*, S. 112 - ein ex ante unveränderter Funktionswert wegen $f(1|\phi) = \Sigma_e f(e)f(1|\Phi_e)$. Die untere Funktion $\Sigma_t \rho_t E[\ln\{1-\tilde{d}_t^+(\phi)\}|\phi]$ im 1. Quadranten bildet die Grundlage des direkten Investitionseffektes, da es bei altem Informationsstand annahmegemäß zu keiner Produktionsanpassung kommt. Diese Funktion ist konvex in $f(1|\phi)$ [vgl. AA 28, (3)]. Daher gilt wegen $\tilde{d}_t^+ = 0$ für alle t

$$P_v^{(d)} = \Sigma_t \rho_t \Sigma_e f(e)E[\ln(1-\tilde{d}_{t|e}^+)|\Phi_e] > \Sigma_t \rho_t E[\ln(1-\tilde{d}_t^+)|\Phi] = 0.$$

Im 4. Quadranten zeigt *Abbildung 8* den Funktionsverlauf des logarithmierten Vermögensanteils, der in $f(1|\phi)$ konkav ist, da $q_i^+(\phi)$ als konkav in $f(1|\phi)$ angenommen wird[1]. Es folgt

$$P_i^{(u)} + P_{vi}^{(i)} = \Sigma_e f(e)\ln q_i^+(\Phi_e) - \ln q_i^+(\Phi) < 0.$$

Das gewählte Beispiel zeigt einen negativen Informationswert, da die Summe aus Umverteilungs- und indirektem Investitionseffekt den direkten Investitionseffekt überkompensiert: $|P_i^{(d)}+P_{vi}^{(u)}| > P_v^{(d)} > 0$. Der Grund liegt in der im Vergleich zum realisierten Vermögensanteil weniger stark ausgeprägten Reaktion des optimalen Marktkonsums auf Änderungen in den Prognosen.

2.2.1.2 bei heterogenen Erwartungen

(1) Die im Marktgleichgewicht bedingten und ex ante zu erwartenden Preisänderungen für zVA in der Informationssituation heterogener Erwartungen lauten [vgl. (II-55)]

$$\text{(IV-90)} \qquad \Delta_e \pi_z^+ = \Delta_e [f_M^+(z) \frac{1-d_0^+}{1-d_z^+}] \gamma_{Mz}^{-1},$$

[1] Beachte, daß $q_i^+(\phi)$ im allgemeinen im Modell mit variabler Produktion im Gegensatz zum Fall fest vorgegebener Produktion nicht mehr linear in $f(1|\phi)$ ist, denn die Anpassungsparameter $\tilde{d}_t^+$ gehen in die Bestimmungsgleichung für $q_i^+(\phi)$ ein [vgl. (II-57)].

$$\Delta_e \pi^+_{zs} = \Delta_e [f^+_M(z,s) \frac{1-d^+_0}{1-d^+_{s|z}}] \gamma^{-1}_{Mzs} \text{ und}$$

$$\Sigma_e f_i(e)\Delta_e \pi^+_{(.)} \gtreqless 0 \quad (e=1,2,\ldots,E;\ z=1,2,\ldots,Z;\ s=1,2,\ldots,S).$$

Vergleicht man in (IV-90) und (IV-72) die bedingten Preisänderungen im Fall heterogener und homogener Erwartungen miteinander, zeigt sich ein Unterschied in der Marktprognose. Hier eine von der Vermögensverteilung und den Individualprognosen bestimmte aggregierte Eintrittswahrscheinlichkeit - und damit ein Abweichen von Individual- und Marktprognose -, dort die Übereinstimmung von Individual- und Marktprognose.

Des weiteren zeigt (IV-90), daß sich unabhängig von den Prognosemodellen der einzelnen Investoren im Marktgleichgewicht von den Informationsergebnissen unbeeinflußte Preise bilden, wenn durch den Wertpapierhandel langfristige stochastische Unabhängigkeit zwischen Daten und Informationen erzeugt wird: $f^+_M(z,s|e) = f^+_M(z,s)$ unabhängig von e => $\Delta_e \pi^+_z = \Delta_e \pi^+_{zs} = 0$ für alle e, z und s [vgl. AA 5, (28*)][1].

Die Ausführungen zur bedingten Preisänderung für zVA [vgl. (IV-73)] und zur Produktionsanpassung [vgl. (IV-76)] bei homogenen Erwartungen gelten weiterhin, wenn die Wahrscheinlichkeiten jetzt im Licht der im Marktgleichgewicht sich ergebenden aggregierten Wahrscheinlichkeiten interpretiert werden.

Die zu erwartende Preisänderung eines zVA wird, wenn es zu bedingten Preisänderungen kommt, aufgrund heterogener Informationserwartungen, d.h., $f_i(e) \neq f_{i'}(e)$ $(i \neq i')$, in der Regel für mindestens 2 Investoren unterschiedlich ausfallen.

(2) Zur Bestimmung des realisierten Bruttovermögens gilt es, bei heterogenen Erwartungen von der im Marktgleichgewicht gültigen Marktprognose auszugehen [vgl. (II-56)]:

(IV-91) $$\theta_{i0}+W^+_{i0} = \rho_0^{-1}(\eta_{M0}+C^+_{M0})\Sigma_t\, \rho_t\ E^+_M[\tilde{\bar{q}}_{it}(1-\tilde{d}^+_t)^{-1}] \quad (i=1,2,\ldots,I).$$

Hieraus folgen dann unmittelbar die zu (IV-78) und (IV-79) analo-

---

[1] Beachte: $f^+_M(z,s|e) = f^+_M(z,s)$ für alle e => $f^+_M(z|e) = f^+_M(z)$ für alle e und $f^+_M(s|z,e) = f^+_M(s|z)$ für alle e wegen identischer ρ_t-Struktur.

gen Beziehungen über die bedingte und zu erwartende Änderung des realisierten Vermögensanteils, wenn man f(.) durch $f_M^+(.)$ ersetzt und heterogene Informationserwartungen berücksichtigt. Im Markt herrschende langfristige stochastische Unabhängigkeit zwischen Daten und Informationen und/oder im Zeitablauf konstante, deterministische Ausstattungsanteile liefern einen von zusätzlichen Informationen unabhängigen Vermögensanteil. M.a.W.: Insbesondere das Zusammentreffen *individueller* zustandsabhängiger Ausstattungsanteile und sich verändernde *aggregierte* Eintrittswahrscheinlichkeiten der betreffenden Umweltzustände bestimmen die realisierte Änderung im Vermögensanteil.

(3) Die für die Informationsbewertung benötigte Revision der Konsumstrategie ergibt sich aus der Verbindung von (IV-81) und (IV-56). So ist in (IV-81) für die Konsumrevision in den Umweltzuständen der zukünftigen Zeitpunkte zusätzlich die Änderung des entsprechenden Prognoseverhältnisses multiplikativ zu berücksichtigen.

(4) Bei heterogenen Erwartungen ergibt sich der folgende Wert der Informationsbeschaffungsmaßnahme [vgl. AA 29, (1)-(2)]:

$$\text{(IV-92)} \quad \Delta_i^+ = \Sigma_t \, \rho_t \, \Delta_{it}^+ = P_i^{(u)} + [P_i^{(i)} + P_{vi}^{(i)}] + P_i^{(d)} + P_{vi}^{(d)} \gtreqless 0$$

mit $[P_i^{(i)}+P_{vi}^{(i)}] \equiv \ln \dfrac{\Sigma_e f_i(e) q_{ie}^+}{q_i^+}$ und $P_{vi}^{(d)}$ gemäß (IV-82) unter Berücksichtigung der individuellen Eintrittswahrscheinlichkeiten $f_i(e,.)$ $(e=1,2,...,E)$. Die sonstigen Definitionen gehen aus (IV-53), (IV-55) und (IV-82) hervor. (IV-92) gilt für alle i.

In den Informationswert Δ_i^+ spielen jetzt alle bisher unterschiedenen Einflüsse hinein: der Umverteilungseffekt, der indirekte und direkte Prognoseeffekt und der indirekte und direkte Investitionseffekt. Und *alle* Effekte können von Investor zu Investor unterschiedlich sein. Informationsbeschaffung und -auswertung können sich demnach ex ante positiv oder negativ auf den Erwartungsnutzen des Investors auswirken, je nachdem ob die Prognose- und Investitionswirkungen zusätzlicher Informationen die Umverteilungswirkung überkompensieren kann oder nicht.

(41) Es werden beliebige Ausstattungsanteile vorausgesetzt. Sei $\Delta_e f_M^+(z,s) = 0$ unabhängig von e und $f_i(z|e) = f_M^+(z|e)$,

$f_i(z) = f^+_M(z)$ und damit $f_i(z|e) = f_i(z)$ wegen $f^+_M(z|e) = f^+_M(z)$ aus $\Delta_e f^+_M(z,s) = 0$, insgesamt für alle e, z und s. Dann ergibt sich ein nichtnegativer Informationswert, $\Delta^+_i \geqq 0$. Denn der Investor befindet sich quasi in der Situation der Individualanalyse. Es kommt im Zeitpunkt 0 zu keinen Preisänderungen für Vermögensansprüche, weil durch die im Markt gegebene langfristige stochastische Unabhängigkeit zwischen Daten und Informationen auch der optimale Marktkonsum aller Zeitpunkte nicht auf die neuen Informationen reagiert. Dann bleibt aber auch das realisierte Vermögen und damit der realisierte Vermögensanteil unverändert [vgl. (IV-91) im Licht von (IV-79)]: Es ist $P^{(u)}_i = P^{(i)}_i + P^{(i)}_{vi} = 0$, also tritt kein Umverteilungseffekt und kein indirekter Prognose- bzw. Investitionseffekt auf. Der Investor kann seinen Informationsvorteil in bezug auf den Zeitpunkt 2 im Handel mit anderen nutzen, der direkte Prognoseeffekt ist daher nichtnegativ [vgl. AA 29, (3)]. Dazu kommt ein verschwindender direkter Investitionseffekt [vgl. AA 29, (4)]. Der Informationswert Δ^+_i ist für alle Investoren nichtnegativ, wenn für die Umweltzustände des Zeitpunktes 1 identische Prognosen sowohl bei altem als auch bei neuem Informationsstand vorliegen; denn dann ist der direkte Prognose- und Investitionseffekt für alle Investoren nichtnegativ. Zur Problematik dieser Situation sei auf die Ausführungen in Abschnitt 2.1.1.2, Punkt (42d) verwiesen.

Sei $\Delta_e \tilde{d}^+_t = \Delta_e[f_i(.)/f^+_M(.)] = 0$ unabhängig von e (t=0,1,2), d. h., die optimale risikofreie Produktion der Volkswirtschaft und das Prognoseverhältnis des Investors i seien unabhängig von den zusätzlichen Informationen. Dann ergibt sich ein nichtpositiver Informationswert, $\Delta^+_i \leqq 0$. Denn die optimale Struktur des Bruttokonsums von Investor i ist unabhängig von den Informationsergebnissen, da er "exakt im Markt liegt". Vor allem ändert sich bei neuen Informationen nicht der bei altem Informationsstand optimale Marktkonsum. Beides zusammen führt zu einem Verschwinden sowohl der direkten als auch der indirekten Effekte. Es bleibt der nichtpositive Umverteilungseffekt. Der Informationswert Δ^+_i ist dann für alle Investoren nichtpositiv, wenn kein Investor eine neue Bruttokonsumstruktur realisiert.

(42) Zur näheren Diskussion der Einzeleffekte wird auf die Ausführungen zu den Gleichungen (IV-56)ff. und (IV-84)ff. verwiesen. Näher zu betrachten ist der direkte Investitionseffekt, der bei

heterogenen Erwartungen einen individuellen Charakter bekommt. Es gilt [vgl. AA 29, (2)]:

(IV-93) $P_{vi}^{(d)} \gtreqless 0 \quad (i=1,2,\ldots,I)$.

Bei heterogenen Erwartungen hat der direkte Investitionseffekt im allgemeinen ein unbestimmtes Vorzeichen.

Wie ist dieses Ergebnis zu deuten? Angenommen, Markt- und Individualprognose des Investors i sind identisch. Dann muß der direkte Investitionseffekt nichtnegativ sein [vgl. AA 29, (5)]. Denn die direkten Wirkungen zusätzlicher Informationen auf den optimalen Marktkonsum werden damit auch mit der individuellen Prognose aus der Sicht der Gesamtheit der Investoren exakt erfaßt. Im allgemeinen wird der Investor i jedoch andere Erwartungen hegen als der Markt. Infolgedessen kann es zu einer vom Markt abweichenden Beurteilung der informationsbedingten Änderung im optimalen Marktkonsum kommen, z.B. wächst der Marktkonsum, obwohl der Investor eine Verminderung vorziehen würde. Dazu ist vorausgesetzt, daß im Markt keine stochastische Unabhängigkeit zwischen Daten und Informationen herrscht; denn in diesem Fall verschwindet der direkte Investitionseffekt.

Fazit: Wie (IV-92) zeigt, läßt sich keine generelle Aussage über das Vorzeichen des Informationswertes Δ_i^+ machen. Der Erwartungsnutzen eines Investors kann bei Durchführung der Informationsbeschaffungsmaßnahme ex ante steigen, gleichbleiben oder fallen. Entscheidend ist die relative Größenordnung der Einzeleffekte.

Bisher galt es, den Umverteilungseffekt mit Hilfe des Prognose- bzw. Investitionseffektes abzuschwächen. Daß letztere jetzt gemeinsam auftreten, bedeutet im allgemeinen allerdings nicht, daß die Informationsbeschaffungsmaßnahme für einen Investor "eher" interessant wird. Denn direkter Prognose- und direkter Investitioseffekt können sich zum Teil in ihrer Wirkung aufheben. Eine zunehmende Abweichung der individuellen von der aggregierten Prognose bedeutet nämlich tendentiell einen wachsenden direkten Prognoseeffekt, aber einen schrumpfenden direkten Investitionseffekt. Dies gilt für alle Investoren.

2.2.2 mit Informationskosten

(1) Ausgehend von positiven exogenen Sicherheitszinssätzen des kompletten Kapitalmarktes finanziert jetzt die Gesamtheit der Investoren die Informationsbeschaffungsmaßnahme mit einem Teil des *optimalen* Konsumgüterangebots. Dieser stimmt im Marktgleichgewicht mit der Verringerung des optimalen Marktkonsums in Höhe der auf den Zeitpunkt 0 bezogenen, aggregierten Auszahlung ιI überein. Daß die Informationsauszahlung positiv ist, hat keine Auswirkungen auf die bei kostenloser Information optimale Produktionsanpassung. Denn neben den vorgegebenen sicheren Investitionsrenditen $k_{(.)}$ sind auch die *vorläufigen* Zinssätze für sichere Anlagen bei Informationsergebnis e, $k^+_{(.|e)}$, wegen (IV-63) von ι unabhängig: $\Delta_e \tilde{d}^+_t(\iota) = \Delta_e \tilde{d}^+_t(0)$. Dann bleibt aber die gesamtwirtschaftliche Grenzrate der Substitution des Konsums bezüglich aller Zustandpaare trotz $\iota > 0$ unverändert. Es folgt das Ergebnis (IV-63) auch bei variabler Produktion, wobei $\Sigma_z\ \pi^+_{z|e} = (1+k_1)^{-1}$ und $\Sigma_z\Sigma_s\ \pi^+_{zs|e} = (1+k_{12})^{-2}$ für alle e [vgl. AA 24 und ersetze $\tilde{C}_{Mt}$ durch $\tilde{C}^+_{Mt}$]: Die aktualisierten Gleichgewichtspreise für zVA im Zeitpunkt 0 sind unabhängig von der Informationsauszahlung ι.

(2) Analog zu den Gleichungen in (IV-67) ergibt sich für die Änderung des realisierten Bruttovermögens eines Investors i infolge des Informationsergebnisses e [beachte: $\rho_0(\theta_{i0}+W^+_{i0}) = q^+_i \times (\eta_{M0}+C^+_{M0})$, $\rho_0[\theta_{i0}+W^+_{i0|e}(\iota)] = q^+_{ie}(\iota)(\eta_{M0}+C^+_{M0}-\iota^+_{M0})$ und $W^+_{i0|e}(\iota) = W^+_{i0|e}-\iota$]:

$$\text{(IV-94)} \quad \frac{\theta_{i0}+W^+_{i0|e}(\iota)}{\theta_{i0}+W^+_{i0}} = \frac{q^+_{ie}(\iota)}{q^+_i} \times \frac{1-d^+_{0|e}}{1-d^+_0}\left(1-\frac{\iota^+_{M0}}{\eta_{M0}+C^+_{M0|e}}\right) = \frac{q^+_{ie}}{q^+_i} \times \frac{1-d^+_{0|e}}{1-d^+_0}\left(1-\frac{\iota}{\theta_{i0}+W^+_{i0|e}}\right)$$

$$(e=1,2,\ldots,E).$$

Wie zu erwarten, liegt der Unterschied zu (IV-67) darin, daß die informationsbedingte Änderung des optimalen Marktkonsums Berücksichtigung findet. Zur Diskussion wird auf die Ausführungen zu (IV-67) verwiesen. Dabei ist zu beachten, daß jetzt $\Delta_e\theta_{i0} = 0$ und die aggregierten Größen optimiert und dem aktuellen Informationsstand angepaßt sind. Da die optimale Marktkonsumänderung zu keiner Vermögensumverteilung führt, muß auch (IV-68) unverändert gelten.

(3) Der Informationswert läßt sich mit Hilfe der Beziehung (IV-70) bestimmen, wenn θ_{i0} an die Stelle von $\theta^+_{i0|e}$ tritt. Denn mit exogenen Sicherheitszinssätzen ist dieser Parameter ebenfalls fest vorgegeben. Ferner hat man die Optimierungsmöglichkeit des Marktkonsums zu berücksichtigen. Es gilt:

$$\text{(IV-95)} \quad \Delta^+_i(\iota) = \Sigma_t \, \rho_t \, \Delta^+_{it}(\iota) = \Delta^+_i - \nabla^+_i(\iota) \gtreqless 0$$

mit $\Delta^+_i \equiv \Delta^+_i(\iota=0)$ gemäß (IV-92),

$$\nabla^+_i(\iota) \equiv -\Sigma_e \, f_i(e)\ln(1 - \frac{\iota}{\theta_{i0}+W^+_{i0|e}}) \geq 0 \text{ für alle } i.$$

Infolge des Investitionseffektes ist der Informationswert $\Delta^+_i(\iota)$ sowohl bei homogenen als auch bei heterogenen Erwartungen im allgemeinen im Vorzeichen unbestimmt. Die Vorteilhaftigkeit der Informationsbeschaffungsmaßnahme setzt natürlich $\Delta^+_i > 0$ voraus, aber ohne Kenntnis der Daten ist nicht festzustellen, ob der Informationswert $\Delta^+_i(\iota)$ positiv wird.

Ob die Informationskosten nicht schon von vornherein zu hoch sind und damit die zusätzliche Informationsmöglichkeit uninteressant wird, läßt sich wiederum anhand einer Schranke feststellen, die auch den Investitionseffekt berücksichtigt: Auf der linken Seite der Ungleichung auf S. 139 ist $\theta^+_{i0|e}$ durch θ_{i0} zu ersetzen, auf der rechten Seite kommt der Faktor

$$\Pi^2_{t=0}(1 + \left|\frac{\Delta_e(1-\tilde{d}^+_t)}{1-\tilde{d}^+_t}\right|_{max})$$

hinzu (zur Ableitung vgl. analog AA 26). $|.|_{max}$ wird über alle Informationsergebnisse *und* Zustände eines Zeitpunktes gebildet, was vereinfachend die Tilde erfaßt.

Die Informationskosten sind nur dann abhängig von den Informationsergebnissen und damit ex post und ex ante unterschiedlich, wenn sich im Marktgleichgewicht langfristige stochastische Abhängigkeit zwischen Daten und Informationen einstellt. Denn andernfalls folgt aufgrund unveränderter Preise für zVA ein informationsunabhängiges Vermögen, und zwar für jeden Investor.

V Die Beurteilung der Informationseffizienz

1 Problemstellung, Definitionen und Annahmen

Das Ergebnis der Informationsbewertung aller Investoren stellt im folgenden den Ausgangspunkt für die Beurteilung der Informationseffizienz des Kapitalmarktes dar. Der Kapitalmarkt wird als informationseffizient bezeichnet, wenn die zukünftige Vermögensverteilung von keiner Investorengruppe mittels Informationsbeschaffung und -auswertung zu ihren Gunsten verändert werden kann[1,2]. Spielte bei der Informationsbewertung insbesondere die Differenz zwischen Individual- und Marktprognose eine Rolle, so ist es bei der Informations(in)effizienz insbesondere der Unterschied in den Individualprognosen. Es wird damit nicht auf die Informationsverarbeitung durch den Markt abgestellt, sondern auf die zugrundeliegenden individuellen Auswertungen der neuen Informationen.

Bevor etwas über die Informations(in)effizienz des Kapitalmarktes gesagt werden kann, ist festzustellen, ob die Informationsbeschaffung und -auswertung für die Investoren vorteilhaft oder nachteilig ist; denn damit wird die verarbeitete "Informationsmenge", d.h. der auf dem Kapitalmarkt zur Wirkung kommende Informationsstand der Investoren, bestimmt.

In diesem Kapitel soll nun die Frage nach dem Zusammenhang zwischen Informationsbewertung und -effizienz beantwortet werden. Um die Analyse zu vereinfachen und zu präzisieren, wird von folgenden zusätzlichen Annahmen ausgegangen:

---

[1] Diese Definition ist vereinbar mit der in der Literatur zur Kapitalmarkteffizienz vorherrschenden (*Fama (1970), (1976)* und z.B. *Hess/Reinganum (1979)*). Sie wirkt umfassender, da nicht nur auf "überdurchschnittliche" Anlageerfolge der Investoren abgestellt wird. Ähnlich auch *Franke (1980)*.

[2] Zu erwähnen ist auch die Theorie rationaler Erwartungen aus der Makroökonomie (vgl. *Verschiedene Autoren (1980)*). Hier wird von vornherein mit aggregierten Wahrscheinlichkeiten (oder Verteilungsparametern) bei gegebenem Informationsstand gearbeitet, die mit den wahren Wahrscheinlichkeiten (oder Verteilungsparametern) übereinstimmen. Denn Informationseffizienz wird im Sinne einer rationalen Informationsverarbeitung verstanden, d.h., systematische Prognosefehler sind ausgeschlossen. Im "Durchschnitt" gilt die (Markt)Prognose als korrekt. Ob überhaupt ein (individueller) Anreiz zur Informationsbeschaffung besteht, bleibt offen.

(C1) Das stochastische Konsumgüterangebot der Volkswirtschaft ist für einen "längeren" Zeitraum (T>>2) fest vorgegeben und gehorcht einer stationären Wahrscheinlichkeitsverteilung. Des weiteren sind die Zufallsvariablen $\tilde{C}_{M1}, \tilde{C}_{M2}, \ldots$ stochastisch unabhängig.

Annahme (C1) legt Eigenschaften der wahren - aber unbekannten - Wahrscheinlichkeitsverteilung der Umweltzustände fest: Erstens ist sie unabhängig vom Zeitpunkt t, so daß ein stationärer stochastischer Prozeß der Folge $\tilde{C}_{M1}, \tilde{C}_{M2}, \ldots$ vorliegt. Und zweitens ergibt sich die Eintrittswahrscheinlichkeit einer Zustandsfolge als Produkt der zeitpunktbezogenen (unbedingten) Eintrittswahrscheinlichkeiten der Zustände. Sei

$f_w(z) \equiv$ die wahre Wahrscheinlichkeitsverteilung der Umweltzustände z und

$t_z \equiv$ die Zahl der in T Zeitpunkten aufgetretenen Umweltzustände z (T sehr groß!).

Aus (C1) kann man dann folgendes ableiten:

$$\text{(V-1)} \quad f_{wT}(.) = \Pi_t\, f_w(z_t) = \Pi_z\, f_w(z)^{t_z} \text{ mit } T = \Sigma_z\, t_z.$$

$f_{wT}(.)$ gibt die wahre Wahrscheinlichkeitsverteilung der Zustandsfolgen bis zum Zeitpunkt T an[1].

Zur Formulierung der folgenden Annahme werden die nachstehenden Definitionen eingeführt. Sei

$I_r \equiv$ die Zahl der zur Gruppe r gehörenden Investoren ($r=a,b$; $I_a+I_b = I$) und

$$f_r(.) \equiv \sum_{i=1}^{I_r} f_i(.) \frac{q_i}{\sum_{i=1}^{I_r} q_i} \equiv \sum_{i=1}^{I_r} f_i(.)q_i/q_r \quad (r=a,b).$$

Dann gilt $f_M(.) = f_a(.)q_a+f_b(.)q_b$ mit $q_a+q_b = 1$. $f_r(.)$ kann als die entsprechende Gruppenprognose interpretiert werden, q_r als der Vermögensanteil der Gruppe r. Die beiden Investorengruppen haben einen Einfluß auf den Preis für zustandsabhängige Vermögensansprüche, der Einfluß des einzelnen Investors wird jedoch weiter als vernachlässigbar angesehen. Des weiteren ist dem Investor im Zeitpunkt 0 *nicht bekannt, zu welcher Gruppe er gehört.*

---

[1] $f_{w2}(.)$ entspricht der Wahrscheinlichkeitsverteilung $f_w(z,s)$.

(C2) Die a posteriori-Gruppenprognosen sind stationär und im Zeitablauf stochastisch unabhängig.

Annahme (C2) impliziert, daß die *Investorengruppen* keinem Lernprozeß in zukünftigen Perioden unterliegen. Es sei daran erinnert, daß lediglich einmal neue Informationen von den Investoren beschafft und ausgewertet werden, und zwar unmittelbar vor dem Zeitpunkt 0. Dann folgt aus (C2)

(V-2) $f_{rT}(.|e) = \Pi_z f_r(z|e)^{t_z}$ mit $T = \Sigma_z t_z$ (e=1,2,...,E; r=a,b).

Die Ableitung von (V-2) erfolgt analog zu (V-1): $f_{rT}(.|e)$ ist die a posteriori-Prognose der Gruppe r für die Zustandsfolgen bis zum Zeitpunkt T bei Informationsergebnis e.

Die Annahmen (C1) und (C2) stellen sicherlich strenge Modellvoraussetzungen dar. Doch damit kann - wie sich zeigen wird - eine genaue Untersuchung der Informations(in)effizienz erfolgen.

(C3) Die zusätzlichen Informationen führen für jeden Investor zu einer Änderung der a priori-Prognose. Hierbei geht jeder Investor *im Betrachtungszeitpunkt 0* davon aus, daß kein anderer Investor über ein "systematisch besseres" Prognosemodell verfügt.

Es ist nach (C3) also $f_i(.|e) \neq f_i(.)$ für mindestens 2 Informationsergebnisse und jeden Investor (e=1,2,...,E; i=1,2,...,I). Des weiteren wird ein von vornherein bewußter Vermögensverlust bei einer Teilnahme am Handel ausgeklammert, so daß alle Investoren den Handel wünschen.

(C4) Jeder Investor verfügt über einen deterministischen Ausstattungsanteil.

Annahme (C4) führt dazu, daß Umverteilungs- und indirekter Prognoseeffekt verschwinden, da der individuelle Vermögensanteil von den Informationsergebnissen unabhängig ist. Damit gilt sign Δ_i^+ = sign $P_i^{(d)}$ für alle i[1]. Ein von null abweichender individueller Informationswert vor Informationsauszahlung ist ausschließlich auf eine Differenz zwischen Individual- und Marktprognose zurückzuführen. Wegen Annahme (C1) gibt es keinen Investitionseffekt.

[1] Im folgenden wird stets "+" unterdrückt.

2 Der Zusammenhang zwischen Informationsbewertung und -effizienz

Hat kein Investor - aus welchem Grund auch immer - einen Anreiz, die zusätzliche Informationsmöglichkeit auszunutzen, so kann die neue Information nicht auf die Vermögensverteilung zwischen den Investoren einwirken. Damit ist der Kapitalmarkt dann informationseffizient, wenn alle individuellen Informationswerte negativ sind. Umgekehrt ist bei positiven individuellen Informationswerten die Informations(in)effizienz zu prüfen. Denn durch unterschiedliche Prognosemodelle und alte Informationsstände kann es "bessere" und "schlechtere" Prognosen geben.

Im folgenden werden Bedingungen abgeleitet, die eine Aussage über die Informations(in)effizienz des Kapitalmarktes zulassen. Dabei wird zunächst von kostenloser Informationsbeschaffung und -auswertung ausgegangen, und die Informationssituationen homogene und heterogene Erwartungen werden wiederum getrennt. So können die Ergebnisse aus Kapitel IV unmittelbar herangezogen werden.

2.1 ohne Informationskosten

2.1.1 bei homogenen Erwartungen

Stimmen alle Individualprognosen überein, dann folgt das bekannte Ergebnis eines informationseffizienten Kapitalmarktes. Da nämlich keine informationsbezogenen Unterschiede zwischen den Investoren gegeben sind, hat niemand ein Interesse an der Zusatz-Information, so daß diesbezüglich keine Informationsineffizienzen vorstellbar sind. Dies gilt, obwohl keine Informationskosten *für die neue Information* auftreten. Ein informationseffizienter Kapitalmarkt setzt demnach *nicht* voraus, daß alle beschaffbaren Informationen verarbeitet werden[1]. Nur ökonomisch verwertbare Informationen werden benutzt, die prognostische Verwertbarkeit ist nicht hinreichend, einen positiven Informationswert zu erzeugen.

Darüber hinaus ist es bei homogenen Erwartungen unerheblich, ob die Investoren "richtige" oder "falsche" Prognosen abgeben.

---

[1] Hier zeigt sich, daß die Famasche Definition der Informationseffizienz zu streng ist. Siehe *Fama (1970), (1976, 134ff.)*.

Ein eventueller Prognosefehler bleibt ohne Auswirkungen auf die Bruttovermögensverteilung; denn jeder Investor erwirbt einen deterministischen Anteil am Marktbruttokonsum bzw. -bruttovermögen, der damit unabhänigg von den tatsächlichen Eintrittswahrscheinlichkeiten der Umweltzustände ist. Es gilt [vgl. (II-31)f. und beachte wegen Annahme (C4) $q_{ie} = q_i$ für alle e und i]

$$\text{(V-3)}\quad \frac{\eta_{it}+\tilde{C}_{it|e}}{\eta_{Mt}+\tilde{C}_{Mt}} = \frac{\tilde{\theta}_{it|e}+\tilde{W}_{it|e}}{\tilde{\theta}_{Mt|e}+\tilde{W}_{Mt|e}} = q_i \quad (i=1,2,\ldots,I;\ t=0,1,\ldots,T;\ e=1,2,\ldots,E).$$

Die Verteilung des Nettovermögens bleibt unverändert, wenn $\tilde{\theta}_{it} = q_i\tilde{\theta}_{Mt}$ und damit die Struktur des Barwertes aller η_t-Parameter im Zeitablauf konstant ist, d.h., $:\tilde{\theta}_{it} = :q_i$. Andernfalls verändert sich $\tilde{W}_{it}/\tilde{W}_{Mt}$ im Zeitablauf. Diese Entwicklung ist jedoch unabhängig von der Qualität der individuellen Prognosen.

Soll der Kapitalmarkt Informationsineffizienzen aufweisen, müssen Informationsvorsprünge der Investoren gegeben sein. Dies führt zur Informationssituation heterogener Erwartungen.

2.1.2 bei heterogenen Erwartungen

Ob die relativ zu anderen Investoren größere Prognosefähigkeit eines Investors zum Tragen kommt, wird anschließend für folgende Prognosesituationen untersucht (vgl. die *Tabelle* auf S. 126):

Prognosesituation 1: Bei altem [neuem] Informationsstand sind alle Individualprognosen gleich [verschieden von] der Marktprognose;

Prognosesituation 2: Bei altem [neuem] Informationsstand sind alle Individualprognosen verschieden von [gleich] der Marktprognose;

Prognosesituation 3: Bei altem und neuem Informationsstand sind alle Individualprognosen verschieden von der Marktprognose.

Prognosesituation 1: Es ist $f_i(.) = f_M(.)$ und $f_i(.|e) \neq f_M(.|e)$ für alle e und i. Demnach ergibt sich nach Gleichung (IV-55) i.V. mit (IV-53) ein positiver Informationswert für alle Investoren: $\Delta_i = P_i^{(d)}>0$ für alle i [beachte die Annahmen (C3) und (C4)].

Wie aus Kapitel IV bekannt, bringt der positive Informationswert den Nutzenvorteil zum Ausdruck, den der Investor durch Informationsbeschaffung und -auswertung erwartet. In der *Prognosesituation 1* hat *jeder* Investor ein Interesse an der neuen Information, da diese ihm erlaubt, seinen Informationsstand durch Handel zu nutzen. Damit kann der Kapitalmarkt informations*in*effizient sein.

Im folgenden werden die unter Annahme (C2) genannten Investorengruppen a und b betrachtet. Die Prognose der Gruppe a für die Umweltzustände z erfülle die folgende Bedingung[1]:

(V-4)
$$f_W(z) < f_a(z|e) \leq f_M(z|e) \quad \text{oder} \quad f_W(z) > f_a(z|e) \geq f_M(z|e) \qquad (z=1,2,\ldots,Z;\ e=1,2,\ldots,Z).$$

Dann gilt

(V-5)
$$|f_a(z|e)-f_W(z)| \leq |f_M(z|e)-f_W(z)| \qquad (z=1,2,\ldots,Z)$$

für alle Informationsergebnisse e, und damit erstellt die Investorengruppe a eine systematisch bessere Prognose als der Markt[2]. Die Gruppe a hat Vorteile in bezug auf Auswertungsmethoden und kann daher als "Insider in Eintrittswahrscheinlichkeiten" angesehen werden[3]. Damit ist der Kapitalmarkt informationsineffizient, da "auf lange Sicht" Gruppe b zugunsten a verarmt. Denn gemäß Annahme (C1) liegt ein Nullsummenspiel vor: Was die eine Gruppe an Bruttokonsum gewinnt, verliert die andere. Dasselbe gilt für das Bruttovermögen. Mit (V-5) folgt daher (vgl. AA 30):

(V-6)
$$|f_a(z|e)-f_W(z)| \leq |f_b(z|e)-f_W(z)| \text{ dann, wenn}$$
$$|f_a(z|e)-f_W(z)| \leq |f_M(z|e)-f_W(z)| \qquad (e=1,2,\ldots,E;\ z=1,2,\ldots,Z).$$

---

[1] "$\leq$" bzw. "$\geq$" bedeutet, daß nicht ausschließlich Gleichungen vorliegen dürfen. Da in (V-4) Wahrscheinlichkeiten angesprochen sind, gelten mindestens 2 Ungleichungen. Beachte, daß nicht alle Wahrscheinlichkeiten dem oberen bzw. unteren Bedingungsteil gehorchen können.

[2] In (V-4) und (V-5) wird der Zustandsindex z aufgeführt, um den "Wiederholungscharakter" einer stationären Volkswirtschaft zu verdeutlichen.

[3] a und b können hier und in der folgenden Analyse vertauscht werden, so daß das Umgekehrte gilt.

(V-4) gibt damit eine hinreichende Bedingung für einen informations*in*effizienten Kapitalmarkt an. Zu beachten ist, daß nicht für alle Umweltzustände $f_a(z|e) = f_M(z|e)$ gelten darf; denn ansonsten herrschen zwischen den beiden Investorengruppen identische Prognosen, so daß Bereicherungen nur innerhalb der Gruppen möglich sind. Stimmt also die Prognose einer Gruppe von Investoren mit der Marktprognose überein, dann kann sich diese Gruppe nicht mittels Informationsbeschaffung und -auswertung zu Lasten der anderen Investoren bereichern.

Ein informationseffizienter Kapitalmarkt in *Prognosesituation 1* setzt also notwendig voraus, daß keine Investorengruppe einen Informationsstand besitzt, der dem Markt-Informationsstand[1] überlegen ist. M.a.W.: Informationsineffizienz ist auch dann möglich, wenn *alle* Gruppenprognosen der Marktprognose unterlegen sind. Denn aus $|f_M(z|e)-f_W(z)| \leq |f_r(z|e)-f_W(z)|$ für alle e, z und r [2] läßt sich noch nichts über die *relative* Prognosequalität der Gruppen sagen: $|f_a(z|e)-f_W(z)|$? $|f_b(z|e)-f_W(z)|$ $(z=1,2,\ldots,Z)$. Es zeigt sich auch, daß die Marktprognose *besser* sein kann, als die sie (mit)bestimmenden Gruppenprognosen. Dies wird verständlich, wenn man $f_M(z|e) = f_M(z) = f_W(z)$ für alle z, also eine exakte Marktprognose, unterstellt. Der Grund liegt in den Vermögensanteilen der Gruppen; denn die Marktprognose wird auch von q_r bestimmt.

Zur relativen Prognosequalität der Gruppen folgt nun aus den Annahmen (C1) und (C2) das Folgende: (V-2) liefert für den neuen stochastischen Bruttokonsum im Zeitpunkt T der Investorengruppe a unter Informationsergebnis e die Bestimmungsgleichung

$$\text{(V-7)} \quad \frac{\eta_{aT}+\tilde{C}_{aT|e}}{\eta_{MT}+\tilde{C}_{MT}} = \frac{\tilde{\theta}_{aT|e}+\tilde{W}_{aT|e}}{\tilde{\theta}_{MT|e}+\tilde{W}_{MT|e}} = q_a \frac{f_{aT}(.|e)}{\Sigma_r \, f_{rT}(.|e)q_r} \quad (e=1,2,\ldots,E).$$

---

[1] Der Informationsstand des "Marktes" ist als Zusammenfassung der individuellen Informationsstände zu interpretieren.

[2] *Verrecchia (1980)* folgert aus einer vergleichbaren Bedingung im Rahmen eines μ,σ-Modells schon Informationseffizienz und vernachlässigt den langfristigen Aspekt.

Beachte, daß wegen Annahme (C4) der Vermögensanteil q_a unverändert ist, die Analyse jedoch auch für $q_{ae} \neq q_a$ (e=1,2,...,E) gilt. Da die Wahrscheinlichkeitsverteilung des Konsumgüterangebots stationär und im Zeitablauf stochastisch unabhängig ist, gilt nach dem Gesetz der großen Zahlen (vgl. *Rényi (1971, 455)*) $\operatorname{plim}_{T\to\infty} t_z/T = f_w(z)$ (z=1,2,...,Z). Damit folgt (vgl. AA 31)

$$\text{(V-8)} \quad \operatorname{plim}_{T\to\infty} \frac{\eta_{aT}+\tilde{C}_{aT|e}}{\eta_{MT}+\tilde{C}_{MT}} \equiv \left(\frac{\eta_a+\tilde{C}_a}{\eta_M+\tilde{C}_M}\right)_\infty = \begin{cases} 1 \\ q_a, \text{ falls } \Sigma_z f_w(z)\ln \frac{f_b(z|e)}{f_a(z|e)} \begin{matrix} < 0 \\ = 0 \\ > 0 \end{matrix} \\ 0 \end{cases}$$

(e=1,2,...,E).

Das Ergebnis (V-8) läßt sich wie folgt erklären: Auf lange Sicht verarmt Investorengruppe a (b), wenn das tatsächlich *in der ersten Periode* zu erwartende Wachstum im Bruttovermögen bei Gruppe a (b) kleiner ist als bei Gruppe b (a). Bei übereinstimmenden erwarteten Wachstumsraten kommt es *langfristig* zu keiner Vermögensverlagerung[1]. Denn es gilt [vgl. (II-38) i.V. mit (IV-30)]:

$$\text{(V-9)} \quad \Sigma_z f_w(z)\ln \frac{f_b(z|e)}{f_a(z|e)} \lesseqgtr 0 \text{ genau dann, wenn}$$

$$\Sigma_z f_w(z)\ln \frac{\theta_{bz|e}+W_{bz|e}}{\theta_{b0}+W_{b0}} \lesseqgtr \Sigma_z f_w(z)\ln \frac{\theta_{az|e}+W_{az|e}}{\theta_{a0}+W_{a0}} \quad (e=1,2,\ldots,E).$$

Entscheidend für einen informations(in)effizienten Kapitalmarkt ist demnach die Prognosefähigkeit der Gruppe a relativ zu derjenigen von Gruppe b. Die Prognosefähigkeit des Marktes ist unerheblich. Allerdings ist vorausgesetzt, daß "zwischenzeitlich" kein Lernprozeß bei den Investoren beginnt. Denn aus der Notiz der Gleichgewichtspreise kann auf die Marktprognose geschlossen werden, und damit ist wohl zu rechnen, wenn sich ein Investor "häufig" auf der "Verliererseite" sieht. Jedoch kann er damit seine Verarmung nur stoppen, aber nicht rückgängig machen.

Die Bedingung in (V-8) stellt auch den formalen Nachweis dar, daß unter den Annahmen (C1) und (C2) die Konstellation (V-4) einen informationsineffizienten Kapitalmarkt nach sich zieht: Der

[1] Langfristige Informationseffizienz leitet mit einem anderen Ansatz auch *Figlewski (1978)* ab.

Bruttokonsum der Gruppe a stimmt nämlich langfristig mit dem Marktbruttokonsum überein. Denn es ist $(\frac{\eta_a+\tilde{C}_a}{\eta_M+\tilde{C}_M})_\infty = 1$, da analog zu (60*) die Beziehung

$$\left.\begin{matrix} f_w(z) < f_a(z|e) \leq f_b(z|e) \\ \text{oder} \\ f_w(z) > f_a(z|e) \geq f_b(z|e) \end{matrix}\right. \text{ für alle } z \Rightarrow \Sigma_z\, f_w(z) \ln \frac{f_b(z|e)}{f_a(z|e)} < 0$$

$$(e=1,2,\ldots,E)$$

gilt. Beachte, daß generell $f_r(.|e) \leq f_M(.|e) \leq f_{r'}(.|e)$ ($r,r'=a,b$; $r \neq r'$).

Prognosesituation 2: Hier gilt $f_i(.) \neq f_M(.)$ und $f_i(.|e) = f_M(.|e)$ für alle e und i. Da sich für alle Investoren ein negativer Informationswert einstellt, ist der Kapitalmarkt informationseffizient: $\Delta_i = P_i^{(d)} < 0$ für alle i, also beschafft niemand die neue Information. Unabhängig von den Prognosefähigkeiten der Investoren würde eine Informationsbeschaffung und -auswertung aller dazu führen, daß niemand eine Vermögensverlagerung erreicht.

Prognosesituation 3: Ausgehend von $f_i(.) \neq f_M(.)$ *und* $f_i(.|e) \neq f_M(.|e)$ für alle e und i sollen 2 Fälle erörtert werden:

(α) $f_M(.|e) = f_M(.)$ für alle e, d.h. eine vom Informationsergebnis unabhängige Marktprognose und (β) $\frac{f_i(.|e)}{f_i(.)} = \frac{f_M(.|e)}{f_M(.)}$ für alle e und i, d.h., für jedes Informationsergebnis stimmen die relativen Änderungen der Individualprognosen mit derjenigen der Marktprognose überein.

Zu (α): $\Delta_e f_M(.) = 0$ für alle e. Wie aus Kapitel IV bekannt, kann damit die Informationsbeschaffung und -auswertung für keinen Investor nachteilig sein, und unter Annahme (C3) ergibt sich für jeden Investor ein positiver Informationswert: $\Delta_i = P_i^{(d)} > 0$ für alle i. Damit *kann* ein informationseffizienter Kapitalmarkt gegeben sein. Dies gilt, obwohl entgegengesetzte Prognosen der Investorengruppen a und b vorliegen müssen ($q_r > 0$; $r=a,b$):

(V-10) $\Delta_e f_a(.) q_a = -\Delta_e f_b(.) q_b$ dann, wenn $\Delta_e f_M(.) = 0$ $(e=1,2,\ldots,E)$.

Da jedoch beide Gruppen fehlerhafte Prognosen erstellen können, ist auf lange Sicht ein Ausgleich der Vermögensverlagerungen nicht von vornherein auszuschließen. Dies läßt sich anhand der in der *Prognosesituation 1* durchgeführten Grenzbetrachtung zeigen, wobei allerdings $f_{MT}(.|e) = f_{MT}(.)$ für alle e zu gelten hat.

Zu (β): $\Delta_e[f_i(.)/f_M(.)] = 0$ für alle e und i. Wie in *Prognosesituation 2* ist der Kapitalmarkt informationseffizient. Denn der Informationswert wird für alle Investoren null: $\Delta_i = P_i^{(d)} = 0$ für alle i. Die Informationseffizienz gilt, obwohl vor und nach Informationsbeschaffung heterogene Erwartungen gegeben sein können, d.h., (allzeit) heterogene Erwartungen führen nicht zwangsläufig zur Informationsineffizienz.

Allerdings muß hier noch eine Voraussetzung erfüllt sein, damit vom Informationsergebnis unabhängige Prognoseverhältnisse der Investoren nicht homogene Erwartungen implizieren. Es hat $E^*<Z_t$ zu gelten, d.h., daß die Anzahl der linear unabhängigen Informationsergebnisse ($2 \leq E^* \leq E$) die Zahl der Umweltzustände keines Zeitpunktes übersteigen darf. Dabei bezeichnen linear unabhängige Informationsergebnisse eine Situation, in der es nicht möglich ist, die a posteriori-Prognosen unter Informationsergebnis $\bar{e}$ als Linearkombination der a posteriori-Prognosen unter den Informationsergebnissen $e \neq \bar{e}$ darzustellen $(e,\bar{e}=1,2,...,E)$ [vgl. AA 32, (1) und (2)].

Gelten allzeit heterogene Erwartungen, dann impliziert $\Delta_e[f_i(.)/f_M(.)] = 0$ für alle e und i jedoch "gewisse" Homogenitäten in den Erwartungen, und zwar homogene Informationserwartungen $[f_i(e) = f_{i'}(e)$ für alle e und $i,i'=1,2,...,I;\ i \neq i']$ und homogene Likelihoods $[f_i(e|z) = f_{i'}(e|z)$ für alle e, z und $i,i'=1,2,...,I;\ i \neq i']$ {vgl. AA 32, (3)}. Letzteres läßt sich als identische "Erfahrung" deuten, die sich nur aufgrund unterschiedlicher a priori-Prognosen von Investor zu Investor verschieden niederschlägt.

2.2 mit Informationskosten

Da mit $\iota > 0$ generell $\Delta_i(\iota) < \Delta_i(0)$ für alle i gilt, vermindert eine positive Informationsauszahlung ι den Anreiz zur Informationsbeschaffung und -auswertung. Hierdurch kann ein informations*in*effizienter Kapitalmarkt *vermieden* werden. Eine positive Informationsauszahlung kann demzufolge verhindern, daß eine relativ größere Prognosefähigkeit einer Gruppe von Investoren zur Wirkung kommt. Dies wird besonders deutlich, wenn bei altem Informationsstand identische Individualprognosen gegeben sind (vgl. *Prognosesituation 1*, S. 163).

Mit $\Delta_i(\iota) < 0$ für alle i werden wiederum nicht alle beschaffbaren Informationen zur Bestimmung der optimalen individuellen Konsum- und Investitionsstrategie herangezogen. Unter Berücksichtigung der Informationsauszahlung ist der Kapitalmarkt informationseffizient[1].

3 Informationseffiziente Preise für zustandsabhängige Vermögensansprüche

Ob die im Betrachtungszeitpunkt 0 sich ergebenden Gleichgewichtspreise für zVA informations(in)effizient sind, ist abhängig von den individuellen Informationswerten. Zunächst beeinflussen jedoch die informationsbedingten Preisänderungen die individuelle Beurteilung der Informationsbeschaffung und -auswertung. Dies zeigt die nachfolgende Übersicht.

Die in der *Übersicht* aufgezeigten Zusammenhänge zwischen Preisverhalten und Informationswert der Investoren folgen unmittelbar aus der Diskussion der *Prognosesituationen* des vorangehenden Abschnitts. Denn wegen Annahme (C1) lautet die Bestimmungsgleichung des Preises für zVA im Marktgleichgewicht $\tilde{\pi}^d_{Mt} = \tilde{\gamma}^{-1}_{Mt}$ für alle t [vgl. (II-47)]. So entspricht der

-- Fall (e) der *Prognosesituation 1*,

-- Fall (f) der *Prognosesituation 2*,

-- Fall (a) der *Prognosesituation 3α)* und

-- Fall (b) der *Prognosesituation 3β)*.

Verdeutlichen soll die *Übersicht* den Zusammenhang zwischen den einzelnen Bedingungen, wobei zunächst die absolute Preisänderung $\Delta_e\pi(.)$, dann die relative Preisänderung $\Delta_e\pi(.)/\pi(.)$ und schließlich die erwartete Preisänderung $\Sigma_e f_i(e)\Delta_e\pi(.)$ aufgeführt sind. Kommt es demnach mit der Informationsbeschaffung und -auswertung zu einer absoluten Preisänderung, ist das Vorzeichen

[1] Zu beachten ist, daß hier nur ein Partialmodell untersucht wird mit einem Informationsmarkt, auf dem zum festen Preis ι die Zusatz-Information beschafft werden kann. Ein Totalmodell setzt notwendig $\Delta_i(\iota) > 0$ für mindestens einen Investor voraus, da sonst kein Gleichgewicht mit positiver Informationsauszahlung herrschen kann. Dies wiederum schließt notwendig homogene Erwartungen aus. Vgl. hierzu *Grossman / Stiglitz (1980)* und die Kritik von *Hellwig (1982)*.

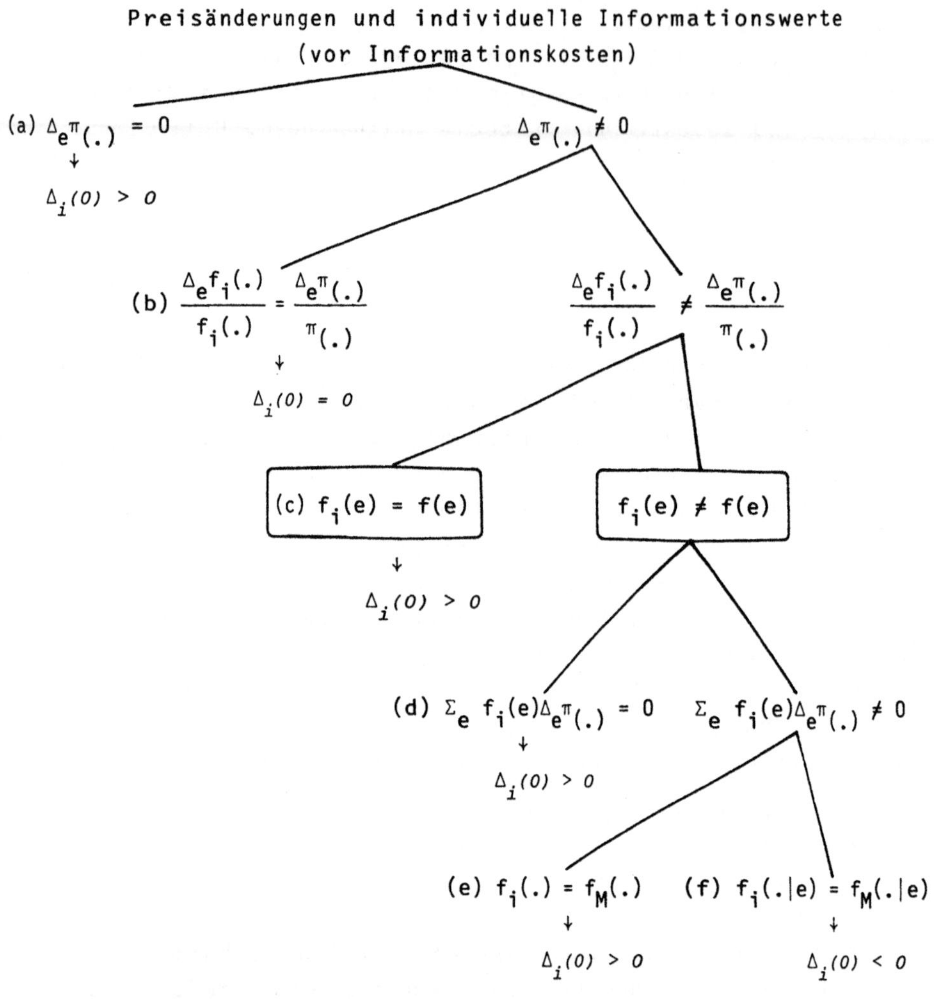

Übersicht: Preisänderungen und individuelle Informationswerte (vor Informationskosten) für alle e und i.

der individuellen Informationswerte noch offen, wenn die relative Preisänderung nicht mit den relativen individuellen Prognoseänderungen übereinstimmt. An dieser Stelle wird zusätzlich eine explizite Unterscheidung zwischen homogenen und heterogenen Informationserwartungen vorgenommen. Denn bei homogenen Informationserwartungen folgt aus informationsunabhängigen individuellen Vermögensanteilen, daß die Marktprognose bei altem Informationsstand gleich der bei neuem Informationsstand zu erwartenden Marktprognose ist. Der Grund: Ex ante heben sich jeweils die individuellen Prognoserevisionen gegenseitig auf:

$$\Sigma_e\ f(e)\Sigma_i\ f_i(.|e)q_i = \Sigma_i[\Sigma_e\ f(e)f_i(.|e)]q_i = \Sigma_i\ f_i(.)q_i.$$

Damit führt die Informationsbeschaffung und -auswertung aus der Sicht jedes Investors ex ante zu keiner Preisänderung. Folglich ergibt sich für alle Investoren ein positiver Informationswert (vor Informationskosten) [vgl. AA 22, (7)]. Dies stellt den Fall (c) dar.

Doch auch bei heterogenen Informationserwartungen können die individuell erwarteten Preisänderungen gleich null sein, so daß wiederum positive Informationswerte folgen [Fall (d)]. Andernfalls erlauben schließlich die *Prognosesituationen 1* und *2* noch eine eindeutige Vorzeichenbestimmung von $\Delta_i(0)$.

(1) Die Fälle (a) bis (f) geben somit hinreichende Bedingungen an, so daß alle individuellen Informationswerte im Vorzeichen übereinstimmen. Damit gelten die Aussagen des vorangehenden Abschnitts, solange die Informationsauszahlung keinen vor Informationskosten positiven Informationswert null oder negativ werden läßt, also "genügend gering" ist. Infolgedessen können die Marktpreise für zVA dann nicht der Zusatz-Information "angepaßt" sein, wenn $\Delta_i(\iota) \leqq 0$ für alle i gilt. Die Preisanpassung betrifft daher nur die ökonomisch verwertbaren Informationen. Die Analyse bringt keine Aussage zur Informationseffizienz des Kapitalmarktes, wenn unterschiedliche individuelle Beurteilungen der Informationsbeschaffung und -auswertung gegeben sind; denn die Marktananlyse unterstellt hypothetisch eine Informationsbeschaffung aller Investoren [vgl. S. 96].

(2) Angenommen, $\Delta_i(\iota) > 0$ für alle i. Infolgedessen können nach Informationszugang die Preise für zVA informations(in)effizient sein. Nun bestimmt sich die Marktprognose als gewogener Durchschnitt aller Individualprognosen; die Gewichte sind die individuellen Vermögensanteile. Also bestimmen nicht allein die Grenznachfrager bzw. -anbieter den Preis. Die Beeinflussung des Preises durch eine Investorengruppe ist c.p. umso stärker, je höher ihr Vermögensanteil im Marktgleichgewicht ausfällt. D.h., eine noch so qualifizierte Gruppenprognose bleibt relativ wir-

kungslos auf den Preis, wenn nicht ein entsprechendes Gruppenvermögen vorliegt. "Experten" können demnach nicht unabhängig von ihrem Vermögensanteil die Preisänderung bestimmen, vermögende "Laien" jedoch einen erheblichen Einfluß nehmen. Von den Preisbewegungen aufgrund neuer Informationen auf die Informations(in)effizienz des Kapitalmarktes schließen zu wollen, erscheint demnach nicht unproblematisch. Von Bedeutung sind die langfristigen Reichtumseffekte wegen unterschiedlicher Informationsstände zwischen den Investoren.

(3) Des weiteren zeigt Fall (d) der *Übersicht*: Wenn kein Investor eine Preisänderung erwartet, also $\Sigma_e f_i(e)\Delta_e\pi_{(.)} = 0$ für alle i gilt, liegt zwar für jeden Investor ein sogenanntes faires Spiel in bezug auf die Marktpreise für zVA vor; da aber jeder individuelle Informationswert positiv ist, kann damit über die Informations(in)effizienz des Kapitalmarktes zunächst nichts ausgesagt werden.

ANHANG DER FORMALEN ABLEITUNGEN

AA 1: *Ableitung der optimalen Investitions- und Konsumstrategie eines Investors auf einem Markt für zustandsabhängige Vermögensansprüche*

Unter logarithmischer Nutzenfunktion ergibt sich als Entscheidungsproblem des Investors

$$(1^*) \quad \text{Max } \Psi = \rho_0 \ln(\eta_0+C_0)+\rho_1\Sigma_z f(z)\ln(\eta_1+C_z)+\rho_2\Sigma_z\Sigma_s f(z,s)\ln(\eta_2+C_{s|z})$$

unter der Nebenbedingung

$$(2^*) \quad C_0+\Sigma_z \pi_z C_z+\Sigma_z\Sigma_s \pi_{zs}C_{s|z} = W_0.$$

Der Lagrange-Ansatz liefert als Bedingungen erster Ordnung

$$(3^*) \quad \partial L/\partial C_0 = \rho_0(\eta_0+C_0^*)^{-1} - \lambda^* = 0,$$

$$(4^*) \quad \partial L/\partial C_z = f(z)\rho_1(\eta_1+C_z^*)^{-1} - \lambda^*\pi_z = 0 \ (z=1,2,...,Z),$$

$$(5^*) \quad \partial L/\partial C_{s|z} = f(z,s)\rho_2(\eta_2+C_{s|z}^*)^{-1} - \lambda^*\pi_{zs} = 0 \ (z=1,2,...,Z;\ s=1,2,...,S),$$

$$(6^*) \quad \partial L/\partial\lambda = C_0^*+\Sigma_z \pi_z C_z^*+\Sigma_z\Sigma_s \pi_{zs}C_{s|z}^* - W_0 = 0.$$

Es gilt, den Lagrange-Multiplikator λ^* zu eliminieren und das Gleichungssystem (3*)-(6*) nach den Entscheidungsvariablen C_0, C_z und $C_{s|z}$ zu lösen. Die entsprechende Erweiterung von (6*) ergibt

$$(7^*) \quad (\eta_0+C_0^*)+\Sigma_z \pi_z(\eta_1+C_z^*)+\Sigma_z\Sigma_s \pi_{zs}(\eta_2+C_{s|z}^*) = W_0+\eta_0+\eta_1\Sigma_z \pi_z+\eta_2\Sigma_z\Sigma_s \pi_{zs}$$
$$= W_0+\theta_0,$$

mit $\theta_0 \equiv \eta_0+\eta_1(1+k_1)^{-1}+\eta_2(1+k_{12})^{-2}$, $(1+k_1)^{-1} \equiv \Sigma_z \pi_z$ und $(1+k_{12})^{-2} \equiv \Sigma_z\Sigma_s \pi_{zs}$.

a) Für C_0^* folgt aus (3*) i.V. mit (4*) bzw. (5*)

$$(8^*) \quad \eta_1+C_z^* = (\rho_1/\rho_0)(\eta_0+C_0^*)/\pi_z^d \text{ bzw.}$$

(9*) $\eta_2 + C^*_{s|z} = (\rho_2/\rho_0)(\eta_0 + C^*_0)/\pi^d_{zs}$,

was in (7*) eingesetzt nach einfachen Umformungen $\eta_0 + C^*_0 = \rho_0(\theta_0 + W_0)$ ergibt. Beachte: $\Sigma_t\ \rho_t = 1$, $\Sigma_z\ f(z) = 1$ und $\Sigma_z \Sigma_s\ f(z,s) = 1$.

b) Ähnlich den Operationen in a) leitet man für C^*_z aus (4*) i.V. mit (3*) bzw. (5*)

(10*) $\eta_0 + C^*_0 = (\rho_0/\rho_1)(\eta_1 + C^*_z)\pi^d_z$ bzw.

$$\eta_1 + C^*_{s|z} = (\rho_2/\rho_1)(\eta_1 + C^*_z)(\pi^d_z/\pi^d_{zs})$$

ab; wiederum eingesetzt in (7*) ergibt $\eta_1 + C^*_z = \rho_1(\theta_0 + W_0)/\pi^d_z$ unter Berücksichtigung, daß $[\pi_{z'}(\eta_1 + C^*_{z'})]/[\pi_z(\eta_1 + C^*_z)] = f(z')/f(z)$ mit $z',z = 1,2,\ldots,Z$; $z' \neq z$.

c) Man erhält aus (5*) i.V. mit (3*) bzw. (4*) für $C^*_{s|z}$

(11*) $\eta_0 + C^*_0 = (\rho_0/\rho_2)(\eta_2 + C^*_{s|z})\pi^d_{zs}$ bzw.

$$\eta_1 + C^*_z = (\rho_1/\rho_2)(\eta_1 + C^*_{s|z})(\pi^d_{zs}/\pi^d_z)$$

und damit eingesetzt in (7*) $\eta_2 + C^*_{s|z} = \rho_2(\theta_0 + W_0)/\pi^d_{zs}$, wiederum unter Berücksichtigung, daß $[\pi_{z's'}(\eta_2 + C^*_{s'|z'})]/[\pi_{zs}(\eta_2 + C^*_{s|z})] = f(z',s')/f(z,s)$ mit $z',z = 1,2,\ldots,Z$; $z' \neq z$ und $s',s = 1,2,\ldots,S$; $s' \neq s$.

d) Da $W^*_{s|z} = C^*_{s|z}$ gesetzt wird, gilt $W^*_{s|z} = -\eta_2 + \rho_2(\theta_0 + W_0)/\pi^d_{zs}$ und damit für

(12*) $W^*_z - C^*_z = \Sigma_s\ \pi_{s|z}[-\eta_2 + \rho_2(\theta_0 + W_0)/\pi^d_{zs}]$

$$= -\eta_2(1 + k_{2|z})^{-1} + \rho_2(\theta_0 + W_0)/\pi^d_z,$$

wobei $\Sigma_s\ \pi_{s|z} \equiv (1 + k_{2|z})^{-1}$. Addiert man zu (12*) $C^*_z = -\eta_1 + \rho_1(\theta_0 + W_0)/\pi^d_z$, so folgt die Bestimmungsgleichung für W^*_z. Dabei ist $\theta_z \equiv \eta_1 + \eta_2(1 + k_{2|z})^{-1}$.

e) Setzt man z.B. die Bestimmungsgleichung für C^*_0 in (3*) ein, so folgt unmittelbar für den (reziproken) Grenzerwartungsnutzen des Anfangsvermögens

(13*) $1/\lambda^* = (\theta_0 + W_0)$.

<u>AA 2:</u> $\partial ln\ \tilde{C}_t/\partial W_0$ = ?

Es ist

$$(14^*)\qquad \frac{\partial \ln \tilde{C}_t}{\partial W_0} = \frac{\partial[\ln(\eta_t+\tilde{C}_t)]}{\partial(\theta_0+W_0)} \times \frac{\partial(\theta_0+W_0)}{\partial W_0} \times \frac{\partial \ln \tilde{C}_t}{\partial[\ln(\eta_t+\tilde{C}_t)]}.$$

Mit konstanten Preisen gilt $\partial(\theta_0+W_0)/\partial W_0 = \partial(\eta_t+\tilde{C}_t)/\partial\tilde{C}_t = 1$, so daß

$$(15^*)\qquad \frac{\partial \ln \tilde{C}_t}{\partial[\ln(\eta_t+\tilde{C}_t)]} = \frac{\partial\tilde{C}_t}{\partial(\eta_t+\tilde{C}_t)} \times \frac{\eta_t+\tilde{C}_t}{\tilde{C}_t} = \frac{\eta_t+\tilde{C}_t}{\tilde{C}_t}.$$

(14*) i.V. mit (15*) ergibt (II-17).

<u>AA 3:</u> *Die Bestimmung des individuellen Konsumanteils am Marktkonsum*

Es gelten die folgenden Definitionen:

$$\Sigma_i\ \eta_{it} \equiv \eta_{Mt},\quad \frac{\rho_{it}(\theta^+_{i0}+W^+_{i0})}{\Sigma_i\ \rho_{it}(\theta^+_{i0}+W^+_{i0})} \equiv q^+_{it}\quad (t=0,1,2)\ \text{und}$$

$$f^+_M(z) \equiv \Sigma_i\ f_i(z)q^+_{i1},\quad f^+_M(z,s) \equiv \Sigma_i\ f_i(z,s)q^+_{i2}.$$

Damit folgt aus der Aggregation der realisierten Konsumnachfrage, d.h., $\Sigma_i\ \tilde{C}^+_{it} = \Sigma_i\ \tilde{\tilde{C}}_{it} \equiv \tilde{C}_{Mt}$ (t=0,1,2):

$$(16^*)\qquad \eta_{M0}+C_{M0} = \Sigma_i\ \rho_{i0}(\theta^+_{i0}+W^+_{i0}),$$

$$\eta_{M1}+C_{Mz} = \Sigma_i\ f_i(z)\rho_{i1}(\theta^+_{i0}+W^+_{i0})/\pi^+_z,$$

$$\eta_{M2}+C_{Ms|z} = \Sigma_i\ f_i(z,s)\rho_{i2}(\theta^+_{i0}+W^+_{i0})/\pi^+_{zs}$$

insgesamt für z=1,2,...,Z; s=1,2,.,.,S. Aus dem jeweiligen Ergebnis der Division jeder einzelnen Gleichung aus (16*) mit der entsprechenden individuellen Konsumnachfrage aus (II-8) folgt dann - unter Verwendung der obigen Definitionen - unmittelbar der behauptete Zusammenhang zwischen individuellem Konsum und Marktkonsum.

AA 4: *Die Bestimmungsgleichungen für π^+ in reduzierter Form bei investorunabhängiger ρ_t-Struktur*

Den Ausgangspunkt der Analyse bildet der von jedem Investor realisierte Konsumplan, d.h. die individuellen Konsumgleichungen in (II-8) bei Gleichgewichtspreisen: $\eta_{i0}+C^+_{i0}$, $\eta_{i1}+C^+_{iz}$, $\eta_{i2}+C^+_{is|z}$ für i=1,2,...,I; z=1,2,...,Z; s=1,2,...,S. I.V. mit dem optimalen individuellen Konsumanteil im Marktgleichgewicht (II-31) bis (II-33) ergeben sich die Gleichungen (16*). Zu berücksichtigen ist jetzt, daß für das gleichgewichtige Bruttovermögen gilt:

$$(17^*)\qquad \theta^+_{i0}+W^+_{i0} = \eta_{i0}+\bar{C}_{i0}+\Sigma_z\ \pi^+_z(\eta_{i1}+\bar{C}_{iz})+\Sigma_z\Sigma_s\ \pi^+_{zs}(\eta_{i2}+\bar{C}_{is|z})\ \text{für alle i.}$$

Verbindet man (17*) mit (16*), dann läßt sich ein lineares Gleichungssystem in den Variablen π^+ aufbauen. Allerdings sind bekanntlich nur Z+ZS Gleichungen linear unabhängig, so daß $\pi^+_0 \equiv 1$ gesetzt wird.

Es gelten folgende Definitionen (beachte: $:\rho_{it} = :\rho_t$):

$$\underline{H} \equiv \begin{pmatrix} \underline{H}^1 & \underline{H}^2 \\ \underline{H}^3 & \underline{H}^4 \end{pmatrix},\ \underline{y} \equiv \begin{pmatrix} \underline{y}^1 \\ \underline{y}^2 \end{pmatrix}\ \text{und}\ \underline{b} \equiv \begin{pmatrix} \underline{b}^1 \\ \underline{b}^2 \end{pmatrix}\ \text{mit}$$

$$\underline{H}^1 \equiv \begin{pmatrix} 1-\rho_1\Sigma_i\ f_i(1)\bar{q}_{i1} & -\rho_1\Sigma_i\ f_i(1)\bar{q}_{i2} & \cdots & -\rho_1\Sigma_i\ f_i(1)\bar{q}_{iZ} \\ -\rho_1\Sigma_i\ f_i(2)\bar{q}_{i1} & 1-\rho_1\Sigma_i\ f_i(2)\bar{q}_{i2} & \cdots & -\rho_1\Sigma_i\ f_i(2)\bar{q}_{iZ} \\ \vdots & \vdots & \ddots & \vdots \\ -\rho_1\Sigma_i\ f_i(Z)\bar{q}_{i1} & -\rho_1\Sigma_i\ f_i(Z)\bar{q}_{i2} & \cdots & 1-\rho_1\Sigma_i\ f_i(Z)\bar{q}_{iZ} \end{pmatrix},$$

$$\underline{H}^2 \equiv \begin{pmatrix} -\rho_1\Sigma_i\ f_i(1)\bar{q}_{i1|1} & \cdots & -\rho_1\Sigma_i\ f_i(1)\bar{q}_{iS|Z} \\ \vdots & \ddots & \vdots \\ -\rho_1\Sigma_i\ f_i(Z)\bar{q}_{i1|1} & \cdots & -\rho_1\Sigma_i\ f_i(Z)\bar{q}_{iS|Z} \end{pmatrix},$$

$$\underline{H}^3 \equiv \begin{pmatrix} -\rho_2\Sigma_i\ f_i(1,1)\bar{q}_{i1} & \cdots & -\rho_2\Sigma_i\ f_i(1,1)\bar{q}_{iZ} \\ \vdots & \ddots & \vdots \\ -\rho_2\Sigma_i\ f_i(Z,S)\bar{q}_{i1} & \cdots & -\rho_2\Sigma_i\ f_i(Z,S)\bar{q}_{iZ} \end{pmatrix},$$

$$\underline{H}^4 \equiv \begin{pmatrix} 1-\rho_2\Sigma_i\ f_i(1,1)\bar{q}_{i1|1} & -\rho_2\Sigma_i\ f_i(1,1)\bar{q}_{i2|1} & \cdots & -\rho_2\Sigma_i\ f_i(1,1)\bar{q}_{iS|Z} \\ \vdots & \vdots & \ddots & \vdots \\ -\rho_2\Sigma_i\ f_i(Z,S)\bar{q}_{i1|1} & -\rho_2\Sigma_i\ f_i(Z,S)\bar{q}_{i2|1} & \cdots & 1-\rho_2\Sigma_i\ f_i(Z,S)\bar{q}_{iS|Z} \end{pmatrix},$$

$$\underline{y}^1 \equiv \left(\frac{\eta_{M1}+C_{M1}}{\eta_{M0}+C_{M0}}\,\pi_1^+,\ldots,\frac{\eta_{M1}+C_{MZ}}{\eta_{M0}+C_{M0}}\,\pi_Z^+\right)',$$

$$\underline{y}^2 \equiv \left(\frac{\eta_{M2}+C_{M1|1}}{\eta_{M0}+C_{M0}}\,\pi_{11}^+,\ldots,\frac{\eta_{M2}+C_{MS|Z}}{\eta_{M0}+C_{M0}}\,\pi_{ZS}^+\right)',$$

$$\underline{b}^1 \equiv \rho_1(\Sigma_i\ f_i(1)\bar{q}_{i0},\ldots,\ \Sigma_i\ f_i(Z)\bar{q}_{i0})' \text{ und}$$

$$\underline{b}^2 \equiv \rho_2(\Sigma_i\ f_i(1,1)\ \bar{q}_{i0},\ldots,\ \Sigma_i\ f_i(Z,S)\bar{q}_{i0})'.$$

Setzt man die entsprechenden Definitionen in die Koeffizientenmatrix $\underline{H}$, in den Variablenvektor $\underline{y}$ und den Begrenzungsvektor $\underline{b}$ ein, dann folgt das lineare Gleichungssystem

(18*) $\underline{H}\ \underline{y} = \underline{b}.$

Zur Anwendung der Cramerschen Regel werden die Determinanten det $\underline{H}$, det $\underline{H}_z$ und det $\underline{H}_{zs}$ benötigt. Durch Determinantenmanipulation läßt sich zeigen, daß

(19*) $\det \underline{H} = \rho_0 \det \underline{L},$

(20*) $\det \underline{H}_z = \rho_1 \det \underline{L}_z \quad (z=1,2,\ldots,Z)$ und

(21*) $\det \underline{H}_{zs} = \rho_2 \det \underline{L}_{zs} \quad (s=1,2,\ldots,S;\ z=1,2,\ldots,Z)$

ist. Die Matrix $\underline{L}_{(.)}$ stellt dabei eine Teilmatrix der Koeffizientenmatrix $\underline{H}_{(.)}$ dar, die sich aus der Determinantenmanipulation ergibt. Bei regulärer Koeffizientenmatrix ermittelt man aus (19*) bis (21*) sodann die Lösungen

(22*) $$\frac{\eta_{M1}+C_{Mz}}{\eta_{M0}+C_{M0}}\,\pi_z^+ = \frac{\det \underline{H}_z}{\det \underline{H}} = \frac{\rho_1}{\rho_0}\,\frac{\det \underline{L}_z}{\det \underline{L}} \quad (z=1,2,\ldots,Z) \text{ und}$$

(23*) $$\frac{\eta_{M2}+C_{Ms|z}}{\eta_{M0}+C_{M0}}\,\pi_{zs}^+ = \frac{\det \underline{H}_{zs}}{\det \underline{H}} = \frac{\rho_2}{\rho_1}\,\frac{\det \underline{L}_{zs}}{\det \underline{L}} \quad (z=1,2,\ldots,Z;\ s=1,2,\ldots,S),$$

so daß für (22*) und (23*) i.V. mit (II-47) gilt:

$$(24^*) \quad \pi_z^+ = \frac{\rho_1}{\rho_0}\left(\frac{\eta_{M1}+C_{Mz}}{\eta_{M0}+C_{M0}}\right)^{-1} \frac{\det \underline{L}_z}{\det \underline{L}} = \gamma_{Mz}^{-1} f_M^+(z) \; (z=1,2,\ldots,Z) \text{ und}$$

$$(25^*) \quad \pi_{zs}^+ = \frac{\rho_2}{\rho_0}\left(\frac{\eta_{M2}+C_{Ms|z}}{\eta_{M0}+C_{M0}}\right)^{-1} \frac{\det \underline{L}_{zs}}{\det \underline{L}} = \gamma_{Mzs}^{-1} f_M^+(z,s) \; (z=1,2,\ldots,Z; \; s=1,2,\ldots,S).$$

Für die aggregierten Wahrscheinlichkeiten gilt daher im Marktgleichgewicht

$$(26^*) \quad f_M^+(z) = \det \underline{L}_z / \det \underline{L} \; (z=1,2,\ldots,Z) \text{ und}$$

$$(27^*) \quad f_M^+(z,s) = \det \underline{L}_{zs} / \det \underline{L} \; (z=1,2,\ldots,Z; \; s=1,2,\ldots,S).$$

In $\det \underline{L}_{(.)}/\det \underline{L}$ gehen ausschließlich modellexogene Größen ein.

AA 5: $\tilde{C}_{Mt}^+ = \tilde{C}_{Mt}^+(\tilde{C}_{Mt})$ *(t=0,1,2)*

Sei

ξ_0 (ξ_{01}) der kurzfristig (langfristig) risikofrei investierte Anteil am vorläufigen Konsumgüterangebot im Zeitpunkt 0,

ξ_z der kurzfristig risikofrei investierte Anteil am vorläufigen Konsumgüterangebot im Zeitpunkt 1, Zustand z und

$$\beta_z \equiv \frac{\eta_{M0}+C_{M0}}{\eta_{M1}+C_{Mz}}(1+k_1), \; \beta_{zs} \equiv \frac{\eta_{M0}+C_{M0}}{\eta_{M2}+C_{Ms|z}}(1+k_{12})^2, \; \beta_{s|z} \equiv \frac{\eta_{M1}+C_{Mz}}{\eta_{M2}+C_{Ms|z}}(1+k_{2|z}).$$

Dann müssen im Marktgleichgewicht die folgenden Ertragsrestriktionen erfüllt sein:

$$\eta_{M0}+C_{M0}^+ = (\eta_{M0}+C_{M0})(1-\xi_0^+-\xi_{01}^+),$$

$$\eta_{M1}+C_{Mz}^+ = (\eta_{M1}+C_{Mz})(1-\xi_z^++\beta_z\xi_0^+) \; (z=1,2,\ldots,Z),$$

$$\eta_{M2}+C_{Ms|z}^+ = (\eta_{M2}+C_{Ms|z})(1+\beta_{s|z}\xi_z^++\beta_{zs}\xi_{01}^+) \; (s=1,2,\ldots,S; \; z=1,2,\ldots,Z).$$

Setzt man diese Ertragsrestriktionen in die im Marktgleichgewicht geltenden Zeitpräferenzbedingungen (II-52) ein, dann ergeben sich die folgenden impliziten Bestimmungsgleichungen für die Anteils ξ_0, ξ_{01} und ξ_z:

(28*) $$\rho_0(1-\xi_0^+-\xi_{01}^+)^{-1} = \rho_1\Sigma_z\ f_M^+(z)\frac{\beta_z}{1-\xi_z^++\beta_z\xi_0^+} = \rho_2\Sigma_z\Sigma_s\ f_M^+(z,s)\frac{\beta_{zs}}{1+\beta_{s|z}\xi_z^++\beta_{zs}\xi_{01}^+},$$

$$\rho_1(1-\xi_z^++\beta_z\xi_0^+)^{-1} = \rho_2\Sigma_s\ f_M^+(s|z)\ \frac{\beta_{s|z}}{1+\beta_{s|z}\xi_z^++\beta_{zs}\xi_{01}^+}\ (z=1,2,\ldots,Z).$$

Für $d_0 \equiv \xi_0+\xi_{01}$, $d_z \equiv \xi_z-\beta_z\xi_0$ und $d_{s|z} \equiv -\beta_{s|z}\xi_z-\beta_{zs}\xi_{01}$ ergeben sich die Gleichungen (II-53).

AA 6: *sign* d_0^+ = *sign*$(k_1-k_1^+)$

(29*) $$E_M^+[\tilde{\gamma}_{M1}^{-1}(1-\frac{1-d_0^+}{1+\tilde{\beta}_1 d_0^+})] \gtreqless 0 \quad <=> \quad d_0^+ \gtreqless 0.$$

Gezeigt wird die >-Beziehung. Die anderen folgen analog.
α) =>: Sei $E_M^+[.] > 0$ und $d_0^+ \leqq 0$ → Widerspruch.
β) <=: Sei $d_0^+ > 0$ und $E_M^+[.] \leqq 0$ → Widerspruch.

Mit $(1+k_1^+)^{-1} \equiv E_M^+(\tilde{\gamma}_{M1}^{-1})$ und $(1+k_1)^{-1} = E_M^+(\tilde{\gamma}_{M1}^{-1}\ \frac{1-d_0^+}{1+\tilde{\beta}_1 d_0^+})$ gemäß (II-52), folgt

$$\text{sign}\ E_M^+[\tilde{\gamma}_{M1}^{-1}(1-\frac{1-d_0^+}{1+\tilde{\beta}_1 d_0^+})] = \text{sign}[(1+k_1^+)^{-1}-(1+k_1)^{-1}] = \text{sign}(k_1-k_1^+)$$

und i.V. mit (29*) die Behauptung.

AA 7: *sign* d_0^+ = *sign*$(k_{12}-k_{12}^+)$

Mit sign d_0^+ = -sign $\tilde{d}_2^+$ gilt sign $E_M^+[\tilde{\gamma}_{M12}^{-1}(1-\frac{1-d_0^+}{1-\tilde{d}_2^+})]$ = sign d_0^+. Es folgt für $(1+k_{12}^+)^{-2} \equiv E_M^+(\tilde{\gamma}_{M12}^{-1})$ i.V. mit (II-52)

$$\text{sign}\ E_M^+[\tilde{\gamma}_{M12}^{-1}(1-\frac{1-d_0^+}{1-\tilde{d}_2^+})] = \text{sign}[(1+k_{12}^+)^{-2}-(1+k_{12})^{-2}] = \text{sign}\ d_0^+$$

und damit die Behauptung.

AA 8: *Eine Bestimmungsgleichung für* q_i^+

Für die Summanden t=0 und t=1 von $q_i^+ = \Sigma_t\, \rho_t\, E_M^+[\tilde{\bar{q}}_{it}(1-\tilde{d}_t^+)^{-1}]$ läßt sich i.V. mit (28*) schreiben:

$$\rho_0\, \bar{q}_{i0}(1-d_0^+)^{-1} = \rho_2\Sigma_z\Sigma_s\, f_M^+(z,s)\, \bar{q}_{i0}\, \beta_{zs}(1-d_{s|z}^+)^{-1},$$

$$\rho_1\Sigma_z\, f_M^+(z)\, \bar{q}_{iz}(1-d_z^+)^{-1} = \rho_2\Sigma_z\Sigma_s\, f_M^+(z,s)\, \bar{q}_{iz}\beta_{s|z}(1-d_{s|z}^+)^{-1}.$$

Eingesetzt in q_i^+ und zusammengefaßt, ergibt

$$q_i^+ = \rho_2\Sigma_z\Sigma_s\, f_M^+(z,s)(\bar{q}_{i0}\beta_{zs}+\bar{q}_{iz}\beta_{s|z}+\bar{q}_{is|z})(1-d_{s|z}^+)^{-1}.$$

AA 9: *Die Ableitung einer Bestandshaltestrategie für alle Investoren i (i=1,2,...,I)*

Zur Vereinfachung der Ableitung werden die Lösungen in (II-62) umformuliert. Sei

$$\hat{x}_{i,J+1,0} \equiv \eta_{i1}(1+k_1)^{-1}+x_{i,J+1,0},$$

$$\hat{x}_{i,J+2,0} \equiv \eta_{i2}(1+k_{12})^{-2}+x_{i,J+2,0}.$$

Die Anlage in risikofreie Wertpapiere *im Zeitpunkt 0* wird also definitionsgemäß im folgenden als Bruttogröße behandelt. Mit $\hat{x}_{ij0} = x_{ij0}$ (j=1,2,...,J) und $\hat{x}_{ijz} = x_{ijz}$ (j=1,2,...,J+1; z=1,2,...,Z) läßt sich dann (II-62) folgendermaßen schreiben:

(30*) $$\hat{x}_{ij0} = \Sigma_z(1+r)^{jz}(\theta_{iz}+W_{iz}) \quad (j=1,2,...,J+2) \text{ und}$$

$$\hat{x}_{ijz} = \Sigma_s(1+r)^{js|z}[\theta_{is|z}+W_{is|z}-(1+k_{12})^2\hat{x}_{i,J+2,0}] \quad (j=1,2,...,J+1;\ z=1,2,...,Z).$$

Beachte, daß $\theta_{iz} \equiv \eta_{i1}+\eta_{i2}(1+k_{2|z})^{-1}$ für alle z. Bei homogenen Erwartungen und identischer ρ_t-Struktur gilt im Marktgleichgewicht nach (II-38) $\theta_{iz}+W_{iz} = q_i(1+\rho_2/\rho_1)(\eta_{M1}+C_{Mz})$. Eingesetzt in (30*) für t=0, das Ergebnis summiert über alle i unter Berücksichtigung von $\Sigma_i\, q_i = 1$, dieses Ergebnis in die vor Summation erhaltene Gleichung eingesetzt, ergibt

(31*) $$\hat{x}_{ij0} = q_i\, \Sigma_i\, \hat{x}_{ij0} \quad (j=1,2,...,J+2).$$

Bei homogenen Erwartungen und identischer ρ_t-Struktur gilt im Marktgleichgewicht (II-33) $\theta_{is|z}+W_{is|z} = q_i(\eta_{M2}+C_{Ms|z})$, und (31*) liefert $\hat{x}_{i,J+2,0} = q_i \Sigma_i \hat{x}_{i,J+2,0}$. Beides eingesetzt in (30*) für t=1, Zustand z, ergibt, wenn man die Prozedur zur Ableitung von (31*) anwendet,

$$(32^*) \qquad \hat{x}_{ijz} = q_i \Sigma_i \hat{x}_{ijz} \; (j=1,2,\ldots,J+1;\; z=1,2,\ldots,Z).$$

Aus (31*) und (32*) folgt dann für die riskanten Wertpapiere j (j=1,2,.,J) mit $\tilde{p}_{jt}\, \tilde{y}_{ijt} = \tilde{x}_{ijt} = \tilde{\tilde{x}}_{ijt}$ und $\Sigma_i \; \tilde{y}_{ijt} = y_{Mj}$ (t=0,1) die Gleichung (II-63).

AA 10: *Informationsbewertung in der Individualanalyse - ohne Informationskosten*

Zunächst sei die Gültigkeit der folgenden Ungleichung gezeigt (vgl. *Hardy/ Littlewood/Pólya (1934, 97)*):

$$(33^*) \qquad \Sigma_z x_z \ln \frac{x_z}{y_z} \geq \Sigma_z x_z \ln \frac{\Sigma_z x_z}{\Sigma_z y_z}$$

mit $x_z > 0$, $y_z > 0$ für alle z und Gleichheit genau dann, wenn $\frac{x_z}{y_z} = \frac{\Sigma_z x_z}{\Sigma_z y_z}$ für alle z.

Beweis (vgl. zur Beweistechnik *Rényi (1971, 448)*): Sei $g_z \equiv x_z/\Sigma_z x_z$, $h_z \equiv y_z/\Sigma_z y_z$. Dann gilt für die *konvexe* Funktion $f(p) = p \ln p \; (p > 0)$ - es ist nämlich $f''(p) > 0$ für $p > 0$ - gemäß der Jensenschen Ungleichung (vgl. z.B. *Mitrinović (1970, 12f.)*) mit $p_z = g_z/h_z$ für alle z:

$$\Sigma_z h_z\left(\frac{g_z}{h_z}\right)\ln \frac{g_z}{h_z} \geq \Sigma_z h_z\left(\frac{g_z}{h_z}\right)\ln\left[\Sigma_z h_z\left(\frac{g_z}{h_z}\right)\right] = 0.$$

Unter Berücksichtigung der Definitionen für g_z und h_z ergibt sich dann

$$\Sigma_z \frac{x_z}{\Sigma_z x_z} \ln \frac{x_z/\Sigma_z x_z}{y_z/\Sigma_z y_z} = \frac{1}{\Sigma_z x_z}\left(\Sigma_z x_z \ln \frac{x_z}{y_z} - \Sigma_z x_z \ln \frac{\Sigma_z x_z}{\Sigma_z y_z}\right) \geq 0.$$

Da f(p) in keinem Teilintervall linear ist, folgt Gleichheit in (33*) genau dann, wenn $x_z/y_z = x_{\bar{z}}/y_{\bar{z}}$ für alle z und $\bar{z}$ $(z \neq \bar{z})$.

Für die Vorzeichen von Δ_t^* nach (III-1) i.V. mit (IV-1) und (IV-8) läßt sich dann folgern:

(a) $\Delta_0^* = \ln 1 = 0$,

(b) $\Delta_1^* = \Sigma_e\ f(e)\Sigma_z\ f(z|e)\ln \frac{f(z|e)}{f(z)} \geq 0$,

(c) $\Delta_2^* = \Sigma_e\ f(e)\Sigma_z\Sigma_s\ f(z,s|e)\ln \frac{f(z,s|e)}{f(z,s)} \geq 0$

wegen (33*) mit $x_z = f(z|e)$, $y_z = f(z)$ $(z=1,2,\ldots,Z)$ in (b) bzw. $x_{z*} = f(z,s|e)$, $y_{z*} = f(z,s)$ $(z^*=1,2,\ldots,ZS)$ in (c) und $f(e) > 0$ über alle e.

AA 11: *Der Einfluß der stochastischen Abhängigkeit zwischen dem Informationsergebnis und der Datenkonstellation auf* Δ^*

Die Untersuchung wird auf Δ_1^* beschränkt. Für Δ_2^* gilt das Analoge.

Sei $\hat{f}(.)$ eine Wahrscheinlichkeitsverteilung, für die das Folgende gelten soll:

(34*) $\quad \hat{f}(z|e) \geq f(z|e) > f(z)$ oder $\hat{f}(z|e) \leq f(z|e) < f(z)$ $\quad (z=1,2,\ldots,Z;\ e=1,2,\ldots,E)$.

"$\leq$" bzw. "$\geq$" bedeutet, daß nicht ausschließlich Gleichungen vorliegen dürfen.

Da Wahrscheinlichkeitsverteilungen betrachtet werden, gelten mindestens 2 Ungleichungen.

Mit (34*) gilt $\hat{\Delta}_1^* = \Sigma_e\ f(e)\Sigma_z\ \hat{f}(z|e)\ln \frac{\hat{f}(z|e)}{f(z)} > \Delta_1^* = \Sigma_e\ f(e) \times$ $\Sigma_z\ f(z|e)\ln \frac{f(z|e)}{f(z)}$. Denn es ist

(35*) $\quad \Sigma_z\ \hat{f}(z|e)\ln \frac{\hat{f}(z|e)}{f(z)} - \Sigma_z\ f(z|e)\ln \frac{f(z|e)}{f(z)} =$

(36*) $\quad \Sigma_z\ \hat{f}(z|e)\ln \frac{\hat{f}(z|e)}{f(z|e)} + \Sigma_z[\hat{f}(z|e)-f(z|e)]\ln \frac{f(z|e)}{f(z)} > 0$,

da beide Summanden in (36*) aufgrund von (34*) positiv sind (beachte (33*) für den ersten Summanden). Multipliziert man in (35*) beide Summanden mit f(e) und summiert über alle Informationsergebnisse e, folgt $\hat{\Delta}_1^* > \Delta_1^*$.

AA 12: *Zur ex-post-"Beurteilung" der Informationsbeschaffungsmaßnahme*

Aus (II-6) folgt i.V. mit (II-8)

(37*) $\quad \Psi_e^* - \Psi^* = \rho_1\Sigma_z[f(z|e)\ln \frac{f(z|e)}{\pi_z} - f(z)\ln \frac{f(z)}{\pi_z}]$

$$+ \rho_2 \Sigma_z \Sigma_s [f(z|e)f(s|z,e) \ln \frac{f(z|e)f(s|z,e)}{\pi_z \pi_{s|z}} - f(z)f(s|z) \ln \frac{f(z)f(s|z)}{\pi_z \pi_{s|z}}].$$

Mit $f(s|z,e) = f(s|z) = \pi_{s|z}$ für alle e,z und s folgt aus (37*)

$$\text{(38*)} \quad \Psi_e^* - \Psi^* = (\rho_1+\rho_2)\Sigma_z [f(z|e) \ln \frac{f(z|e)}{\pi_z} - f(z) \ln \frac{f(z)}{\pi_z}]$$

$$= (1-\rho_0)\Sigma_z [f(z|e) \ln \frac{f(z|e)}{f(z)} + \Delta_e f(z) \ln \frac{f(z)}{\pi_z}].$$

Beachte: $\rho_0+\rho_1+\rho_2 = 1$ und $\Delta_e f(z) = f(z|e)-f(z)$.

AA 13: Ψ^* *ist konvex in den Wahrscheinlichkeitsverteilungen*

(1) Die konkave Präferenzfunktion (II-6) und die Budgetrestriktion (II-7) ergeben ein Maximierungsproblem, das ein konvexes Programm darstellt. Die Konvexität des Programms gilt für beliebige Wahrscheinlichkeitsverteilungen, solange diese die Wahrscheinlichkeitsaxiomatik erfüllen. Dann ist aber auch der Maximalwert $\Psi^* < \infty$ konvex in den möglichen Wahrscheinlichkeitsverteilungen (vgl. *Savage (1972, 267, Nr. 4)*).

(2) Eine andere Möglichkeit des Nachweises liegt bei logarithmischer Nutzenfunktion in der Untersuchung der einzelnen Summanden in (II-6). Exemplarisch sei $E[\ln(\eta_1+\tilde{C}_1^*)]$ herausgegriffen: Dann gilt unter Berücksichtigung von (II-8)

$$d(dE[\ln(\eta_1+\tilde{C}_1^*)]) = \Sigma_z \frac{1}{f(z)} df(z)^2 \geq 0$$

für alle möglichen f(.), so daß E[.] konvex ist in f(.). Die Behauptung folgt, da die Summe von konvexen Funktionen wiederum eine konvexe Funktion ergibt ($\rho_t > 0$).

AA 14: *sign* $\Delta_e W_z^*(\iota) = ?$

Bei der Bestimmung von relativ leicht zu interpretierenden Einflußfaktoren des Vorzeichens einer bedingten Nachfragerevision nach zVA bei positiver Informationsauszahlung ι, soll auch das Rechnen mit sign(.) verdeutlicht werden.

Aus (IV-16) folgt definitionsgemäß

$$1+\frac{\Delta_e W_z^*(\iota)}{\theta_z+W_z^*} = \left(1+\frac{\Delta_e f(z)}{f(z)}\right)\left(1-\frac{\iota}{\theta_0+W_0}\right)$$

und damit wegen $\theta_z+W_z^* > 0$

$$\begin{aligned}\operatorname{sign} \Delta_e W_z^*(\iota) &= \operatorname{sign}\left\{\left(1+\frac{\Delta_e f(z)}{f(z)}\right)\left(1-\frac{\iota}{\theta_0+W_0}\right)-1\right\}\\ &= \operatorname{sign}\left\{\frac{\Delta_e f(z)}{f(z)}\left(1-\frac{\iota}{\theta_0+W_0}\right)-\frac{\iota}{\theta_0+W_0}\right\}\\ &= \operatorname{sign}\left\{\frac{\Delta_e f(z)}{f(z)}-\frac{\iota}{\theta_0+W_0}\left(1-\frac{\iota}{\theta_0+W_0}\right)^{-1}\right\}\end{aligned}$$

wegen $\left(1-\frac{\iota}{\theta_0+W_0}\right) > 0$ und damit die Behauptung.

AA 15: *Zur informationsbedingten Veränderung des Verhältnisses von Konsum und Investition und der Aufteilung des Investitionsbetrages bei positiver Auszahlung* ι

Beachte zunächst die Definition $\Delta_e x(\iota) \equiv x_e(\iota)-x(0)$, wobei x z.B. den Bruttokonsum darstellen kann. Dann folgt aus (II-8) mit $\rho_0 = w_0$ und $\rho_1+\rho_2 = 1-\rho_0 = 1-w_0$

(1) für die Bruttobetrachtung

$$\Delta_e\left(\frac{\eta_0+C_0^*(\iota)}{V_0^*(\iota)}\right) = \frac{w_0(\theta_0+W_0-\iota)}{(1-w_0)(\theta_0+W_0-\iota)} - \frac{w_0(\theta_0+W_0)}{(1-w_0)(\theta_0+W_0)} = 0 \text{ für alle e und}$$

$$\Delta_e\left(\frac{\pi_z[\theta_z+W_z^*(\iota)]}{V_0^*(\iota)}\right) = \frac{(1-w_0)(\theta_0+W_0-\iota)\ f(z|e)}{(1-w_0)(\theta_0+W_0-\iota)} - \frac{(1-w_0)(\theta_0+W_0)f(z)}{(1-w_0)(\theta_0+W_0)} = \Delta_e f(z)$$

für alle e und z und

(2) für die Nettobetrachtung, wobei $W_0(\iota) = W_0-\iota$,

$$\Delta_e\left(\frac{C_0^*(\iota)}{W_0(\iota)-C_0^*(\iota)}\right) = \frac{-\eta_0+w_0(\theta_0+W_0-\iota)}{W_0-\iota+\eta_0-w_0(\theta_0+W_0-\iota)} - \frac{-\eta_0+w_0(\theta_0+W_0)}{W_0+\eta_0-w_0(\theta_0+W_0)} \text{ für alle e.}$$

Mit $C_0^*(\iota) > 0$ und $C_0^* > 0$ folgt dann das Ergebnis (IV-21) durch Ausmultiplizieren und Kürzen der beiden Summanden.

$$\Delta_e\left(\frac{\pi_z W_z^*(\iota)}{W_0(\iota)-C_0^*(\iota)}\right) = \frac{-\theta_z\pi_z+(1-w_0)(\theta_0+W_0-\iota)f(z|e)}{W_0-\iota+\eta_0-w_0(\theta_0+W_0-\iota)} - \frac{-\theta_z\pi_z+(1-w_0)(\theta_0+W_0)f(z)}{W_0+\eta_0-w_0(\theta_0+W_0)}$$

für alle z und e.

Hilfreich ist hier eine Erweiterung in der Form $\Delta_e x(\iota) = x_e(\iota)-x(\iota) + \{x(\iota)-x(0)\}$, wobei sich $x(\iota)$ von $x_e(\iota)$ nur durch $f(z)$ anstelle von $f(z|e)$ unterscheidet. Klammert man sodann auf der rechten Seite $V_0^*(\iota)/[W_0(\iota)-C_0^*(\iota)] > 0$ aus, berücksichtigt nur noch das Vorzeichen des restlichen Klammerausdruckes und verrechnet durch Ausmultiplizieren und Kürzen, so folgt (IV-22).

AA 16: *Informationsbewertung in der Individualanalyse - mit Informationskosten*

Zunächst ermittelt man nach (III-2) für die Revisionserträge $\Delta_t(\iota)$ bei Berücksichtigung von (IV-16) und der analog um die Auszahlung ι korrigierten Zusammenhänge in (IV-8)

$$\Delta_0^*(\iota) = \ln(1 - \frac{\iota}{\theta_0+W_0}),$$

$$\Delta_1^*(\iota) = \Sigma_e\ f(e)\Sigma_z\ f(z|e)\ln[\frac{f(z|e)}{f(z)}\ (1 - \frac{\iota}{\theta_0+W_0})],$$

$$\Delta_2^*(\iota) = \Sigma_e\ f(e)\Sigma_z\Sigma_s\ f(z,s|e)\ln[\frac{f(z,s|e)}{f(z,s)}\ (1 - \frac{\iota}{\theta_0+W_0}).$$

Daraus folgt aber unmittelbar $\Delta_t^*(\iota) = \Delta_t^*+\ln(1 - \frac{\iota}{\theta_0+W_0})$ mit $\Delta_t^* \equiv \Delta_t^*(\iota=0)$ und t=0,1,2 gemäß AA 10 und damit (IV-24).

AA 17: *Informationswertabschätzung bei $\iota > 0$ (Individualanalyse)*

Aus der Jensenschen Ungleichung folgt $E(\ln \tilde{x}) < \ln E(\tilde{x})$ genau dann, wenn nicht alle $\tilde{x}$ identisch sind. Dann gilt für $f(.|e) \neq f(.)$ und $0 < \rho_t < 1$

$$0 < \rho_1\Sigma_e\Sigma_z\ f(e,z)\ln \frac{f(z|e)}{f(z)} < \rho_1\ \ln\Sigma_e\Sigma_z\ f(e,z)\ \frac{f(z|e)}{f(z)} \equiv \rho_1\ \ln \tau_1,$$

$$0 < \rho_2\Sigma_e\Sigma_z\Sigma_s\ f(e,z,s)\ln \frac{f(z,s|e)}{f(z,s)} < \rho_2\ \ln\Sigma_e\Sigma_z\Sigma_s\ f(e,z,s)\ \frac{f(z,s|e)}{f(z,s)} \equiv \rho_2\ln\tau_2.$$

Summation ergibt $\Delta^* < \ln(\tau_1^{\rho_1}\tau_2^{\rho_2}) \leq \nabla^*(\iota) = -\ln(1 - \frac{\iota}{\theta_0+W_0})$, wenn die Informationsbeschaffung von Nachteil sein soll. In die e-te Potenz erhoben, erhält man

$$(39^*) \quad 1 + \frac{\iota}{\theta_0+W_0-\iota} \geq \Pi_{t=1}^{2}\ \tau_t^{\rho_t}.$$

Ferner gelten folgende Ungleichungen für $\tau_1^{\rho_1}$ und analog für $\tau_2^{\rho_2}$ (*Zurmühl (1964, 205)*):

(40*) $$1 < \tau_1^{\rho_1} < (1+\Sigma_e\Sigma_z\, f(e,z)\left|\frac{\Delta_e f(z)}{f(z)}\right|)^{\rho_1} < (1+\left|\frac{\Delta_e f(z)}{f(z)}\right|_{max})^{\rho_1} < 1+\left|\frac{\Delta_e f(z)}{f(z)}\right|_{max}.$$

Dann folgt aus (40*) i.V. mit (39*)

(41*) $$1 + \frac{\iota}{\Theta_0+W_0-\iota} \geq (1+\left|\frac{\Delta_e f(z)}{f(z)}\right|_{max})(1+\left|\frac{\Delta_e f(z,s)}{f(z,s)}\right|_{max}).$$

(39*) und (41*) geben hinreichende Bedingungen dafür an, daß der Informationswert nach Informationskosten, $\Delta^*(\iota)$, negativ ist.

AA 18: *Die zu erwartende Änderung der Sicherheitszinssätze (ohne "+")*

(1) Auf der Grundlage von (IV-28) folgt mit Hilfe der Jensenschen Ungleichung

(42*) $$\Sigma_e\, f(e)(1+k_{1|e}) \geq [\Sigma_e\, f(e)(1+k_{1|e})^{-1}]^{-1} = 1+k_1 \text{ bzw.}$$

$$\Sigma_e\, f(e)(1+k_{12|e}) = \Sigma_e\, f(e)[(1+k_{12|e})^{-2}]^{-\frac{1}{2}}$$

$$\geq [\Sigma_e\, f(e)(1+k_{12|e})^{-2}]^{-\frac{1}{2}} = 1+k_{12}$$

und damit Gleichung (IV-29).

(2) Da $(1+k_2)^{-1} = E(\tilde{\gamma}_{M12}^{-1})/E(\tilde{\gamma}_{M1}^{-1})$ und $(1+k_{2|e})^{-1} = E(\tilde{\gamma}_{M12}^{-1}|e)/E(\tilde{\gamma}_{M1}^{-1}|e)$, folgt für $E(\tilde{\gamma}_{M1}^{-1}|e) = E(\tilde{\gamma}_{M1}^{-1})$

$$\Sigma_e\, f(e)(1+k_{2|e})^{-1} = (1+k_2)^{-1}.$$

Und analog zu (42*) ergibt sich

$$\Sigma_e\, f(e)(1+k_{2|e}) \geq [\Sigma_e\, f(e)(1+k_{2|e})^{-1}]^{-1} = 1+k_2.$$

AA 19: *Informationsbewertung in der Marktanalyse bei homogenen Erwartungen - ohne Informationskosten (konstante Produktion)*

Ausgehend von (III-1) folgt i.V. mit (IV-37) für alle i

(43*) $$\Delta_i^+ = \Sigma_t\, \rho_t\Sigma_e\, f(e)\ln\frac{q_{ie}^+}{q_i^+} = \Sigma_e\, f(e)\ln\frac{q_{ie}^+}{q_i^+}$$

und damit in allen Zeitpunkten übereinstimmende zu erwartende Revisionserträge. Nun folgt aus (IV-30) [vgl. (IV-33)]

(44*) $\Sigma_e f(e)q_{ie}^+ = q_i^+$

und daraus i.V. mit (43*)

(45*) $\Sigma_e f(e)\ln \frac{q_{ie}^+}{\Sigma_e f(e)q_{ie}^+} \leqq 0$

gemäß der Jensenschen Ungleichung für die konkave Funktion ln x (x > 0). Gleichheit gilt genau dann, wenn $q_{ie}^+ = q_i^+$ für alle e.

AA 20: *Der Einfluß der Variation des Vermögensanteils auf den Informationswert Δ_i^+ (ohne "+")*

Zunächst gelten folgende Zusammenhänge ("^" kennzeichnet einen von q_{ie} verschiedenen bedingten Vermögensanteil):

(46*) $0 \geqq \hat{\Delta}_i = \Sigma_e f(e)\ln \frac{\hat{q}_{ie}}{q_i} = \Sigma_e f(e)\ln \frac{\hat{q}_{ie}}{q_{ie}} + \Delta_i$

wegen (43*) und mit $\Sigma_e f(e)\hat{q}_{ie} = \Sigma_e f(e)q_{ie}$ ist

(47*) $-q_i\Sigma_e f(e)\ln \frac{\hat{q}_{ie}}{q_{ie}} = \Sigma_e f(e)q_{ie}[(\frac{\hat{q}_{ie}}{q_{ie}} - 1) - \frac{q_i}{q_{ie}} \ln \frac{\hat{q}_{ie}}{q_{ie}}]$.

Es folgt:

(48*) $\hat{\Delta}_i < \Delta_i < 0$ dann, wenn $\hat{q}_{ie} \geq q_{ie} > q_i$ oder $\hat{q}_{ie} \leq q_{ie} < q_i$ für alle e,

d.h. bei höchstens E-2 Informationsergebnissen das Gleichheitszeichen. Aus der Bedingung in (48*) folgt, daß mindestens zwei $|\Delta_e q_i|$ zunehmen.

Denn: Wegen $x-1 \geqq \ln x$ (x > 0) ist unter der angegebenen Bedingung in (48*) die eckige Klammer auf der rechten Seite von (47*) stets positiv. Dann ist wegen $f(e)q_{ie} > 0$ für alle e auch die Summe auf der rechten Seite positiv, und wegen $q_i > 0$ muß damit $\Sigma_e f(e)\ln(\hat{q}_{ie}/q_{ie})$ negativ sein. I.V. mit (46*) folgt dann (48*).

Vertauscht man in (46*) bis (48*) $\hat{\Delta}_i$ und Δ_i, $\hat{q}_{ie}$ und q_{ie}, dann folgt analog $\Delta_i < \hat{\Delta}_i < 0$, da mindestens 2 $|\Delta_e q_i|$ abnehmen (e=1,2,.,,,E).

AA 21: Ψ_i^+ *ist bei homogenen Erwartungen und fest vorgegebenem Konsumgüterangebot konkav in den Wahrscheinlichkeitsverteilungen*

Für den zweiten Summanden in (II-6) ergibt sich im Marktgleichgewicht gemäß (II-32) bei altem Informationsstand für den Fall homogener Erwartungen und identischer ρ_t-Struktur $E[\ln(\eta_{i1}+\tilde{C}_{i1}^+)] = \ln q_i^+ + \Sigma_z\ f(z)\ln(\eta_{M1}+C_{Mz})$. Daraus folgt

$$dE[\ln(\eta_{i1}+\tilde{C}_{i1}^+)] = \frac{dq_i^+}{q_i^+} + \Sigma_z\ \ln(\eta_{M1}+C_{Mz})\ df(z)$$

und damit $[d^2E = d(dE)]$

$$d^2E[\ln(\eta_{i1}+\tilde{C}_{i1}^+)] = \frac{q_i^+ d^2 q_i^+ - (dq_i^+)^2}{(q_i^+)^2} \leq 0$$

für alle möglichen $q_i^+ > 0$, so daß E[.] konkav in f(.) ist. Denn $d[\Sigma_z\ df(z)\ln(\eta_{M1}+C_{Mz})] = d^2 q_i^+ = 0$, da $\eta_{M1}+\tilde{C}_{M1}$ fest vorgegeben und q_i^+ linear in f(.) ist. Dasselbe Ergebnis gilt für die restlichen Summanden, so daß mit $\rho_t > 0$ für alle t die Behauptung folgt.

AA 22: *Informationsbewertung in der Marktanalyse bei heterogenen Erwartungen - ohne Informationskosten (konstante Produktion)*

(1) (III-1) liefert i.V. mit (IV-51) die zu erwartenden Revisionserträge als

$$(49^*)\qquad \Delta_{i0}^+ = \Sigma_e\ f_i(e)\ln\frac{q_{ie}^+}{q_i^+} \gtreqless 0,$$

$$(50^*)\qquad \Delta_{i1}^+ = \Sigma_e\Sigma_z\ f_i(e,z)\ln\left(\frac{q_{ie}^+}{q_i^+} \times \frac{f_i(z|e)/f_M^+(z|e)}{f_i(z)/f_M^+(z)}\right) \gtreqless 0,$$

$$(51^*)\qquad \Delta_{i2}^+ = \Sigma_e\Sigma_z\Sigma_s\ f_i(e,z,s)\ln\left(\frac{q_{ie}^+}{q_i^+} \times \frac{f_i(z,s|e)/f_M^+(z,s|e)}{f_i(z,s)/f_M^+(z,s)}\right) \gtreqless 0.$$

Damit kann auch der Informationswert $\Delta_i^+ \gtreqless 0$ sein.

(2) Aus (49*) folgt - auf die zusätzlichen Definitionen wird im Text eingegangen -:

$$(52^*)\quad \Sigma_e\ f_i(e)\ln\frac{q_{ie}^+}{q_i^+} = \Sigma_e\ f_i(e)\ln\frac{q_{ie}^+}{\Sigma_e\ f_i(e)q_{ie}^+} + \ln\frac{\Sigma_e\ f_i(e)q_{ie}^+}{q_i^+} \equiv P_i^{(u)}+P_i^{(i)}.$$

Es ist $P_i^{(u)} \leq 0$ wegen (45*), und $P_i^{(u)} = 0$ genau dann, wenn $q_{i1}^+ = q_{i2}^+ = \cdots = q_{iE}^+$.

Jedoch ist $P_i^{(i)} \gtreqless 0$ wegen $\Sigma_e\ f_i(e)q_{ie}^+ \gtreqless q_i^+$ nach (IV-48). Damit gilt die Ungleichungsbeziehung in (49*).

(3) Nach (33*) gilt für alle i

$$(53^*)\quad \Sigma_e\ f_i(e)\Sigma_{(.)}f_i(.|e)\ln\frac{f_i(.|e)}{f_M^+(.|e)} \geq 0 \text{ und } \Sigma_{(.)}f_i(.)\ln\frac{f_i(.)}{f_M^+(.)} \geq 0.$$

Aus (50*), (51*) und (49*) ergibt sich - wie in (IV-53) geschehen und definiert -: $\Delta_{it}^+-\Delta_{i0}^+ = P_{it}^{(d)}$ (t=1,2). Wegen (53*) gilt $P_{it}^{(d)} \gtreqless 0$ (t=1,2; i=1,2,...,I) und damit die Ungleichungsbeziehung in (50*) bzw. (51*).

(4) Gilt $\dfrac{f_i(.|e)}{f_i(.)} = \dfrac{f_M^+(.|e)}{f_M^+(.)}$ für alle e ($\equiv$ der Investor "liegt exakt im Markt"), dann folgt aus (49*) bis (51*) $\Delta_{it}^+ = \Delta_{i0}^+$ für alle t. Darüber hinaus gilt die Beziehung

$$(54^*)\quad \frac{f_i(.|e)}{f_i(.)} = \frac{f_M^+(.|e)}{f_M^+(.)} \Rightarrow \Sigma_e\ f_i(e)f_M^+(.|e) = f_M^+(.)$$

wegen $\Sigma_e\ f_i(e)f_i(.|e) = f_i(.)$. Aus (54*) folgt aber mit (IV-48) $\Sigma_e\ f_i(e)q_{ie}^+ = q_i^+$ und damit mit (45*) insgesamt $\Delta_i^+ \leq 0$.

Im weiteren zeigt sich, daß

$$\frac{f_i(.)}{f_M^+(.)} = \frac{f_i(.|e)}{f_M^+(.|e)} \text{ für alle e} \Leftrightarrow :(\eta_{it}+\tilde{C}_{it}^+) = :(\eta_{it}+\tilde{C}_{it|e}^+) \text{ für alle e.}$$

Dabei ist $:(\eta_{it}+\tilde{C}_{it}^+) \equiv (\eta_{i0}+C_{i0}^+):(\eta_{i1}+C_{i1}^+):(\eta_{i1}+C_{i2}^+):\ldots:(\eta_{i2}+C_{iS|Z}^+)$ und $:(\eta_{it}+\tilde{C}_{it|e}^+)$ entsprechend für alle e.

Beweis: a) =>: Folgt unmittelbar aus (IV-51). b) <=: Aus der Annahme der Strukturkonstanz folgt

$$\frac{\eta_{i0}+C_{i0|e}^+}{\eta_{i0}+C_{i0}^+} = \frac{\eta_{i1}+C_{i1|e}^+}{\eta_{i1}+C_{i1}^+} = \ldots = \frac{\eta_{i2}+C_{iS|Z,e}^+}{\eta_{i2}+C_{iS|Z}^+} \text{ für alle e und damit i.V. mit}$$

(IV-51)

$$1 = \frac{f_i(1|e)/f_M^+(1|e)}{f_i(1)/f_M^+(1)} = \ldots = \frac{f_i(Z,S|e)/f_M^+(Z,S|e)}{f_i(Z,S)/f_M^+(Z,S)} \text{ für alle e, w.z.b.w.}$$

Gilt $f_M^+(.|e) = f_M^+(.)$ für alle e, dann ist mit (IV-48) $q_{ie}^+ = q_i^+$. Aus (49*) bis (51*) folgt damit insgesamt $\Delta_{it}^+ = \Delta_{i0}^+ \geqq 0$ für alle t und demzufolge $\Delta_i^+ \geqq 0$.

(5) Es ist mit $f_i(z) = f_M^+(z)$ für alle z gemäß (IV-53)

(55*) $$P_{i1}^{(d)} = \Sigma_e \, f_i(e) P_{i1|e}^{(d)} \geqq 0$$

wegen $P_{i1|e}^{(d)} \equiv \Sigma_z \, f_i(z|e) \ln \frac{f_i(z|e)}{f_M^+(z|e)} \geqq 0$ für alle e nach (33*), wenn man $x_z \equiv f_i(z|e)$ und $y_z \equiv f_M^+(z|e)$ $(z=1,2,\ldots,Z)$ setzt. Aus $\hat{P}_{i1|e}^{(d)} \equiv \Sigma_z \, f_i(z|e) \times \ln \frac{f_i(z|e)}{\hat{f}_M^+(z|e)}$ folgt dann mit $x-1 \geqq \ln x$ $(x > 0)$

(56*) $$\hat{P}_{i1|e}^{(d)} - P_{i1|e}^{(d)} = \Sigma_z f_i(z|e) \ln \frac{f_M^+(z|e)}{\hat{f}_M^+(z|e)}$$

$$= \Sigma_z f_M^+(z|e) \left[\left(\frac{\hat{f}_M^+(z|e)}{f_M^+(z|e)} - 1 \right) - \frac{f_i(z|e)}{f_M^+(z|e)} \ln \frac{\hat{f}_M^+(z|e)}{f_M^+(z|e)} \right] > 0,$$

wenn $\hat{f}_M^+(z|e) \geq f_M^+(z|e) > f_i(z|e)$ oder $\hat{f}_M^+(z|e) \leq f_M^+(z|e) < f_i(z|e)$ für $z=1,2,\ldots,Z$. Beachte, daß bei höchstens Z-2 Umweltzuständen das Gleichheitszeichen steht. Damit ist die eckige Klammer in (56*) für alle z positiv. I.V. mit (55*) folgt dann $\hat{P}_{i1}^{(d)} > P_{i1}^{(d)}$.

(6) Es ist mit $f_i(z|e) = f_M^+(z|e)$ für alle z und e gemäß (IV-53)

(57*) $$-P_{i1}^{(d)} = \Sigma_z \, f_i(z) \ln \frac{f_i(z)}{f_M^+(z)} \geqq 0$$

nach (33*), wenn man $x_z \equiv f_i(z)$ und $y_z \equiv f_M^+(z)$ $(z=1,2,\ldots,Z)$ setzt. Streicht man in (56*) in den bedingten Wahrscheinlichkeiten die Bedingung e, dann ist

$\hat{P}^{(d)}_{i1} < P^{(d)}_{i1}$ dann, wenn oder $\begin{matrix} \hat{f}^+_M(z) \geq f^+_M(z) > f_i(z) \\ \hat{f}^+_M(z) \leq f^+_M(z) < f_i(z) \end{matrix}$ und

$\hat{P}^{(d)}_{i1} > P^{(d)}_{i1}$ dann, wenn oder $\begin{matrix} f^+_M(z) \geq \hat{f}^+_M(z) > f_i(z) \\ f^+_M(z) \leq \hat{f}^+_M(z) < f_i(z) \end{matrix}$ für $z=1,2,\dots,Z$.

(7) Aus (33*) folgt mit $x_e \equiv f_i(e,z)$ und $y_e \equiv f_i(z)f_i(e)f^+_M(z|e)/f^+_M(z)$ $(e=1,2,\dots,E)$

$$(58^*) \quad \Sigma_e\ f_i(e,z)\ln \frac{f_i(e)\ \dfrac{f_i(z|e)}{f_i(z)}}{f_i(e)\ \dfrac{f^+_M(z|e)}{f^+_M(z)}} \geqq f_i(z)\ln \frac{f^+_M(z)}{\Sigma_e\ f_i(e)f^+_M(z|e)} \quad (z=1,2,\dots,Z).$$

Summiert man in (58*) über alle z, dann folgt i.V. mit (IV-53)

$$(59^*) \quad P^{(d)}_{i1} \geqq \Sigma_z\ f_i(z)\ln \frac{f^+_M(z)}{\Sigma_e\ f_i(e)f^+_M(z|e)} \gtreqless 0.$$

Wegen $\Sigma_e\ f_i(e)\Sigma_z\ f^+_M(z|e) = 1$ und $x-1 \geqq \ln x$ $(x > 0)$ gilt

$$(60^*) \quad \Sigma_z\ f_i(z)\ln \frac{f^+_M(z)}{\Sigma_e\ f_i(e)f^+_M(z|e)} =$$

$$\Sigma_z\ f^+_M(z)[(\frac{\Sigma_e\ f_i(e)f^+_M(z|e)}{f^+_M(z)} - 1) - \frac{f_i(z)}{f^+_M(z)} \ln \frac{\Sigma_e\ f_i(e)f^+_M(z|e)}{f^+_M(z)}] > 0,$$

wenn oder $\begin{matrix} \Sigma_e\ f_i(e)f^+_M(z|e) \geq f^+_M(z) > f_i(z) \\ \Sigma_e\ f_i(e)f^+_M(z|e) \leq f^+_M(z) < f_i(z) \end{matrix}$ für $z=1,2,\dots,Z$. Die eckige Klammer in (60*) ist für alle z positiv und i.V. mit (59*) folgt $P^{(d)}_{i1} > 0$. Vertauschung von $f^+_M(z)$ und $\Sigma_e\ f_i(e)f^+_M(z|e)$ in (59*), (60*) und in der dazugehörigen Bedingung ergibt $P^{(d)}_{i1} < 0$.

(8) Nach den Überlegungen zu (IV-12) gilt für den Revisionsertrag im Zeitpunkt 1

$$(61^*) \quad \Delta^{(a)}_{i1} \geqq \Delta^{(r)}_{i1} > 0.$$

Daneben gilt

$$(62^*)\quad \Sigma_e\ f_i(e)\Sigma_z\ f_i(z|e)\ln\frac{f_M^+(z|e)}{f_M^+(z)} \geq \Sigma_e\ f_i(e)\ln\frac{f_M^+(z'|e)}{f_M^+(z')},$$

wenn $f_i(z'|e) = 1$ für $\frac{f_M^+(z'|e)}{f_M^+(z')} = \underset{z}{\text{Min}}\{\frac{f_M^+(z|e)}{f_M^+(z)}\}$ $(e=,1,2,\ldots,E)$. (61*) i.V. mit (62*) ergibt im Licht von (IV-60) die rechte Hälfte der Beziehung (IV-61).

Anmerkung: (a) $E = Z$. (b) $f_i(z'|e) = 1$ kann nur für genau ein Informationsergebnis e gelten, da andernfalls für mindestens einen anderen Umweltzustand eine a priori-Wahrscheinlichkeit von 0 impliziert wird. Es soll aber $f_i(z) > 0$ für alle z gelten.

AA 23: *Die Krümmung von Ψ_i^+ in den Wahrscheinlichkeitsverteilungen ist bei heterogenen Erwartungen und fest vorgegebenem Konsumgüterangebot unbestimmt*

Analog zu AA 21 ergibt sich für den zweiten Summanden aus (II-6) i.V. mit (II-32) bei identischer ρ_t-Struktur

$$E_i[\ln(\eta_{i1}+\tilde{C}_{i1}^+)] = \ln q_i^+ + \Sigma_z\ f_i(z)\ln\frac{f_i(z)}{f_M^+(z)} + \Sigma_z\ f_i(z)\ln(\eta_{M1}+C_{Mz}).$$

Im weiteren soll vereinfachend von der Annahme $f_{i'\neq i}(z)$ = konst. für alle z $(i'=1,2,\ldots,I)$ ausgegangen werden. Dann ist

$$dE_i[\ln(\eta_{i1}+\tilde{C}_{i1}^+)] = \frac{dq_i^+}{q_i^+} + \Sigma_z[\frac{f_M^+(z)-f_i(z)\frac{\partial f_M^+(z)}{\partial f_i(z)}}{f_M^+(z)} + \ln\frac{f_i(z)}{f_M^+(z)}]\ df_i(z)$$

$$+ \Sigma_z\ df_i(z)\ln(\eta_{M1}+C_{Mz})$$

und damit

$$d^2E_i[\ln(\eta_{i1}+\tilde{C}_{i1}^+)] = \underset{(\pm)}{\frac{q_i^+d^2q_i^+-(dq_i^+)^2}{(q_i^+)^2}} + \Sigma_z\{\frac{[f_M^+(z)-f_i(z)\frac{\partial f_M^+(z)}{\partial f_i(z)}]^2}{f_i(z)f_M^+(z)^2}$$

$$\underset{(\pm)}{- \frac{f_i(z)}{f_M^+(z)}\frac{\partial^2 f_M^+(z)}{\partial f_i(z)^2}}\}\ df_i(z)^2 \gtreqless 0,$$

denn q_i^+ ist im allgemeinen nichtlinear in $f_i(.)$. Dies zeigt (26*) mit

$$dq_i^+ = \Sigma_z \frac{\partial}{\partial f_i(z)}\left(\frac{\det \underline{L}_z}{\det \underline{L}}\right) \bar{q}_{iz}\, df_i(z).$$

Analoges gilt für die anderen Summanden in (II-6), so daß mit $\rho_t > 0$ Ψ_i^+ Konkavität, Konvexität oder bereichsweise beides ausweisen kann.

AA 24: *Die Gleichgewichtspreise für zVA und die Marktprognose bei positiver Auszahlung* ι

(1) Eine zu AA 3 analoge Vorgehensweise der Bestimmung des individuellen Konsumanteils unter Berücksichtigung der aggregierten Auszahlung und anschließendem Einsetzen in die individuellen Präferenzbedingungen - analog den Ableitungen von (II-47) - führt bei heterogenen Erwartungen und unterschiedlichen Ausstattungsanteilen nicht zum Ziel. Denn die Bestimmungsgleichungen der Gleichgewichtspreise ergeben sich nur in teilreduzierter Form.

Bestimmt man jedoch analog zu AA 4 die Gleichgewichtspreise mit Hilfe eines linearen Gleichungssystems, dann ergibt sich mit Informationsergebnis e [vgl. die Ableitung von (IV-16) und interpretiere $W_{i0|e}^+(\iota) = W_{i0|e}\{\underline{\pi}^+(\iota),\iota\}$, also nach Abzug der vom Preissystem unabhängigen Auszahlung ι] aus

(63*) $$\eta_{M0}+C_{M0}-\iota\rho_0 I = \Sigma_i[\eta_{i0}+C_{i0|e}^+(\iota)] = \rho_0\Sigma_i[\theta_{i0|e}^+(\iota)+W_{i0|e}^+(\iota)],$$

$$\eta_{M1}+C_{Mz}-\iota\rho_1\frac{\Sigma_i f_i(z|e)}{\pi_{z|e}^+(\iota)} = \Sigma_i[\eta_{i1}+C_{iz|e}^+(\iota)] = \rho_1\Sigma_i[\theta_{i0|e}^+(\iota)+W_{i0|e}^+(\iota)]\frac{f_i(z|e)}{\pi_{z|e}^+(\iota)},$$

$$\eta_{M2}+C_{Ms|z}-\iota\rho_2\frac{\Sigma_i f_i(z,s|e)}{\pi_{zs|e}^+(\iota)} = \Sigma_i[\eta_{i2}+C_{izs|e}^+(\iota)] = \rho_2\Sigma_i[\theta_{i0|e}^+(\iota)+W_{i0|e}^+(\iota)]\frac{f_i(z,s|e)}{\pi_{zs|e}^+(\iota)}$$

für alle z und s, wobei

(64*) $$\theta_{i0|e}^+(\iota)+W_{i0|e}^+(\iota)+\iota = \eta_{i0}+\bar{C}_{i0}+\Sigma_z\pi_{z|e}^+(\iota)(\eta_{i1}+\bar{C}_{iz})+\Sigma_z\Sigma_s\pi_{zs|e}^+(\iota)(\eta_{i2}+\bar{C}_{is|z}),$$

das lineare Gleichungssystem

(65*) $$\underline{H}_e\, \underline{y}_e(\iota) = \underline{b}_e$$

[vgl. (18*)]. (65*) liefert $\underline{y}_e(\iota) = \underline{y}_e$; dann gilt aber $\pi_{z|e}^+(\iota) = \pi_{z|e}^+$ und $\pi_{zs|e}^+(\iota) = \pi_{zs|e}^+$, und zwar für alle e.

(2) Sei $q^+_{ie}(\iota) \equiv [\theta^+_{i0|e}(\iota)+W^+_{i0|e}(\iota)]/\Sigma_i[\theta^+_{i0|e}(\iota)+W^+_{i0|e}(\iota)]$,

$f^+_M(.|e;\iota) \equiv \Sigma_i f_i(z|e)q^+_{ie}(\iota)$,

$\iota^+_{M0} \equiv \iota\rho_0 I$ und

$\iota^+_{Mz|e} \equiv \iota\rho_1\Sigma_i f_i(z|e)/\pi^+_{z|e}$ für alle e und z.

Dann folgt aus der Division der ersten beiden Gleichungen von (63*)

$$\text{(66*)} \quad \pi^+_{z|e} = f^+_M(z|e;\iota)/\gamma^+_{Mz|e}(\iota) \equiv f^+_M(z|e;\iota)\frac{\rho_1}{\rho_2}\left(\frac{\eta_{M1}+C_{Mz}-\iota^+_{Mz|e}}{\eta_{M0}+C_{M0}-\iota^+_{M0}}\right)^{-1} \quad (e=1,2,..,E;\ z=1,2,..,Z).$$

(66*) i.V. mit (II-47) ergibt (IV-64).

$\pi^+_{zs|e}$ und $\pi^+_{s|z,e}$ können in analoger Weise bestimmt werden.

(3) (IV-64) liefert i.V. mit (66*) und $\pi^+_{z|e}(\iota) = \pi^+_{z|e}$

$$\begin{aligned} \text{sign}\{f^+_M(z|e;\iota)-f^+_M(z|e)\} &= \text{sign}\{\gamma^+_{Mz|e}(\iota)-\gamma_{Mz}\} \\ &= \text{sign}\{\frac{\eta_{M1}+C_{Mz}}{\eta_{M0}+C_{M0}} - \frac{\iota^+_{Mz|e}}{\iota^+_{M0}}\} \\ &= \text{sign}\{f^+_M(z|e)-\Sigma_i f_i(z|e)/I\}; \end{aligned}$$

beachte: $0 < \iota^+_{M0} < \eta_{M0}+C_{M0}$.

AA 25: *Informationsbewertung in der Marktanalyse - mit Informationskosten (konstante Produktion)*

(III-3) liefert i.V. mit (IV-70) für die Informationskosten des Investors i

$$\text{(67*)} \quad \nabla^+_i(\iota) = -\Sigma_e f_i(e)\ln(1 - \frac{\iota}{\theta^+_{i0|e}+W^+_{i0|e}}) \geq 0.$$

Aus (III-2) folgt dann i.V. mit (IV-53) und (67*)

$$\Delta^+_i(\iota) = \Sigma_t \rho_t \Delta^+_{it}(\iota) = \Sigma_t \rho_t \Delta^+_{it}(0) - \Sigma_t \rho_t \nabla^+_i(\iota) = \Delta^+_i(0) - \nabla^+_i(\iota) \gtreqless 0.$$

AA 26: *Informationswertabschätzung bei $\iota > 0$ (Marktanalyse)*

Ausgehend von (IV-53) bzw. (IV-55) ist analog der Vorgehensweise zur Ableitung von (39*) in AA 17 unter Berücksichtigung von $\nabla_i^+(\iota)$ gemäß (IV-71) der Informationswert $\Delta_i^+(\iota) < 0$, wenn

$$(68^*) \qquad \Pi_e\left(1 - \frac{\iota}{\theta^+_{i0|e} + W^+_{i0|e}}\right)^{-f_i(e)} \geq \left(\Sigma_e\, f_i(e)\, \frac{q^+_{ie}}{q^+_i}\right) \Pi^2_{t=1}\, \tau^{\rho_t}_{iMt}$$

mit $\tau_{iM1} \equiv \Sigma_e \Sigma_z\, f_i(e,z)\, \frac{f_i(z|e)/f^+_M(z|e)}{f_i(z)/f^+_M(z)}$ und τ_{iM2} entsprechend für die Umweltentwicklungen (z,s).

Analog zu (40*) gilt für $\tau^{\rho_1}_{iM1}$ (für $\tau^{\rho_2}_{iM2}$ setze (z,s) anstatt z)

$$(69^*) \qquad \tau^{\rho_1}_{iM1} < 1 + \left|\frac{\Delta_e[f_i(z)/f^+_M(z)]}{f_i(z)/f^+_M(z)}\right|_{max}.$$

Wegen (a) der Ungleichungsbeziehung zwischen geometrischem und arithmetischem Mittel und (b) der Jensenschen Ungleichung folgt

$$(70^*) \qquad \Pi_e\left(1 - \frac{\iota}{\theta^+_{i0|e} + W^+_{i0|e}}\right)^{-f_i(e)} \geq \left[1 - \iota\Sigma_e\, f_i(e)\, \frac{\iota}{\theta^+_{i0|e} + W^+_{i0|e}}\right]^{-1}$$

$$\geq \left[1 - \frac{\iota}{\Sigma_e\, f_i(e)(\theta^+_{i0|e} + W^+_{i0|e})}\right]^{-1}$$

$$= 1 + \frac{\iota}{\Sigma_e\, f_i(e)(\theta^+_{i0|e} + W^+_{i0|e}) - \iota}.$$

(68*) im Verein mit (69*) und (70*) liefert eine weitere hinreichende Bedingung für einen negativen Informationswert nach Informationskosten im Marktgleichgewicht:

$$(71^*) \qquad 1 + \frac{\iota}{\Sigma_e\, f_i(e)(\theta^+_{i0|e} + W^+_{i0|e}) - \iota} \geq \left(\Sigma_e\, f_i(e)\, \frac{q^+_{ie}}{q^+_i}\right) \times$$

$$\left(1 + \left|\frac{\Delta_e[f_i(z)/f^+_M(z)]}{f_i(z)/f^+_M(z)}\right|_{max}\right) \times$$

$$\left(1 + \left|\frac{\Delta_e[f_i(z,s)/f^+_M(z,s)]}{f_i(z,s)/f^+_M(z,s)}\right|_{max}\right).$$

$|\cdot|_{max}$ wird über alle Informationsergebnisse und Umweltzustände bzw. -entwicklungen gebildet.

AA 27: *sign* dd_0^+

Aus (IV-75) folgt mit df(z) = 0 für alle z≠z' und alle z≠z* und daher df(z') = -df(z*)

$$\text{(72*)}\quad \text{sign } dd_0^+ = \text{sign}\{(\frac{\beta_{z*}}{1-d_{z*}^+} - \frac{\beta_{z'}}{1-d_{z'}^+})\ df(z*)\}$$

$$= \text{sign}\{(\beta_{z*}-\beta_{z'})\ df(z*)\} \text{ wegen } d_z^+ = -\beta_z d_0^+ \text{ und } d_z^+ < 1$$

$$= \text{sign}\{(\frac{1}{\eta_{M1}+C_{Mz*}} - \frac{1}{\eta_{M1}+C_{Mz'}})\ df(z*)\} \text{ wegen } \eta_{M0}+C_{M0} > 0 \text{ und } k_1 > -1$$

und daraus (IV-76), da auch $\eta_{M1}+C_{Mz} > 0$ für alle z gilt.

Berücksichtigt man in (72*), daß $1-d_z^+ = (\eta_{M1}+C_{Mz}^+)/(\eta_{M1}+C_{Mz})$ für alle z, dann folgt die Vorzeichenbedingung (IV-76) mit optimalem Marktkonsum, denn es ist

$$\text{sign } dd_0^+ = \text{sign}\{(\frac{1}{\eta_{M1}+C_{Mz*}^+} - \frac{1}{\eta_{M1}+C_{Mz'}^+})\ df(z*)\}.$$

AA 28: *Informationsbewertung in der Marktanalyse bei homogenen Erwartungen - ohne Informationskosten (variable Produktion)*

(1) (IV-81) eingesetzt in (III-1) ergibt für die zu erwartenden Revisionserträge

$$\Delta_{i0}^+ = \Sigma_e\ f(e)\ln(\frac{q_{ie}^+}{q_i^+} \times \frac{1-d_{0|e}^+}{1-d_0^+}),$$

$$\Delta_{i1}^+ = \Sigma_e\Sigma_z\ f(e,z)\ln(\frac{q_{ie}^+}{q_i^+} \times \frac{1-d_{z|e}^+}{1-d_z^+}),$$

$$\Delta_{i2}^+ = \Sigma_e\Sigma_z\Sigma_s\ f(e,z,s)\ln(\frac{q_{ie}^+}{q_i^+} \times \frac{1-d_{s|z,e}^+}{1-d_{s|z}^+}).$$

Damit läßt sich schreiben:

$$\text{(73*)}\quad \Sigma_t\ \rho_t\ \Delta_{it}^+ \equiv (P_i^{(u)} + P_{vi}^{(i)}) + P_v^{(d)}$$

$$= (\Sigma_e f(e) \ln \frac{q^+_{ie}}{q^+_i}) + \Sigma_e \Sigma_z \Sigma_s\ f(e,z,s) \ln \frac{(1-d^+_{0|e})^{\rho_0}(1-d^+_{z|e})^{\rho_1}(1-d^+_{s|z,e})^{\rho_2}}{(1-d^+_0)^{\rho_0}(1-d^+_z)^{\rho_1}(1-d^+_{s|z})^{\rho_2}} \gtreqless 0.$$

(2) Aus (73*) folgt

$$(74^*) \qquad P^{(u)}_i + P^{(i)}_{vi} \equiv \Sigma_e\ f(e) \ln \frac{q^+_{ie}}{\Sigma_e\ f(e) q^+_{ie}} + \ln \frac{\Sigma_e\ f(e) q^+_{ie}}{q^+_i} \gtreqless 0.$$

Es ist $P^{(u)}_i \leqq 0$ wegen (45*) und Gleichheit genau dann, wenn $q^+_{ie} = q^+_i$ für alle e. $P^{(i)}_{vi} \gtreqless 0$ wegen (IV-78). Damit gilt die Ungleichung in (74*).

(3) Aus (73*) folgt

$$(75^*) \qquad P^{(d)}_v \geqq 0.$$

Denn: Sieht man auf die Gesamtheit der Investoren, bedeutet intertemporale Risikoallokation aufgrund exogener Sicherheitszinssätze die Lösung des folgenden Entscheidungsproblems (vgl. zu den Definitionen AA 5):

$$(76^*) \qquad \underset{\{\xi_0, \xi_{01}, (\xi_z)_Z\}}{\text{Max}} \quad \Psi_M = \Sigma_t\ \rho_t\ E[\ln(\eta_{Mt} + \tilde{C}'_{Mt})]$$

unter den Nebenbedingungen

$$(77^*) \qquad \eta_{Mt} + \tilde{C}'_{Mt} = (1-\tilde{d}_t)(\eta_{Mt} + \tilde{C}_{Mt}) \quad (t=0,1,2).$$

Durch Einsetzen der explizit ausgedrückten Nebenbedingungen in AA 5 erhält man nach Maximierung bezüglich der $\xi_{(.)}$ gerade die aus den Zeitpräferenzbedingungen (II-52) folgenden Optimumbedingungen (28*). Setzt man also die ersten Ableitungen $\partial\Psi_M/\partial\xi_0$, $\partial\Psi_M/\partial\xi_{01}$ und $\partial\Psi_M/\partial\xi_z$ (z=1,2,...,Z) gleich 0, dann ergeben sich die Gleichungen (28*) und daraus die optimalen Werte ξ^+_0, ξ^+_{01} und ξ^+_z für alle z ($\eta_{Mt} + \tilde{C}^+_{Mt} > 0$ für alle t). Daraus folgt Ψ^+_M.

Nun stellt das Maximierungsproblem, bestehend aus der konkaven Präferenzfunktion (76*) und den linearen Nebenbedingungen (77*) ein konvexes Programm dar. Da der Handlungsspielraum der Gesamtheit der Investoren unabhängig von den Wahrscheinlichkeitsverteilungen f(.) ist, gilt die Konvexität des Programms für beliebige konsistente Prognosen. Dann ist $\Psi^+_M < \infty$ konvex in den möglichen Wahrscheinlichkeitsverteilungen. Damit gilt wegen $f(.) = \Sigma_e f(e,.)$ (75*): $P_v^{(d)} \equiv \Sigma_e f(e)\Psi_{Me}^+ - \Psi_M^+ \geqq 0$ (vgl. *Savage (1972, 125f. und 267, Nr. 4)*).

(74*) i.V. mit (75*) liefert (73*).

(4) Gilt $\tilde{d}_{t|e}^+ = \tilde{d}_t^+$ für alle e und t (= informationsunabhängiger Marktkonsum), dann folgt aus (73*) $P_v^{(d)} = 0$. Gemäß (IV-78) gilt dann $\Sigma_e f(e)q_{ie}^+ = q_i^+$, so daß nach (45*) für (74*) $P_i^{(u)}+P_{vi}^{(i)} \leqq 0$ gilt. Damit ist mit (73*) $\Sigma_t \rho_t \Delta_{it}^+ = \Delta_i^+ \leqq 0$.

Darüber hinaus zeigt sich, daß

$\tilde{d}_{t|e}^+ = \tilde{d}_t^+$ für alle e und t $\Rightarrow :(\eta_{it}+\tilde{C}_{it}^+) = :(\eta_{it}+\tilde{C}_{it|e}^+)$ für alle i und e.

Denn: Die Voraussetzung liefert gemäß (II-53) $\tilde{C}_{Mt|e}^+ = \tilde{C}_{Mt}^+$ unabhängig von e (t=0,1,2). Da bei homogenen Erwartungen jeder Investor gemäß seines Vermögensanteils einen Anteil am - bei altem Informationsstand - optimalen Marktkonsum realisiert, gilt $:(\eta_{Mt}+\tilde{C}_{Mt}^+) = :(\eta_{it}+\tilde{C}_{it}^+)$ für alle i und damit die Behauptung.

AA 29: *Informationsbewertung in der Marktanalyse bei heterogenen Erwartungen - ohne Informationskosten (variable Produktion)*

(1) Ausgehend von (IV-81) sind zusätzlich die Änderungen der zustandsabhängigen Prognoseverhältnisse gemäß (IV-56) zu berücksichtigen, um die Konsumrevision abzuleiten. Das Ergebnis in (III-1) eingesetzt und in die Form von (IV-55) und (IV-82) gebracht, liefert (IV-92).

(2) Es ist

$$(78^*) \qquad P_{vi}^{(d)} \gtreqless 0.$$

Denn: Das Maximierungsproblem (76*) und (77*) ist bei heterogenen Erwartungen konvex in $f_M^+(.)$, nicht unbedingt in $f_i(.)$. Nun werden aber in $P_{vi}^{(d)}$ die einzelnen Nutzenbeiträge mit *individuellen* Wahrscheinlichkeiten gewichtet [vgl. (73*) und setze $f_i(e,.)$ anstelle $f(e,.)$]. Die Parameter $\tilde{d}_t^+$ bzw. $\tilde{d}_{t|e}^+$ sind jedoch auf der Grundlage der Marktprognosen $f_M^+(.)$ bzw. $f_M^+(.|e)$ bestimmt. Daraus folgt, daß $P_{vi}^{(d)}$ im allgemeinen im Vorzeichen unbestimmt ist.

(3) $\Delta_e f_M^+(z,s) = 0$ und $f_i(z|e) = f_M^+(z|e)$, $f_i(z) = f_M^+(z)$ für alle e,z,s $\Rightarrow P_i^{(d)} \geqq 0$.

Denn: Mit $f_M^+(z,s|e) = f_M^+(z,s)$ für e,z,s folgt analog zu (IV-60) $P_{i2}^{(d)} = \Delta_{i2}^* \geqq 0$ [vgl. AA 10, (c)].

Mit $f_i(z|e) = f_M^+(z|e)$ und $f_i(z) = f_M^+(z)$ für alle e,z folgt aus (IV-53)

$P_{i1}^{(d)} = 0$. Also ist $P_i^{(d)} = \Sigma_{t=1}^{2} \rho_t P_{it}^{(d)}$ nichtnegativ.

(4) Aus $f_M^+(z,s|e) = f_M^+(z,s)$ für alle e folgt $f_M^+(z|e) = f_M^+(z)$ für alle e und $f_M^+(s|z,e) = f_M^+(s|z)$ für alle e. Dann liegt für den Markt keine Information vor. Daher bleibt der bei altem Informationsstand optimale Marktkonsum unverändert. Es folgt nach (73*) unabhängig von $f_i(e,z,s)$, daß $P_{vi}^{(d)} = 0$ für alle i.

(5) Gilt $f_i(.|e) = f_M^+(.|e)$ für alle e und $f_i(.) = f_M^+(.)$, dann folgt gemäß AA 28, (3), daß $P_{vi}^{(d)} \geqq 0$. Denn es kann auf der Grundlage der Individualprognosen optimiert werden, und aus $\Sigma_e f_i(e) f_M^+(.|e) = f_M^+(.)$ folgt $\Sigma_e f_i(e)\Psi_{Me}^+ - \Psi_M^+ \geqq 0$. Unter der gesetzten Bedingung entspricht diese Differenz dem direkten Investitionseffekt $P_{vi}^{(d)}$.

AA 30: *Die relative Prognosequalität der Insider in Zustandswahrscheinlichkeiten*

Ungleichung (V-5) kann nicht auch für die Investorengruppe b gelten. Denn: Angenommen, (V-5) gelte für a und b. Multiplikation mit $q_a > 0$ bzw. $q_b > 0$ auf beiden Seiten und anschließender Addition über r ergibt nach der Dreiecksungleichung einen Widerspruch:

$$(79^*) \qquad \Sigma_r |f_r(.|e) - f_w(.)| q_r \nleq |f_M(.|e) - f_w(.)|$$

wegen $f_M(.|e) = \Sigma_r f_r(.|e) q_r$. Damit folgt aus (79*) i.V. mit (V-5), daß $|f_b(.|e) - f_w(.)| \geqq |f_M(.|e) - f_w(.)|$ für alle e gilt und folglich (V-6).

AA 31: *Die Ableitung der langfristigen Informations(in)effizienz*

(V-7) i.V. mit (V-2) ergibt

$$(80^*) \qquad \frac{\eta_{aT} + \tilde{C}_{aT|e}}{\eta_{MT} + \tilde{C}_{MT}} = q_a \frac{\Pi_{z=1}^{Z} f_a(z|e)^{t_z}}{\Sigma_r \Pi_{z=1}^{Z} f_r(z|e)^{t_z} q_r} = q_a \{q_a + \Pi_{z=1}^{Z} [\frac{f_b(z|e)}{f_a(z|e)}]^{t_z} q_b\}^{-1}$$

$$= q_a \{q_a + (\Pi_{z=1}^{Z} [\frac{f_b(z|e)}{f_a(z|e)}]^{t_z/T})^T q_b\}^{-1} .$$

Mit $\operatorname{plim}_{T\to\infty} t_z/T = f_w(z)$ folgt aus (80*)

$$\operatorname*{plim}_{T\to\infty} \frac{\eta_{aT}+\tilde{C}_{aT|e}}{\eta_{MT}+\tilde{C}_{MT}} = \begin{cases} 1 & \\ q_a, & \text{falls } \Pi_{z=1}^{Z} [\frac{f_b(z|e)}{f_a(z|e)}]^{f_w(z)} \\ 0 & \end{cases} \begin{matrix} < 1 \\ = 1 \\ > 1 \end{matrix}$$

und damit die Behauptung.

AA 32: *Homogenitätsimplikationen von* $\Delta_e[f_i(.)/f_M(.)] = 0$ *für alle e und i*

(1) Sind die a posteriori-Prognosen $f_i(.|e)$ bezüglich e linear unabhängig, dann gilt dies notwendig und hinreichend auch für die relativen Prognoseänderungen $f_i(.|e)/f_i(.)$ bezüglich e. Denn es ist mit $-\infty < \alpha_e < \infty$

$$\Sigma_e \alpha_e f_i(.|e) = \underline{0} \iff \Sigma_e \alpha_e \frac{f_i(.|e)}{f_i(.)} = \underline{0} \text{ wegen } f(.) > \underline{0}.$$

Im folgenden wird o.E.d.A. T=2 gesetzt und Investor 1 betrachtet.

(2) Es gilt das Gleichungssystem

$$(81^*) \quad \Sigma_z(\frac{f_1(z|e)}{f_1(z)}) f_1(z) = 1 \quad (e=1,2,.,,,E).$$

Sind E* Informationsergebnisse linear unabhängig ($2 \leq E^* \leq E$) und gilt E* =[<]Z, dann hat das Gleichungssystem (81*) eine [keine] eindeutige Lösung; denn die Matrix $(\frac{f_1(z|e)}{f_1(z)})_{E^*Z}$ ist regülär [singulär]. Da jedoch der Zusammenhang

$$(82^*) \quad \frac{f_i(z|e)}{f_i(z)} = \frac{f_M(z|e)}{f_M(z)} \text{ für alle i} \Rightarrow \frac{f_i(z|e)}{f_i(z)} = \frac{f_1(z|e)}{f_1(z)} \text{ für alle i}$$

gilt, müssen [können] mit $\Sigma_z(\frac{f_1(z|e)}{f_1(z)}) f_i(z) = 1$ (e=1,2,...,E; i=1,2,...,I) im Fall E*=[<]Z die Individualprognosen $f_i(z)$ identisch [unterschiedlich] sein.

(3) Nach dem Bayesschen Theorem gilt

$$(83^*) \quad \frac{f_i(z|e)}{f_i(z)} = \frac{f_i(e|z)}{f_i(e)} \text{ für alle z,e und i.}$$

Weiterhin gilt für Investor 1

$$(84^*) \quad \Sigma_e(\frac{f_1(e|z)}{f_1(e)}) f_1(e) = 1 \quad (z=1,2,...,Z).$$

Da der Rang der Matrix $(\frac{f_1(e|z)}{f_1(e)})_{ZE^*} = E^*$ ist, müssen mit $E^* \leq Z$ homogene Informationserwartungen, d.h. $f_i(e) = f_1(e)$ für alle e und i, herrschen.

Denn wegen (82*), (83*) und (84*) ist

$$\Sigma_e\left(\frac{f_1(e|z)}{f_1(e)}\right) f_i(e) = 1 \quad (z=1,2,\ldots,Z;\ i=2,3,\ldots,I).$$

Mit homogenen Informationserwartungen müssen wegen (82*) aber auch homogene Likelihoods gelten: $f_i(e|z) = f_1(e|z)$ für alle e,z und i.

ANNAHMENVERZEICHNIS

(I) Modelltechnische, institutionelle und Verhaltensannahmen

(A1) Der Planungshorizont umfaßt 2 Perioden: Investitions- und Konsumentscheidungen werden von den Investoren zu Beginn jeder Periode getroffen, d.h. in den Zeitpunkten 0 und 1. Der Zeitpunkt 2, das Ende der zweiten Periode, ist ein Abrechnungszeitpunkt. (S. 7)

(A2) Der Anfangszeitpunkt 0 ist mit dem Umweltzustand 0 identisch. Vom Zeitpunkt 0 aus gesehen, sind im Zeitpunkt 1 (2) endlich viele, sich ausschließende Umweltzustände (-entwicklungen) möglich. Jeder Investor legt seinen Entscheidungen denselben Zustandsbaum zugrunde, wobei die Zustandsdefinition für alle Investoren übereinstimmt. (S. 8)

(A3) Die Teilnahme am Wertpapierhandel verursacht für keinen Investor Transaktions- und Informationskosten. Steuern existieren nicht. (S. 8)

(A4) Alle Wertpapiere sind beliebig teilbar und die Wertpapierbestände eines jeden Investors können sowohl negativ als auch positiv sein. Treten Leerverkäufe auf, kann jeder Investor vollständig über die sich hieraus ergebenden Mittel verfügen. (S. 8)

(A5) Die Erwartungen des Investors i spiegeln sich wider in den subjektiven Eintrittswahrscheinlichkeiten, die er den Umweltzuständen im Zeitpunkt 1, $f_i(z)$ $(z=1,2,...,Z)$, und den Umweltentwicklungen bis zum Zeitpunkt 2, $f_i(z,s)$ $(s=1,2,...,S;\ z=1,2,...,Z)$, beimißt. Alle $f_i(z)$ sind positiv $(i=1,2,...,I)$. (S. 8)

(A6) Die Nutzenfunktion des Investors i ist zeitadditiv logarithmisch und lautet:

$$U_i(C_{i0},C_{i1},C_{i2}) = \Sigma_t\, \rho_{it}\, \ln(\eta_{it}+C_{it}) \quad (i=1,2,...,I).$$

Dabei ist $\Sigma_t \equiv \Sigma_{t=0}^{2}$. $\rho_{it} > 0$ mit $\Sigma_t\, \rho_{it} = 1$ und η_{it} sind Parameter der i-ten Nutzenfunktion, gültig im Zeitpunkt t=0,1,2. Des weiteren ist

C_{it} ≡ der Konsum des Investors i im Zeitpunkt t $(i=1,2,...,I;\ t=0,1,2)$ und

$U_i(.)$ ≡ der Nutzen des Investors i, abhängig vom Konsum in den Zeitpunkten t $(i=1,2,...,I;\ t=0,1,2)$.

Jeder Investor i $(i=1,2,...,I)$ verhält sich rational im Sinne des Bernoulliprinzips. (S. 8)

(A7) Jeder Investor verhält sich kompetitiv, d.h., daß er davon ausgeht, mit seinen Dispositionen die Preise der zVA nicht beeinflussen zu können. (S. 22)

(A8) Das Realinvestitionsprogramm der Volkswirtschaft ist für beide Perioden fest vorgegeben. Es ergibt sich daraus ein für *jeden* Umweltzustand des Planungszeitraumes gesondert vorgegebenes Konsumgüterangebot, das von der Gesamtheit der Investoren in Form von zustandsabhängigen Vermögensansprüchen im Bestand gehalten wird. (S. 36)

(A9) Die Investoren unterscheiden sich nicht in ihrer ρ_t-Struktur, also $:\rho_{it} = :\rho_t$ (i=1,2,...,I). (S. 47)

(A10) Das riskante Realinvestitionsprogramm der Volkswirtschaft, also sämtliche Investitionen mit stochastischen Erträgen, im Zeitpunkt ihrer Realisierung beurteilt, ist für beide Perioden fest vorgegeben. Der sich daraus ergebende Teil des Konsumgüterangebots wird von der Gesamtheit der Investoren in Form von zustandsabhängigen Vermögensansprüchen im Bestand gehalten. (S. 50)

(A11) Das volkswirtschaftliche Realinvestitionsprogramm wird in einen riskanten und einen risikofreien Teil aufgespalten. Im Zeitpunkt 0 (1, Zustand z) besteht die Möglichkeit einer kurz- und langfristigen (kurzfristigen) risikofreien Produktionsanpassung mit den technisch vorgegebenen Grenzproduktivitäten k_1 und k_{12} ($k_{2|z}$ für z=1,2,...,Z). (S. 50)

(A12) Der Wertpapiermarkt ist komplett. (S. 59)

(II) Informatorische Annahmen (Informationsbewertung)

(B1) Die im Planungszeitraum von der Gesamtheit der Investoren als möglich erachteten - endlich vielen - Zustände im Zeitpunkt t (t=0,1,2) sind vorgegeben. Hierbei ist ein Umweltzustand gekennzeichnet durch eine Realisation des stochastischen, von den Dispositionen der Investoren unabhängigen Konsumgüterangebots $C_{M(.)}$. Bei exogenen Sicherheitszinssätzen werden diese zur Umweltdefinition in den Zeitpunkten 0 und 1 mit herangezogen. (S. 60)

(B2) Zur formalen Vereinfachung wird
-- lediglich die Möglichkeit der Beschaffung *zusätzlicher* Informationen unmittelbar vor dem Zeitpunkt 0 betrachtet unter Ausschluß zukünftiger Beschaffungsmaßnahmen und
-- nur eine Informationsbeschaffungsmaßnahme untersucht. (S. 61)

(B3) Die Informationsbeschaffung kann zu verschiedenen Informationsergebnissen e führen, über deren Eintritt jeder Investor Wahrscheinlichkeitsvorstellungen $f_i(e) > 0$ besitzt. (S. 61)

(III) Informatorische Annahmen (Informationseffizienz)

(C1) Das stochastische Konsumgüterangebot der Volkswirtschaft ist für einen "längeren" Zeitraum (T>>2) fest vorgegeben und gehorcht einer stationären Wahrscheinlichkeitsverteilung. Des weiteren sind die Zufallsvariablen $\tilde{C}_{M1}, \tilde{C}_{M2}, \ldots$ stochastisch unabhängig. (S. 160)

(C2) Die a posteriori-Gruppenprognosen sind stationär und im Zeitablauf stochastisch unabhängig. (S. 161)

(C3) Die zusätzlichen Informationen führen für jeden Investor zu einer Änderung der a priori-Prognose. Hierbei geht jeder Investor *im Betrachtungszeitpunkt 0* davon aus, daß kein anderer Investor über ein "systematisch besseres" Prognosemodell verfügt. (S. 161)

(C4) Jeder Investor verfügt über einen deterministischen Ausstattungsanteil. (S. 161)

LITERATURVERZEICHNIS

Arrow, K.J. (1974) Essays in the theory of risk-bearing. Amsterdam.

Banz, R.W.; M.H. Miller (1978) Prices for state-contingent claims: some estimates and applications. Journal of Business 51, 653-672.

Borch, K. (1968) The economics of uncertainty. Princeton (N.J.).

Breeden, D.T, (1979) An intertemporal asset pricing model with stochastic consumption an investment opportunities. Journal of Financial Economics 7, 265-296.

Breeden, D.T.; R. Litzenberger (1978) Prices of state-contingent claims implicit in option prices. Journal of Business 51, 625-651.

Brennan, M.J. (1970) Taxes, market valuation and uncertain inflation. National Tax Journal 23, 417-427.

-- (1975) The optimal number of securities in a risky asset portfolio when there are fixed costs of transacting: theory and some empirical evidence. Journal of Financial and Quantitative Analysis 10, 483-496.

-- (1979) The pricing of contingent claims in discrete time models. Journal of Finance 34, 53-68.

Brennan, M.J.; A. Kraus (1978) Necessary conditions for aggregation in securities markets. Journal of Financial an Quantitative Analysis 13, 407-418.

Brockhoff, K. (1977) Prognoseverfahren für die Unternehmensplanung. Wiesbaden.

Cass, D.; J.E. Stiglitz (1970) The structure of preferences and returns and separability in portfolio allocation: a contribution of the pure theory of mutual funds. Journal of Economic Theory 2, 122-160.

Demsetz, H. (1969) Information and efficiency: another viewpoint. Journal of Lax and Economics 12, 1-22.

Drèze, J.H. (1960) Le paradoxe de l'information. Économie appliquée 13, 71-80.

Fama, E.F. (1970) Efficient capital markets: a review of theory and empirical work. Journal of Finance 25, 383-417.

-- (1976) Foundations of finance. New York.

Figlewski, S.C. (1978) Market "efficiency" in a market with heterogeneous information. Journal of Political Economy 86, 581-597.

Franke, G. (1971) Verschuldungs- und Ausschüttungspolitik im Licht der Portefeuille-Theorie. Köln.

Franke, G. (1980) Kapitalmarkt - Theorie und Empirie. Hagen.

-- (1981) Pricing portfolios and arbitrage pricing theory. Diskussionspapier, Gießen.

-- (1982a) Conditions for myopic valuation and serial independence of the market excess return in discrete time models. Diskussionspapier, Gießen.

-- (1982b) Kapitalmarkt und Separation. Zeitschrift für Betriebswirtschaft 53, 239-260.

Grossman, S.J.; J.E. Stiglitz (1980) On the impossibility of informationally efficient markets. American Economic Review 70, 393-408.

Hakansson, N. (1970) Optimal investment and consumption strategies under a risk class of utility functions. Econometrica 38, 587-607.

-- (1971) Capital growth and the mean-variance approach to portfolio selection. Journal of Financial and Quantitative Analysis 6, 77-91.

Hardy, G.H.; J.E. Littlewood; G. Pólya (1934) Inequalities. Cambridge.

Hax, H. (1965) Die Koordination von Entscheidungen. Köln.

-- (1976) Investitionstheorie. 3. Auflage. Würzburg.

Hellwig, M.F. (1982) Rational expectations equilibrium with conditioning on past prices: a mean-variance example. Journal of Economic 26, 279-312.

Hess, P.; M. Reinganum (1979) Efficient capital markets. J.L. Bicksler (Hrsg.): Handbook of Financial Economics, Amsterdam, 3-12.

Hicks, J. (1979) Causality in economics. Oxford.

Hirshleifer, J. (1970) Investment, interest, and capital. Englewood Cliffs (N.J.).

-- (1971) The private and social value of information and the reward to inventive activity. American Economic Review 61, 561-574.

Hirshleifer, J.; J.G. Riley (1979) The analysis of uncertainty and information - an expository survey. Journal of Economic Literature 17, 1375-1421.

Inderfurth, K. (1982) Starre und flexible Investitionsplanung. Wiesbaden.

Jarrow, R. (1980) Heterogeneous expectations, restrictions on short sales, and equilibrium asset prices. Journal of Finance 35, 1105-1113.

Korn, G.A.; T.M. Korn (1968) Mathematical handbook for scientists and engineers. New York.

Kraus, A.; R.H. Litzenberger (1975) Market Equilibrium in a multiperiod state preference model with logarithmic utility. Journal of Finance 30, 1213-1227.

Kullback, S. (1961) Information theory and statistics. New York.

Laux, H. (1971) Flexible Investitionsplanung. Einführung in die Theorie der sequentiellen Entscheidungen bei Unsicherheit. Opladen.

-- (1982) Entscheidungstheorie. Band I: Grundlagen. Band II: Erweiterung und Vertiefung. Berlin.

Magill, M.; G. Constantinides (1976) Portfolio selection with transaction costs. Journal of Economic Theory 13, 245-263.

Marshall, J.M. (1974) Private incentives and public information. American Economic Review 64, 373-390.

Merton, R.C. (1971) Optimum consumption and portfolio rules in a continuous-time model. Journal of Economic Theory 3, 373-413.

-- (1973) An intertemporal capital asset pricing model. Econometrica 41, 867-887.

Milne, F.; C.W. Smith (1980) Capital asset pricing with proportional transaction costs. Journal of Financial and Quantitative Analysis 15, 253-266.

Mitrinović, D.S. (1970) Analytic inequalities. Berlin.

Monissen, H.G. (1968) Konsum und Vermögen. Analyse der Konsum-Vermögen Relation im makroökonomischen Zusammenhang. Göttingen.

-- (1982) Makroökonomische Theorie. Band 1. Sozialprodukt, Preisniveau und Zinsrate. Stuttgart.

Morris, J.R. (1974) The logarithmic investor's decision to acquire costly information. Management Science 21, 383-391.

Mossin, J. (1968) Optimal multiperiod portfolios policies. Journal of Business 41, 215-219.

-- (1973) Theory of financial markets. Englewood Cliffs (N.J.).

-- (1977) The economic efficiency of financial markets. Lexington (Mass.).

Pratt, J.W. (1964) Risk aversion in the small and in the large. Econometrica 32, 122-136.

Rényi, A. (1971) Wahrscheinlichkeitsrechnung. Mit einem Beitrag über Informationstheorie. Berlin.

Ross, S. (1977) The CAPM, short sale restrictions and related issues. Journal of Finance 32, 177-183.

Rubinstein, M. (1975) Securities market efficiency in an Arrow-Debreu economy. American Economic Review 65, 812-824.

-- (1977) The strong case for the generalized logarithmic utility model as the premier model of financial markets. H. Levy; M. Sarnat (Hrsg.): Financial decision making under uncertainty. New York, 11-62.

Savage, L.J. (1971) Elicitation of personal probabilities and expectations. Journal of the American Statistical Association 66, 783-801.

-- (1972) Foundations of statistics. London.

Schmidt, R.H. (1982) Rechnungslegung als Informationsproduktion auf nahezu effizienten Kapitalmärkten. Zeitschrift für betriebswirtschaftliche Forschung 34, 728-748.

Schneeweiß, H. (1974) Ökonometrie. Würzburg.

Scheider, D. (1981) The influence of tax incentives on capital budgeting decisions under uncertainty. R. Crum; F. Derkinderen (Hrsg.): Capital budgeting under conditions of uncertainty. Boston, 38-59.

Stapleton, R.C.; M.G. Subrahmanyam (1978) A multiperiod equilibrium asset pricing model. Econometrica 46, 1077-1096.

Verrecchia, R.E. (1979) A proof of the existence of "consensus beliefs". Journal of Finance 34, 957-963.

-- (1980) Consensus beliefs, information acquisition, and market information efficiency. American Economic Review 70, 874-884.

Verschiedene Autoren (1980) Rational expectations. Journal of Money, Credit, and Banking 12, 691-836.

Wenzel, F. (1975) Entscheidungsorientierte Informationsbewertung. Opladen.

Wild, J. (1970) Probleme der theoretischen Deduktion von Prognosen. Zeitschrift für die gesamte Staatswissenschaft 126, 553-576.

Wilson, R. (1968) The theory of syndicates. Econometrica 36, 119-132.

-- (1975) Informational economies of scale. Bell Journal of Economics 6, 184-195.

Zurmühl, R. (1964) Matrizen. Berlin.

SYMBOL- UND ABKÜRZUNGSVERZEICHNIS

Folgende Kennzeichnungen werden im Text vorgenommen: "*" stellt die optimale Ausprägung bei konstanten Preisen, "+" die optimale Ausprägung bei variablen Preisen, "°" die optimale Ausprägung bei konstanten oder variablen Preisen, "-" die Ausstattung und "~" den Zufallscharakter der betrachteten Variablen dar.

:	Struktursymbol, z.B. $:\pi_z \equiv \pi_1:\pi_2:\ldots:\pi_Z$,
C_{it} (C_{Mt})	individueller (aggregierter) Konsum im Zeitpunkt t,
c.p.	ceteris paribus,
d_t	Parameter der Produktionsanpassung für den Zeitpunkt t,
e (E)	laufender Index (Anzahl) der Informationsergebnisse,
E(.)	Erwartungswertoperator,
E*	Anzahl der linear unabhängigen Informationsergebnisse,
$f_i(.)$ [$f_M(.)$]	individuelle [aggregierte] Eintrittswahrscheinlichkeit (= Individual[Markt]prognose),
$f_i(.\|e)$ [$f_M(.\|e)$]	revidierte [individuelle] aggregierte Eintrittswahrscheinlichkeit, wenn Informationsergebnis e eingetreten ist,
$f_i(e)$	individuelle Eintrittswahrscheinlichkeit des Informationsergebnisses e,
$f_r(.)$	Prognose der Investorengruppe r,
$f_r(.\|e)$	revidierte Prognose der Investorengruppe r,
$f_w(z)$	die wahre Wahrscheinlichkeitsverteilung der Umweltzustände z,
$f_{rT}(.)$	Prognose der Umweltentwicklung bis zum Zeitpunkt T durch Investorengruppe r,
$f_{rT}(.\|e)$	revidierte Prognose der Umweltentwicklungen bis zum Zeitpunkt T durch Investorengruppe r,
i (I)	laufender Index (Anzahl) der Investoren,

I_r	Anzahl der zur Gruppe r gehörenden Investoren,
j (J)	laufender Index (Anzahl) der riskanten Wertpapiere,
J_t	Anzahl aller Wertpapiere im Zeitpunkt t,
konst.	konstant,
k_1	kurzfristiger Sicherheitszinssatz der ersten Periode, gültig im Zeitpunkt 0,
k_2	kurzfristiger (Termin-)Sicherheitszinssatz der zweiten Periode, gültig im Zeitpunkt 0,
k_{12}	langfristiger Sicherheitszinssatz, ausgedrückt als durchschnittliche Rendite pro Periode, gültig im Zeitpunkt 0,
$k_{1\|z}$	kurzfristige Sicherheitszinssatz der ersten Periode, gültig im Zeitpunkt 1, Zustand z,
$k_{2\|z}$	kurzfristiger Sicherheitszinssatz der zweiten Periode, gültig im Zeitpunkt 1, Zustand z,
K	Nutzenkorrektur,
N	Erwartungsnutzen bei optimalem Konsum im Zeitpunkt 0,
o.E.d.A. (k.E.d.A.)	ohne (keine) Einschränkung der Allgemeinheit,
$P_i^{(d)}$ ($P_i^{(i)}$)	(in)direkter Prognoseeffekt für Investor i,
$P_i^{(u)}$	Umverteilungseffekt für Investor i,
P_{jt}	(ex-)Kurs des Wertpapiers j im Zeitpunkt t,
$P_{vi}^{(d)}$ ($P_{vi}^{(i)}$)	(in)direkter Investitionseffekt für Investor i,

q_{it}	Vermögensanteil des Investors i im Zeitpunkt t, gültig im Zeitpunkt 0,
q_{iz}	Vermögensanteil des Investors i im Zeitpunkt 1, gültig im Zeitpunkt 1, Zustand z,
r	laufender Index der Investorengruppe (r=a,b),
R	absolute Risikoaversion,
r_{jt}	Rendite des Wertpapiers j im Zeitpunkt t,
s (S)	laufender Index (Anzahl) der Umweltzustände im Zeitpunkt 2,
SÄ	Sicherheitsäquivalent,
sign	signum,
t	laufender Index der Zeitpunkte (t=0,1,2) bzw. Perioden (t=1,2),
t_z	Anzahl der in T Zeitpunkten aufgetretenen Umweltzustände z,
T	Abrechnungszeitpunkt bzw. Planungshorizont,
U_i	Nutzenfunktion des Investors i,
U_{it}	partieller Grenzkonsumnutzen des Investors i in bezug auf Konsum im Zeitpunkt t,
V_{it}	Bruttoinvestition des Investors i im Zeitpunkt t,
w_{it}	marginale Konsumquote des Investors i im Zeitpunkt t,
$W_{it}(W_{Mt})$	individuelles (aggregiertes) Vermögen im Zeitpunkt t bzw. individuelle (aggregierte) Nachfrage nach zVA im Zeitpunkt t-1,
w.z.b.w.	was zu beweisen war,
x_{ijt}	von Investor i angelegter Betrag in Wertpapier j,
$y_{ijt}(y_{Mjt})$	individuelle (aggregierte) Nachfrage in Stücken von Wertpapier j im Zeitpunkt t,
z (Z)	laufender Index (Anzahl) der Umweltzustände im Zeitpunkt 1,
zVA	zustandsabhängiger Vermögensanspruch,
β_t	Bruttoverzinsung dividiert durch den Wachstumsfaktor des Marktbruttokonsums in Periode t,
γ_{it}^{-1} (γ_{Mt}^{-1})	individueller (Markt-)Präferenzfaktor der Periode t,
$\underline{\Gamma}_{it}$ $(\underline{\Gamma}_{Mt})$	individuelle (aggregierte) Investitions- und Konsumentscheidung im Zeitpunkt t,
Δ_e	Differenz der betrachteten Größe bei altem Informationsstand und bei Informationsergebnis e,
Δ_i	Informationswert für Investor i,
Δ_{it}	zu erwartender Revisionsertrag für Investor i im Zeitpunkt t,
$\Delta_i^{(a)}(\Delta_i^{(r)})$	absolutes (relatives) Informationswertmaximum,
$\Delta_{it}^{(a)}(\Delta_{it}^{(r)})$	absolutes (relatives) Maximum des zu erwartenden Revisionsertrages im Zeitpunkt t,
η_{it} (η_{Mt})	individueller (aggregierter) Parameter der Nutzenfunktion für Zeitpunkt t,
θ_{it} (θ_{Mt})	individueller (aggregierter) Barwert aller zukünftigen $\eta_{it'}$-Parameter für $t' \geq t$,
ι (ι°)	(kritische) Informationsauszahlung,
λ	Grenzerwartungsnutzen des Anfangsvermögens,
ξ_t	konstituierender Parameter der Produktionsanpassung bezüglich d_t,
π_t (π_t^d)	dem Zeitpunkt t zugeordneter (wahrscheinlichkeitsbereinigter) Preis für zVA,
ρ_{it}	individueller Parameter der Nutzenfunktion,
ϕ	Informationsparameter,
Φ_i (Φ_{ie})	individueller Informationsstand vor (nach) Informationsbeschaffung und -auswertung (bei Informationsergebnis e),
Ψ_i (Ψ_M)	individuelle Präferenzfunktion ("Präferenzfunktion" des Marktes),
Ψ_i^{ind}	indirekte Präferenzfunktion des Investors i,
∇_i	Informationskonsten des Investors i.

SACHVERZEICHNIS

GPSR Compliance

The European Union's (EU) General Product Safety Regulation (GPSR) is a set of rules that requires consumer products to be safe and our obligations to ensure this.

If you have any concerns about our products, you can contact us on ProductSafety@springernature.com

In case Publisher is established outside the EU, the EU authorized representative is:

Springer Nature Customer Service Center GmbH
Europaplatz 3
69115 Heidelberg, Germany

Batch number: 10816188

Printed by Printforce, the Netherlands